LIVRE D'OR

Fabrice Jouhaud & Gérard Ejnès Préface Christophe Dugarry

FOOTBALL 2010

Origine des documents photographiques

Presse Sports : pp. 4, 13-22, 23H, 24, 25H, 26B, 30, 32 (a), 34-35, 39-53, 58, 65B, 66H, 67H, 72H, 73, 75, 76-77, 80-81, 83B, 83H, 84G, 84M, 85BD, 86D, 87BD, 88-98, 99HD, 99MD, 99BD, 100-157, 158 (b, c, d, e, f, g), 159.
AFP : pp. 6, 8-10, 23M, 23B, 25B, 26H, 27-29, 31, 32 (b, c, d, e), 33, 36-37, 55, 60-63, 65H, 66B, 67B, 68-71, 72B, 74, 78-79, 82, 83G, 84D, 85BG, 85HM, 85HD, 86G, 86M, 87HG, 87BG, 87M, 99G, 158 (a).

Couverture
Visuel principal de couverture : **Presse Sports, Panoramic**
Photo des auteurs : **Presse Sports**
Photo quatrième : **Presse Sports**

Visuel principaux de couverture :
De g. à dr. : Niang et Lucho Gonzalez (vainqueurs du doublé championnat - Coupe de la Ligue), Iniesta (champion du monde avec l'Espagne).
En quatrième de couverture : Entouré de ses coéquipiers, Casillas, capitaine de la sélection espagnole, brandit la Coupe du monde.

Si vous souhaitez recevoir notre catalogue
et être tenu au courant de nos publications,
envoyez-nous vos nom et adresse, en citant ce livre
et en précisant les domaines qui vous intéressent.

Éditions SOLAR
12, avenue d'Italie
75013 PARIS
Internet : www.solar.fr

Directeur de collection : Renaud de Laborderie
Réalisation : GRAPH'M
Création et réalisation de la couverture : Philippe Caubit

ISBN : 978-2-263-05292-7
Code éditeur : S05292
Dépôt légal : août 2010
Imprimé en Espagne par Dedalo Offset

Fabrice Jouhaud & Gérard Ejnès
Préface Christophe Dugarry

LIVRE D'OR FOOTBALL 2010

SOLAR EDITIONS

PRÉFACE

Je suis un peu partagé sur le championnat de France. Je suis plutôt content car les Marseillais attendaient ce titre depuis si longtemps avec beaucoup d'efforts consentis par Robert Louis-Dreyfus et une certaine stabilité retrouvée. Après, globalement, hormis Lille, sur la qualité du jeu, je suis souvent resté sur ma faim par rapport à ce que j'aime dans le foot.

Concernant la Ligue des champions, je suis ravi que l'Inter ait gagné. Le président Moratti a pris le meilleur entraîneur du monde José Mourinho, et on s'est rendu compte qu'un grand entraîneur c'est important. Il peut faire gagner une compétition et Mourinho a 70 à 80 % de parts dans le succès de l'Inter en C1. Il y a aussi la belle performance de Lyon, demi-finaliste et qui a sorti le Real. Cela fait du bien à tout le foot français qui craint de moins en moins les grands d'Europe. Avant, on participait, maintenant, on joue pour passer en huitièmes de finale.

Quant à la Coupe du monde, j'ai globalement été déçu. Par l'équipe de France, même si ça ne m'a pas surpris. J'avais été le premier à dire qu'il ne fallait pas conserver Raymond Domenech car je l'avais ressenti comme ça. Les miracles, ça arrive, mais on nous a fait prendre des vessies pour des lanternes : les joueurs, le sélectionneur, les dirigeants, Gérard Houllier et le club France 2010. La vérité, c'est que ça a été pathétique sur le terrain et que tout le monde s'est caché sans jamais parler de football. Le reste, ce qui se produit en dehors, ça découle de ce qui se passe sur la pelouse.

Techniquement, j'ai trouvé que c'était une petite Coupe du monde. Les grands joueurs ont été décevants. Les Ronaldo, Messi, Rooney, Lampard, etc. Quand tu vaux très cher, c'est que tu es un grand joueur et que tu fais gagner ton pays et là, ça n'a jamais été le cas. Il y a une dérive financière sur la valeur des joueurs qui est loin d'être justifiée. Même l'Espagne ne m'a pas transporté. Elle a gagné ses matches décisifs par 1-0 et malgré sa maîtrise, elle se crée peu d'occasions. Je n'ai trouvé aucune équipe intéressante hormis l'Allemagne par sa vitesse, son jeu direct, son insouciance, sa puissance et son efficacité. Mais c'est selon mes critères d'appréciation…

Christophe Dugarry

SOMMAIRE

Iniesta, comme un symbole

C'est un petit bonhomme, mais un grand monsieur. Andres Iniesta, 26 ans, mesure un 1,70 m et pèse 65 kilos. Il est l'unique buteur de la finale de la Coupe du monde. Celui qui a offert à l'Espagne le premier titre mondial de son histoire à la 116e minute d'une finale où sa lucidité fit merveille. Pendant un an, il sera resté celui qui qualifia Barcelone pour la finale de la Ligue des champions 2009, à Stamford Bridge, face à Chelsea à la 93e minute. Désormais, s'il est l'homme décisif des dernières minutes, il est surtout le héros de l'Espagne et le symbole d'une Coupe du monde qui, à défaut de mettre en lumière le talent de son coéquipier en club, Leo Messi, a permis de confirmer que les gabarits plus frêles (Müller, Xavi, Iniesta, Sneijder) avaient retrouvé leur place dans le football moderne. « Je n'ai jamais eu de complexe à cause de mon physique, dit-il. Sur le terrain, c'est la tête qui commande, pas les jambes. Être musclé ne permet pas de voler plus de ballons. Le football, c'est de l'intuition, pas du physique. » Toute la saison 2009-2010, même s'il fut beaucoup blessé, il le démontre avec le Barça. Lors des six matches qu'il a disputés pendant cette Coupe du monde, il l'a évidemment prouvé. Sa capacité à créer les décalages, à ne jamais perdre bêtement le ballon, mais à lui trouver une sortie toujours honorable, sa faculté à s'entendre dans les petits espaces avec Xavi, Villa, Fabregas ou Capdevila font d'Andres Iniesta un immense joueur. Évidemment, les ombres de Messi, de Rooney, de Cristiano Ronaldo, d'Eto'o, de Drogba ou de Gerrard le privent d'un soleil médiatique qu'il mérite tout autant.

Mais quelle plus belle lumière que celle d'une finale de Coupe du monde pour s'exposer aux yeux de la planète ?

Désormais, Iniesta est une star. Parce qu'il est un magnifique joueur, parce qu'il est décisif, parce que son style et sa joie de jouer sont communicatifs. « C'est incroyable, quelle joie ! s'exclamait-il juste après la finale. Après mon but, j'ai pensé à ma famille, à tous les gens que j'aime. Cette victoire est le fruit d'un énorme travail. »

Une œuvre commencée à La Masia, le centre de formation du FC Barcelone. Là, il a appris qu'un bon milieu offensif doit avoir plusieurs solutions de passes avant même de recevoir le ballon. Là, il s'est imprégné de la culture de Pep Guardiola, son actuel entraîneur qui fut aussi son idole d'enfance. Là, il s'est forgé un palmarès impressionnant : deux Ligues des champions, une Coupe du monde des clubs, quatre titres de champion d'Espagne. Auxquels il convient d'ajouter un championnat d'Europe et désormais une Coupe du monde.

Petit bonhomme, grand monsieur, énorme palmarès.

Malgré le retour désespéré de Van der Vaart, Iniesta, en parfait équilibre, arme sa reprise en demi-volée, celle du sacre (ci-dessous). Iniesta sous le maillot du FC Barcelone : la classe en mouvement (à droite).

LFP
unicef
8

2010
WORLD
CUP

COUPE DU

AFRIQUE DU SUD ALGÉRIE ALLEMAGNE ANGLETERRE ARGENTINE AUSTRALIE BRÉSIL CAMEROUN CHILI CORÉE DU NORD CORÉE DU SUD CÔTE D'IVOIRE

MONDE

DANEMARK ESPAGNE ÉTATS-UNIS FRANCE GHANA GRÈCE HONDURAS ITALIE JAPON MEXIQUE NIGERIA NOUVELLE-ZÉLANDE PARAGUAY PAYS-BAS PORTUGAL SERBIE SLOVAQUIE SLOVÉNIE SUISSE URUGUAY

POUR CETTE PREMIÈRE COUPE DU MONDE SUR LE SOL AFRICAIN, LE GHANA ATTEINT LES QUARTS DE FINALE COMME LE CAMEROUN EN 1990 ET LE SÉNÉGAL EN 2002 MAIS SE HEURTE SUR LA RÉVÉLATION URUGUAYENNE MENÉE PAR DIEGO FORLAN, MEILLEUR JOUEUR DU TOURNOI. AU RAYON DES DÉCEPTIONS, LA FRANCE CÔTOIE L'ANGLETERRE ET LE BRÉSIL. À CELUI DES CONFIRMATIONS PAYS-BAS ET ALLEMAGNE ACCOMPAGNENT L'ESPAGNE, DÉJÀ CHAMPIONNE D'EUROPE EN 2008 ET ENFIN COURONNÉE À L'ÉCHELON MONDIAL.

L'automne en pente dure

C'est une étrange période que traverse l'équipe de France et son sélectionneur mal-aimé, que le doute général entoure, quand ce n'est pas le rejet...

Du coup un déplacement en plein mois d'août aux îles Féroé, étape sur la route du Mondial sud-africain, ressemble à un travail d'Hercule plutôt qu'à une formalité. On s'inquiète quand Ribéry, blessé, annonce son forfait. On se réjouit quand Raymond Domenech l'inscrit tout de même sur sa liste, en dépit des jérémiades des responsables du Bayern Munich.

Patrick Vieira, le capitaine, n'est pas là non plus. « Il m'a dit qu'il n'avait qu'une demi-heure dans les jambes », explique Domenech. Un long feuilleton commence. Capitaine de réserve, Thierry Henry est lui aussi absent, pour cause d'adducteurs récalcitrants. Contrairement à l'usage, il ne vient pas faire constater sa blessure par le staff médical des Bleus. Et la rumeur enfle d'un désaccord. Domenech joue les pompiers : « J'ai confiance en Titi, dit-il. La loi a été rédigée pour ceux qui souhaitent la contourner. »

William Gallas est promu capitaine d'une équipe qui, pour la première fois depuis 1998, n'aligne aucun champion du monde. Comme le temps passe.

C'est la troisième fois depuis 2004 que les Bleus évoluent à Thorshavn, capitale d'un pays de 48 000 habitants. « Personne ne prend l'adversaire à la légère, clame Domenech. Il faut s'adapter. L'inefficacité serait grave si on ne se créait pas d'occasions. »

Gignac ouvre son compteur

Devant 3 000 spectateurs, on ne peut pas dire que les Bleus réalisent un festival offensif. Préféré à Benzema, qui ne quittera pas le banc, Gignac le Toulousain inscrit son premier but international d'une frappe en pivot (42e). Bien sûr, les Français tiennent le ballon. Mais ils ne l'utilisent pas au mieux et sont tout heureux de constater qu'une faute évidente d'Escudé sur Gregerson (47e) ne provoque pas le penalty redouté. Au bout du compte, en dépit de l'entrée de Ribéry dans le courant de la seconde période, ils ne cadrent que sept tirs, dont cinq de Gignac, et n'inscrivent pas plus d'un but, comme ce fut déjà le cas lors de leurs six matches précédents.

Le reste n'est que du bla-bla convenu, pimenté toutefois d'un soupçon d'inquiétude. Domenech : « La priorité c'était les 3 points. On est tous frustrés. Il fallait marquer plus. » Malouda : « On n'a pas douté mais on marque peu. On n'a pas de marge. » Lassana Diarra : « Il ne faut pas cracher sur ces scores. C'est le début de saison ; il faut être indulgent. »

Patrice Evra se projette déjà sur la suite : « Ne me parlez pas de la Serbie. La Serbie c'est facile parce qu'on sait ce qu'on devra réussir. Moi, ce que je redoute le plus c'est la Roumanie. »

C'est contre ces deux nations, dans un enchaînement de deux matches en quatre jours, que quelques semaines plus tard, la France va jouer sa qualification.

C'est toujours sans Vieira, qui exprime sa « grosse déception », et avec un Ribéry revendicatif, « jouer à droite ne me mettrait pas dans les meilleures conditions », affirme-t-il, que les Bleus montent au front, sans doute moins rassurés qu'ils ne veulent bien le dire. « Je n'imagine pas que l'on rate la Coupe du monde et on n'aura pas besoin des barrages », affirme Éric Abidal.

Les Roumains, privés de leur attaquant vedette Adrian Mutu, sont venus au Stade de France « pour gagner », dixit leur jeune entraîneur (39 ans) Razvan Lucescu, fils de son père Mircea, lui-même sélectionneur de cette équipe à 36 ans.

Mais la première demi-heure est une véritable souffrance pour eux, qui subissent les assauts de Bleus très en jambes à l'image d'un Thierry Henry présent malgré ses douleurs chroniques. Henry, dont le coup de tête est dévié par le gardien roumain Coman sur sa barre (17e), avant que Gourcuff ne rate une superbe occasion (19e), puis que Coman ne repousse une reprise de volée à bout portant de Gignac (27e). En une mi-temps, les Français se créent presque une dizaine d'occasions plus ou moins nettes. Mais ils poussent un ouf de soulagement quand Surdu, lancé seul vers Lloris, échoue d'un rien (41e).

Le vrai faux clash Henry-Domenech

La délivrance semble surgir d'un corner de Gourcuff dévié de la tête par Gallas. Henry reprend victorieusement du pied gauche (48e) pour inscrire son 49e but en bleu.

Mais la maladresse d'Escudé, qui dévie dans le but de Lloris un centre d'Apostol (55e), jette un froid sur Saint-Denis. « Je touche à peine le ballon, expliquera le défenseur de Séville. Je l'aurais touché un peu plus ou un peu moins, il sortait. » Seulement voilà, il l'a touché juste comme ça.

En dépit des entrées en jeu de Ribéry (57e), puis de Benzema (73e), le jeu des Bleus se délite au fil des minutes, en même temps que leur organisation tactique explose. Chacun agit un peu à sa tête et à son envie, tandis que Coman n'a plus un seul tir à arrêter au-delà de la 75e minute.

Des sifflets intenses accompagnent les joueurs à leur retour au vestiaire. Le désamour est désormais patent.

Domenech évoque « un manque de chance et de réussite », ajoutant en exagérant beaucoup : « Je ne connais pas une équipe qui se crée autant d'occasions. »

« On ne peut pas dire qu'on a été maladroits », lâche Toulalan, sans convaincre grand monde. « On mérite mieux », dit Gourcuff. « Ça fait longtemps qu'on n'a pas vu la France jouer comme ça », s'enthousiasme presque Henry.

N'empêche que le lendemain, Jean-Pierre Escalettes, président de la Fédération, se sent obligé de préciser que « Domenech restera sélectionneur quoi qu'il advienne en Serbie ».

Mais le pire est à venir. Le journal *Le Parisien* révèle un clash entre Domenech et Henry en réunion plénière, la veille de France-Roumanie. L'actualité des Bleus bascule dans le psychodrame. Le capitaine est contraint d'intervenir au 20 heures de TF1 pour démentir et affirmer qu'il ne s'est rien passé en dehors d'une discussion plutôt constructive qui a fait du bien à un groupe qui vit dans une super-ambiance, un groupe qui est totalement derrière son coach pour aller à la Coupe du monde.

Passage obligé pour le sélectionneur et le capitaine, la conférence de presse de veille de match à Belgrade tourne encore autour de l'affaire du faux clash. « Je n'ai pas pour habitude de commenter les mensonges », dit Domenech.

Difficile de ramener le débat sur une rencontre pourtant vitale.

S'ils gagnent au stade Marakana, les Bleus auront leur destin en main et la première place, actuellement occupée par leur adversaire du jour, quasiment en poche. Sinon, il faudra très sérieusement envisager d'en passer par les barrages, hypothèse la plus raisonnable quand on sait que les Français viennent d'inscrire cinq buts en huit matches, soit leur pire série d'inefficacité depuis vingt ans.

Première pour Lloris, 50e pour « Titi »

Avec Abidal à la place d'Escudé en défense centrale, les Bleus entrent vaillamment dans la partie. Mais ils sont fauchés net quand une incompréhension entre Gallas et Abidal permet à Zigic de filer seul vers Lloris, qui se jette dans ses jambes et lui effleure le pied droit. Double peine oblige, l'arbitre opte pour le penalty et le carton

Opportuniste, Henry trompe le gardien roumain de près (en haut).

Escudé, malheureux, trompe Lloris: les Roumains égalisent (au milieu).

Henry-Domenech : sourires de commande (en bas).

rouge qui l'accompagne. Pour la première fois, un gardien bleu est expulsé. « C'est une injustice, clamera plus tard le Lyonnais. L'attaquant simule. Il n'y a aucun contact. »

Gignac sort pour permettre l'entrée de Mandanda qui encaisse le penalty de Milijas (13e).

À dix contre onze, les Français gardent la tête froide et montrent bonne figure. Sur une frappe lointaine d'Anelka, le gardien Stojkovic, maillon faible de l'équipe serbe, relâche le ballon. Henry surgit pour marquer (31e) son 50e but en bleu qu'il file dare-dare fêter dans les bras de Domenech. Deux tirs puissants d'Anelka (42e et 53e) inquiètent encore Stojkovic, mais les Bleus doivent encore survivre à une terrible frappe d'Ivanovic sur la barre.

Avec deux matches à jouer, face à la Roumanie à Belgrade puis en Autriche, et 4 points d'avance sur la France, la Serbie a le vent en poupe. Avec 4 points d'avance sur l'Autriche et la perspective de recevoir les Féroé, les Bleus savent que les barrages les attendent. Mais ils ont, cette fois-ci, de bonnes raisons de positiver. « Au bout de dix minutes, tu te dis que tout est noir, résume Henry. On a réalisé deux bons matches et on sort avec 2 points. » Puis il s'empresse d'ajouter : « On a montré qu'il y avait une magnifique ambiance entre nous. »

De son côté, Domenech en fait des tonnes : « Je suis très fier de mes joueurs. Ils ont été exceptionnels. Ils m'ont émerveillé. »

Quoi qu'il en soit, le doute est toujours permis, entretenu par une actualité rarement positive. Fin septembre, pour expliquer sa frustration, Benzema avoue : « Je n'ai peut-être pas tout donné quand je suis entré contre la Roumanie. » Des propos que Domenech juge « inadmissibles ».

Benzema appartient pourtant à la liste des 24 joueurs présélectionnés pour affronter les Féroé et l'Autriche. Blessé, Gourcuff est absent, tout comme Vieira. « Il faut qu'il joue un peu plus avec son club », explique Domenech.

Ribéry est dans la liste, mais une nouvelle douleur le pousse au forfait. Le Lyonnais Gomis le remplace. Deux jours plus tard, il passe par un malaise vagal à l'entraînement. Quand rien ne va…

À Guingamp, devant 16 000 supporters, loin des sarcasmes du Stade de France, les Bleus doivent s'imposer par le plus gros écart possible au cas où les Serbes se rateraient. Mais ce soir-là, les deux gros bras du groupe font course commune : 2-0 au repos et 5-0 à la fin. Les Féroé et la Roumanie sont remis à leur vraie place.

En première période, c'est Gignac qui inscrit les deux buts des

Bleus (34e et 39e). Anelka réussit à son tour un doublé en seconde période (52e et 86e) avant que Benzema qui a remplacé Gignac (73e) n'embellisse la marque (88e).

Les vérités de Platini

La France est barragiste et Domenech « satisfait ». « On ne peut pas demander plus de ce genre de match, dit-il. La seule déception serait de ne pas aller au Mondial. Ça ne sert à rien de s'angoisser. » « On est de mieux en mieux », estime Toulalan. « On n'a pas fait le boulot avant, il faut le finir maintenant », assène un Evra mobilisateur.

Ce qui n'empêche pas Michel Platini, en fin connaisseur, de mettre un bémol à tout cet optimisme : « Si la France en est là, c'est qu'elle le mérite. On n'a pas forcément une grande génération. »

Il faut en tout cas s'adapter à la situation, à commencer contre l'Autriche dans un Stade de France qui, par le jeu des blessures, voit évoluer une équipe très mixte. Avec une improbable défense Fanni-Squillaci-Escudé-Clichy, un milieu de terrain Alou Diarra-Moussa Sissoko (entré en jeu contre les Féroé, le Toulousain est titulaire pour la première fois) et une attaque Govou-Henry-Benzema-Malouda, l'équipe de France s'impose face à de pâles Autrichiens. Benzema ouvre le score d'une tête plongeante (18e), inscrivant le 100e but de l'ère Domenech. Une pseudo-faute de Fuchs sur Fanni permet à Henry de marquer sur penalty (27e). Janko profite d'une balle mal repoussée par Lloris pour réduire le score (48e) mais Gignac, qui a remplacé Henry (51e), lequel reconnaîtra avoir joué blessé, recrée la différence sur une superbe action individuelle ponctuée d'une frappe enroulée de 20 mètres dans le petit filet (66e).

« J'ai la réussite, alors qu'elle me fuit avec mon club », explique le buteur devenu si peu efficace à Toulouse.

Mais déjà, c'est vers les barrages que les Bleus se tournent. « Il nous faudra être humbles, affirme Henry, sans oublier que nous avons des joueurs habitués aux grands matches. »

« Pour les barrages je n'ai pas de préférence, déclare Domenech. Ma préférence c'est la qualification. »

À cet instant, il ne peut pas deviner que son équipe ne va pas manquer d'Eire. Avant de frôler l'asphyxie.

Lloris dans les pieds de Zigic : penalty et carton rouge (à gauche). Tête plongeante et gagnante de Benzema face à l'Autriche (au milieu). Le président Escalettes en mal de confiance (ci-dessous).

Besoin d'un coup de main

Puisque l'équipe de France a traversé son groupe de qualification pour la Coupe du monde comme un calvaire, il est quasiment naturel qu'elle l'achève par une punition. On appelle cela un barrage. Sans doute parce que le perdant n'empruntera pas la route de l'Afrique du Sud. Peut-être parce que des eaux profondes engloutiront les espoirs des vaincus.

Les eaux troubles dans lesquelles cheminent les Bleus les conduisent donc en Irlande. Face à l'Eire, nation chérie des faiseurs de jeux de mots. Car l'air de rien, l'Eire est invaincue depuis deux ans en match officiel. Car traditionnellement, si son public est chaud, le fond de l'Eire est frais. Car Eire-France est, cette fois, un vol aller-retour, ce barrage se décidant sur deux manches. Deuxième d'un groupe d'où l'Italie, championne du monde en titre, s'est extirpée, la République d'Irlande n'a rien d'effrayant. Elle n'a pas grand-chose d'aguichant pour autant. C'est le genre d'équipe moyenne qui ressemble à… la France. Peu de joueurs de classe mondiale, l'illusion d'être une grande nation en moins. Alors, oui, il y a sur le papier de quoi se rassurer. Les Irlandais évoluent pour la plupart dans des clubs de deuxième moitié de tableau de la Premier League anglaise. Mais, contrairement aux Bleus, ils ne sont pas en perdition, plutôt en ébullition à l'idée de se qualifier pour une Coupe

DOMENECH : « JE SAIS QU'ILS SERONT SOLIDES. »

du monde, comme en 2002. « Les Français jouent tous dans des grands clubs, constate leur entraîneur Giovanni Trapattoni. Mais ce n'est pas suffisant pour partir en Afrique du Sud. L'Irlande a terminé deuxième de son groupe, mais nous, contrairement à la France, nous sommes invaincus. Et je crois que nous allons le rester mercredi soir prochain à Paris. »

TRAPATTONI : « UN NUL AURAIT ÉTÉ PLUS ÉQUITABLE. »

Avant le mercredi français, il y a le samedi irlandais. À Croke Park, que les habitués du rugby décrivent comme un enfer. La faconde de l'Ovalie est convoquée pour une homélie truculente sur le cœur irlandais, les poumons de l'Eire gonflés de fierté et la bière qui coule à flots à côté, dans le stade et dans les veines de ce bon peuple qui n'en finit pas de charrier les clichés par torrents entiers. Même si les collègues du rugby sont là, personne n'évoque un *french flair* des Bleus de Domenech. Le registre s'emplit plutôt de notions de combat, de force mentale, de capacité de résistance, de solidité. Trapattoni : « Mentalement, l'équipe est prête et il sera important qu'elle garde la tête froide, qu'elle ne fasse pas n'importe quoi. » Son capitaine, Robbie Keane : « Si les Français pensent qu'ils auront un match facile, ils commettent une erreur. Il nous faut rester calme, ne pas encaisser de carton bête en voulant absolument gagner. » Même le sélectionneur français, lapidaire pourtant, suit la mesure. « Les adversaires, je sais qu'ils seront solides », lâche Domenech.

Bof, ce Croke Park. Bof, son ambiance, bof, son équipe d'Irlande.

Le décor semble planté pour une soirée en enfer. Mais tout ça, c'est bof. Bof, ce Croke Park. Bof, son ambiance. Bof, cette équipe d'Irlande. Les Bleus sont un peu moins bof, il faut le reconnaître. Ils seraient presque bien. Gignac a marqué dès la 12e minute, mais le Toulousain était hors jeu. Une frayeur pour les Bleus, lorsque Alou Diarra commet une main dans la surface qui échappe à l'arbitre (28e). Keane récupère ensuite le ballon, mais bute sur Lloris avant que Lawrence ne frappe à quelques millimètres du poteau.

Après, retour du bof. Le début de la seconde période paraît plutôt à l'avantage des Français. Gourcuff (54e), Lassana Diarra (56e), Anelka (59e), puis Gignac (62e) sont presque dangereux. Evra a l'air d'être fauché par le gardien Given (69e). Le portier de Manchester City sera battu quelques minutes après. Gourcuff donne à Anelka dans l'axe. À 20 mètres, l'attaquant de Chelsea frappe du droit. St Ledger dévie la balle qui file vers le poteau gauche, mais du bon côté pour les Bleus (72e, 0-1). Sur un ballon perdu par Abidal, l'Eire croit tenir sa chance de revenir au score. Mais Whelan, qui en profite pour filer seul au but, se heurte à un exceptionnel Lloris (87e).

Les Bleus doivent au gardien lyonnais d'avoir préservé leur succès. Il leur ouvre évidemment une voie royale vers la Coupe du monde puisqu'il condamne l'Irlande à s'imposer au Stade de France quatre jours plus tard. « Le résultat est rassurant, concède Thierry Henry. Les Irlandais ont pressé en première période, mais ce n'est pas évident de maintenir ça pendant tout le match. Ils ont un peu lâché en seconde mi-temps et ça nous a permis de jouer entre les lignes. » Plus affirmatif, le Barcelonais Éric Abidal évoque « un résultat presque parfait » et « une petite éclaircie » sur la route du Mondial.

De son côté, Raymond Domenech affiche une certaine prudence. « C'est la première mi-temps d'un match, lance-t-il. Au début, on a été obligés de jouer un peu haut à mon goût, je veux dire dans les airs. Qu'on s'adapte à l'adversaire, d'accord, mais on doit aussi imposer notre jeu. C'était mieux après le repos. » « On est tout de suite meilleur quand on arrive à conserver le ballon parce qu'on a des joueurs habiles avec », ajoute simplement Yoann Gourcuff. Pour Giovanni Trappatoni, « un nul aurait été plus équitable », mais le technicien italien n'a pas dit son dernier mot : « On peut marquer un but à Paris, je reste confiant dans la qualité de mes joueurs. »

Confirmation de son collègue tricolore : « L'équipe irlandaise a quelque chose. Elle est capable de jouer, d'imposer, de réagir. À nous d'être vigilants. Je préfère être à 1-0 que l'inverse. Mais je ne peux pas être satisfait. La seule chose que l'on attend, c'est la qualification. » Elle se jouera donc au Stade de France. Le dernier effort demandé aux Bleus peut-il être contrarié par cette formation certes courageuse, mais néanmoins peu effrayante ?

« Se qualifier en France serait le plus grand exploit de notre histoire », annonce le gardien Shay Given. Mais « il ne faut surtout pas prendre de but », selon Keith Andrews, plus convenu que son coéquipier Kevin Doyle : « Si les Français s'y voient déjà, ils auront peut-être une mauvaise surprise. »

Les Bleus s'y voient-ils déjà ? Une forme de réponse signée Lassana Diarra : « On n'a rien à envier aux autres. Cette équipe de France peut faire mal. » Ça ressemble à un dis-

Lloris, infranchissable, malgré l'énorme occasion de Whelan.

cours de pays qualifié pour la phase finale, effectivement. Et ça ne déplaît pas forcément à Giovanni Trappatoni. « On aura quelques grosses occasions, j'en suis persuadé, prévoit le sélectionneur de l'Eire. Vous voulez qu'on parte à l'abordage pour se faire punir en contre ? Gagner 1-0 peut être suffisant : on serait alors en prolongation puis aux tirs au but. Ce retour sera un match de sang-froid et d'intelligence. » Prémonitoire. Des belles opportunités, l'Irlande n'en manque pas. À la 24e minute, Lloris sauve son équipe en remportant un duel face à Keane. Il ne peut pas grand-chose quelques instants plus tard lorsque le même Keane reprend un centre en retrait de Duff (32e, 0-1). Compteurs à zéro. À l'heure de jeu, Lloris est encore décisif face à Duff (61e). Une tête d'Anelka (72e) signale la présence de l'équipe de France sur la pelouse. La performance des Bleus est simplement catastrophique. Une bouillie infâme, d'où le quasi-soulagement de les voir atteindre la prolongation. Sur sa seule action à peu près dangereuse,

DIARRA : « ON N'A RIEN À ENVIER AUX AUTRES. »

l'équipe de France va assurer sa qualification. Un coup franc de Malouda vers Henry, sur la gauche de la surface. Le capitaine français contrôle la balle de la main gauche avant de centrer vers Gallas, qui marque de la tête à bout portant (103e, 1-1).

La France participera au Mondial. Mais hormis les joueurs, le staff et les dirigeants, personne ne verse dans l'enthousiasme délirant. De la réserve, presque de la gêne, naturellement en raison de la faute de main non sifflée sur l'action du but, mais aussi en raison du spectacle proposé. « Ce fut dur, laborieux et par moments miraculeux, reconnaît Domenech. Mais nous sommes heureux, avoir participé à ça, c'est génial. »

Certes, les Bleus ont une chance énorme au point que se pose la sempiternelle question du « mérite » : méritent-ils d'aller en Afrique du Sud ? Les Irlandais, vaillants, bien meilleurs sur la pelouse, méritaient de se qualifier. Mais au-delà de ce qui est d'abord un débat moral – voire moraliste – existe une inquiétude sur l'état de cette équipe. Techniquement, elle a affiché des faiblesses inimaginables. Collectivement, elle a été inexistante, incohérente et insuffisante. Physiquement, elle a été transparente.

Et mentalement, elle a été loin du niveau zéro : ce qu'elle a donné à voir n'est pas de la spéléologie, mais plutôt une exploration de la croûte terrestre digne de Haroun Tazieff et même de Jules Verne. Elle s'est enfoncée tellement loin vers le centre de la terre que personne ne sait jusqu'où elle est descendue. Sur ce plan, de l'engagement, de la ressource, elle n'a jamais touché le fond, elle l'a repoussé jusqu'à des limites inconnues pour l'homme.

Sa chance, c'est que l'affaire dite de « la main de Henry » estompera cette question-là, pourtant essentielle. La France est un qualifié à la dérive. À huit mois de son entrée en Coupe du monde, elle promène un profil d'éliminé, de nation en échec et en crise. C'est un paradoxe et surtout une réalité. Et peut-être une chance inouïe : si loin du tournoi final, elle a déjà perdu. Il ne peut donc rien lui arriver de pire.

DOMENECH : « AVOIR PARTICIPÉ À ÇA, C'EST GÉNIAL. »

Le contrôle de la main d'Henry déclenche la colère de la presse anglo-saxonne.

AVEC PERTE ET FRACAS

Ce n'est pas seulement l'histoire d'une débandade annoncée. C'est surtout celle d'un cataclysme honteux et inimaginable. D'une équipe de France entrée dans la légende par la porte d'un scandale qui a remué tout le pays. Voici, au jour le jour, le récit hallucinant du plus gros dérapage de toute l'histoire du sport français.

>> 2 mars 2010
Henry place une banderille

Le capitaine de l'équipe de France qui fait souvent banquette à Barcelone garde le moral à la veille d'un match amical France-Espagne qui lui tient forcément à cœur. **« Et si vous étiez remplaçant ? »** lui demande-t-on en conférence de presse. « Aucun problème pour moi », répond-il. Il ajoute : « Franck Ribéry préfère jouer à gauche et moi dans l'axe. Mais il y a un coach qui décide. Malheureusement, nous ne sommes pas toujours d'accord. »

>> 3 mars 2010
L'Espagne donne la leçon

Avec une défense centrale Ciani-Escudé (Gallas et Abidal sont blessés) et une attaque Ribéry (à droite), Anelka (au centre), Henry (à gauche), l'équipe de France fait naufrage au Stade de France. Villa ouvre le score (21e) en inscrivant son 36e but en sélection. Sergio Ramos aggrave le score (45e+1) et l'Espagne remporte (2-0) sa 41e victoire en quarante-cinq matches depuis 2007. L'équipe de France a été mauvaise. Impuissante. Des bordées de sifflets ont déferlé des tribunes ainsi que des appels à la démission du sélectionneur.
Mais, devant les médias, Domenech ne bronche pas plus que ça : « J'ai vu des bonnes séquences. Le match a basculé sur des erreurs. Rien ne m'inquiète en ce moment. Je ne suis pas aussi catastrophé que vous semblez l'être. »
Jean-Pierre Escalettes, président de la Fédération française, n'est pas plus ébranlé : « On voit le chemin qui reste à couvrir. On le fera. »

>> 5 mars 2010
L'ÉQUIPE lucide

Sous le titre EN MILLE MORCEAUX, le quotidien de sport écrit en sous-titre : « Avec son sélectionneur incapable de fédérer, ses joueurs hors de forme ou dévorés par des questions d'ego et son environnement démoralisé, l'équipe de France ressemble à **un champ de ruines à trois mois du Mondial.** »

>> 12 avril 2010
La promesse de Domenech

Le sélectionneur accorde un long entretien à *L'Équipe*, dans lequel il déclare notamment : « Oui, je donnerai ma liste des 23 le 11 mai. Écarter des joueurs comme en 2008 n'est pas souhaitable. »

>> 10 mai 2010
Makelele sollicité

L'affaire Zahia, du nom d'une prostituée alors mineure qui affirme avoir eu des relations tarifées avec des joueurs de l'équipe de France, parmi lesquels Ribéry, a terni l'image des Bleus au cours des jours précédents.
On apprend que Domenech a tenté, en vain, de convaincre Claude Makelele, 37 ans, de revenir parmi les Bleus.

>> 11 mai 2010
Trente, sans Vieira

Lors du 20 heures de TF1, Domenech livre une liste de trente noms et prétend n'avoir jamais dit qu'il donnerait les vingt-trois élus ce soir-là. Il prend de court les responsables fédéraux qui ignoraient ce changement de dernière minute. « C'est au cours des deux derniers jours qu'on a eu confirmation par la Fédération internationale de ce que l'on devait faire », prétend-il.
Patrick Vieira ne figure pas dans la liste. Relancé à Manchester City, l'ancien capitaine des Blues tombe des nues. **« J'aurais aimé qu'il m'appelle »**, soupire-t-il. Karim Benzema, Samir Nasri et Jean-Alain Boumsong sont les trois autres grands absents.
Le Rennais Yann Mvila, 19 ans, appartient à la pré-liste, tout comme le Marseillais Mathieu Valbuena.

>> 16 mai 2010
Blanc en première ligne

À l'issue de la dernière journée de championnat, l'entraîneur de Bordeaux Laurent Blanc annonce son départ du club à ses joueurs. Les Girondins font savoir qu'il prendra en main l'équipe de France après le Mondial. Réaction du défenseur bleu Bacary Sagna :

« C'est bizarre de nommer le sélectionneur alors que nous n'avons pas encore joué la Coupe du monde. »

>> 17 mai 2010
La joie de Valbuena

Landreau, Fanni, Rami, Briand, Ben Arfa et Mvila sont rayés de la liste des trente réduite à vingt-quatre éléments. Pour pallier l'éventuel forfait de Gallas, blessé au mollet depuis deux mois, les défenseurs centraux Squillaci et Planus sont conviés tous les deux à Tignes, où Gallas travaille depuis déjà trois jours.
Certain de faire partie des élus, le Marseillais Valbuena est aux anges : « J'avais déjà réservé mes vacances à Saint-Barth. Vu ma situation en décembre, j'étais loin d'imaginer tout ça. »

>> 18 mai 2010
Squillaci fait du rab

Vingt-trois joueurs débarquent à Tignes pour le stage en altitude. Ribéry arrive en hélico et en retard. Le seul absent est Sébastien Squillaci qui dispute le soir même avec Séville la finale de la Coupe d'Espagne.

>> 19 mai 2010

Un message d'amour

«Aimez-vous en dehors du terrain sinon vous ne vous aimerez pas sur le terrain et ne parviendrez à rien.» C'est le message d'accueil de Domenech à ses joueurs. L'objectif est d'éviter une guerre de clans et le rejet supposé de Gourcuff par le trio Ribéry-Anelka-Henry.

Patrice Evra brandit l'étendard, un peu délavé, de la révolte : «À Manchester, personne ne se moque de l'équipe de France. Tout le monde me demande comment, avec notre effectif, on ne bat pas tout le monde.»

C'est effectivement une bonne question. Une très bonne même.

>> 20 mai 2010

Lassana Diarra n'aime pas l'altitude

Raquettes aux pieds, les Bleus entament l'ascension du glacier de la Grande Motte en compagnie de Stéphane Diagana, champion du monde du 400 mètres haies en 1997.

Ils passent la nuit au sommet, à l'exception de Lassana Diarra. Souffrant de douleurs intestinales, le milieu de terrain du Real Madrid redescend au camp de base.

>> 21 mai 2010

Onesta : visite chez les Bleus

L'entraîneur des champions olympiques et champions du monde de handball Claude Onesta rend visite aux Bleus.

Et déclare : «L'opinion publique est en plein doute vis-à-vis des Bleus. Ils valent évidemment bien mieux que ce que l'on dit.»

>> 22 mai 2010

Bye-bye Diarra

Ribéry se rend à Madrid pour soutenir ses équipiers du Bayern qui vont disputer, et perdre, la finale de la Ligue des champions pour laquelle il est suspendu.

Lassana Diarra, forfait, quitte Tignes secrètement. Le communiqué officiel parle d'une **«maladie imprévisible qui justifie une période de repos indéterminée»**. Le Real Madrid évoque sur son site «un syndrome asthénique découlant d'une anémie falciforme». Quelque chose comme une crise de paludisme.

>> 23 mai 2010

La crainte de Clichy

Le jeune Rennais Mvila est donné favori pour remplacer Diarra poste pour poste. Le défenseur Gaël Clichy craint d'être le vingt-quatrième. Il revient par ailleurs sur le forfait du Madrilène : «Avant l'entraînement, le coach nous a dit que c'était fini pour lui. On ne l'a même pas vu. Quand on est rentrés, on a lu son petit mot d'encouragement accroché dans le hall de l'hôtel.»

Diarra est parti avec son mystère.

>> 24 mai 2010

Ces vingt-trois-là

Fausse joie pour Mvila. Les vingt-trois de Tignes sont confirmés. Sur le site de la Fédération, Domenech explique : «On s'est retrouvés à vingt-trois et le groupe avait une telle envie, une telle vie. **C'est vraiment un groupe qui va faire la différence, qui va nous amener au bout.**»

À l'entraînement, le sélectionneur continue à travailler sur un 4-3-3 avec Ribéry à gauche et Malouda au milieu.

>> 25 mai 2010

La prophétie d'Anelka

À la veille d'affronter le Costa Rica, premier épisode d'une trilogie de matches amicaux, les Bleus baignent dans l'optimisme. «On pense qu'on peut aller au bout dans cette Coupe du monde. Qu'on peut la gagner», déclare Anelka. «On a vite senti que tout le monde était dedans. On espère semer un peu les graines du succès», ajoute Malouda.

>> 26 mai 2010

La marque Valbuena

À Lens, excepté Lloris, suppléé par Mandanda, Domenech lance l'équipe dont on devine qu'elle débutera le Mondial. Gourcuff et Malouda composent le milieu de terrain avec Toulalan. Govou, Anelka et Ribéry constituent le trio offensif. Henry est sur le banc. Et Patrice Evra, seulement vingt-neuf sélections, porte le brassard de capitaine là où, en l'absence d'Henry, on attendait plutôt Gallas.

Celui-ci encaisse très mal le camouflet reçu juste avant la rencontre.

Profitant d'une hésitation d'Abidal, Hernandez ouvre le score d'une frappe croisée (11e). Sequeira offre l'égalisation aux Bleus en détournant dans son but un centre de Ribéry (22e). Et c'est Valbuena, entré à la place de Govou (66e), qui donne la victoire (2-1) aux Français d'une jolie frappe croisée de 20 mètres (83e).

La France a montré plutôt bonne figure dans sa nouvelle organisation.

« Ils ont confirmé cette envie de construire quelque chose ensemble, explique Domenech. Il faut garder cette envie et cette insouciance. »

Toulalan renchérit : **« On avait dit que ça se passait bien entre nous. Encore fallait-il le valider sur le terrain. »**

>> 27 mai 2010

L'espoir de Dugarry

Un vent d'optimisme se lève sur les Bleus qui débarquent avec quelques femmes et enfants à Sousse, en Tunisie. Dans *L'Équipe*, le consultant Christophe Dugarry, un anti-Domenech notoire, se reprend à y croire : « J'ai retrouvé de l'espoir, écrit-il. Je me dis qu'on peut passer des bons moments. Merci monsieur Domenech d'avoir changé et peu importe pourquoi. Peut-être que les joueurs, convaincus qu'ils allaient dans le mur, sont allés le voir. »

>> 28 mai 2010

Henry remplaçant de luxe

Arrivée d'une seconde délégation de femmes et d'enfants. Alou Diarra regagne la France où son épouse doit accoucher. Thierry Henry s'entraîne de nouveau avec les remplaçants.

>> 29 mai 2010

Lizarazu plaint Henry

À la veille d'affronter la Tunisie, les Bleus sont très occupés. Ils négocient leurs futures primes. Dans *L'Équipe*, le consultant Bixente Lizarazu revient sur le cas Henry : « S'il est confirmé dans ce rôle de remplaçant, **il le vivra forcément très mal**. C'est une immense souffrance. Il attendait l'équipe de France comme une bouffée d'oxygène. »

>> 30 mai 2010
Un pas en arrière

À Radès, la France, dans son équipe nouvellement type, encaisse le premier but pour la quatrième fois de suite. Il est l'œuvre du Lensois Jemaa (5e). Ben Khalfallah rate une énorme balle de break. Parti seul vers Lloris, il bute sur le gardien tricolore (9e). Gallas égalise d'un coup d'épaule, à la réception d'un long coup franc de Gourcuff (62e). Pour le 75e match de Domenech à leur tête, record de Michel Hidalgo égalé (de 1976 à 1984), les Bleus n'ont pas flambé.
Anelka a beaucoup trop décroché. Henry a remplacé Ribéry après le repos.
Dans la foulée, Canal+ révèle que, au mois d'avril, Domenech s'est rendu à Barcelone pour annoncer à Henry qu'il ferait partie des vingt-trois uniquement s'il acceptait un poste de remplaçant.
« Les ragots des uns et des autres, je vous les laisse », commente pour l'instant Domenech.

>> 31 mai 2010
Les coiffeurs au chômage

Le match amical prévu entre les remplaçants bleus, les fameux coiffeurs, et la sélection olympique tunisienne est annulé à la grande colère des Tunisiens, pour une raison confuse liée à la durée de la rencontre.
Interrogé sur l'avenir des Bleus dans le Mondial, l'ancien capitaine de l'équipe de France de handball Jackson Richardson répond : **« Ils vont créer la surprise. C'est typiquement français. »**
D'une certaine façon, l'avenir lui donnera raison.

>> 1er juin 2010
Tous à La Réunion

Arrivée sur l'île de La Réunion après un vol de nuit de 9 h 30, les Bleus effectuent une sortie en VTT sous une pluie battante. Ils vont affronter la Chine trois jours plus tard.
Petite phrase de Michel Platini : **« Le fait que Henry n'ait pas joué avec Barcelone est un très gros plus. »**

>> 2 juin 2010
Henry passe aux aveux

« Oui, le coach est venu me voir à Barcelone et il m'a dit que je ne commencerais pas le Mondial, **situation que j'ai acceptée** », reconnaît Henry.
Les Bleus s'entraînent devant 2 000 enfants enthousiastes. C'est officiel : chaque joueur touchera 390 000 euros en cas de victoire finale.

>> 3 juin 2010
Domenech bla bla bla

Conférence de presse de veille de match du sélectionneur : « Govou apporte pour le moment ce que j'attends de lui... J'espère que l'équipe n'est pas prête. C'est le jour du début de la Coupe du monde qu'il faut être prêt. L'animation offensive est en train de se mettre en place. De ce côté-là, **je sais qu'il y aura quelque chose de solide, de créatif.** »

>> 4 juin 2010
Feu rouge pour les Bleus

Devant 10 000 spectateurs qui les portent, les Bleus dérapent (1-0) face à une équipe de Chine classée 84e du classement international et composée essentiellement d'espoirs. Alignée au départ, l'équipe type ne crée aucune différence. Les 21 tirs à 3 et les 69 % de possession de balle en leur faveur indiquent mal les difficultés des Français à forcer la décision. Le déchet technique est énorme. Le coup de massue survient quand Deng Zhuoxiang trompe Lloris sur un lointain coup franc (68e).

Domenech continue à se moquer du monde : « Ce n'est qu'un match de préparation. J'ai vu plein de choses intéressantes dans le jeu. **On progresse**. »

Interrogé par *L'Équipe*, le directeur sportif de Lyon Bernard Lacombe est lucide : « Je suis inquiet. Perdre contre une équipe comme la Chine, ce n'est pas évident pour la confiance. »

>> 5 juin 2010
Bienvenue au Pezula

La Réunion bâclée, les Bleus s'envolent pour l'Afrique du Sud où ils débarquent au petit matin, à George. À 7 heures, ils arrivent à l'hôtel Pezula de Knysna, un luxueux cinq étoiles transformé en une inaccessible forteresse à l'intérieur de laquelle se trouve le terrain d'entraînement.

L'Équipe révèle que les cadres de l'équipe plaident pour la sélection d'Abou Diaby en milieu de terrain pour le match d'ouverture contre l'Uruguay.

Dans ce même journal, Bixente Lizarazu monte encore le ton : « C'est une aberration d'avoir inventé une formule à trois semaines du Mondial. Et c'est plus incroyable encore de s'entêter alors que ça ne marche pas. C'est aller droit dans le mur. »

>> 6 juin 2010
Rama Yade contre son camp

« Moi, je n'aurais pas choisi cet hôtel. L'Espagne a par exemple choisi une résidence universitaire. » Balancé sur une radio, le scud de la secrétaire d'État ne fait pas pssschit. Rama Yade a raté son coup.

Le logement des Bleus est financé par la FIFA. Roselyne Bachelot, sa ministre de tutelle, la recadre : « **Il n'est plus temps de faire des polémiques**. Ça ne coûte pas un sou au contribuable. »

Alou Diarra se fait le porte-parole des joueurs : « Mais qu'est-ce qu'on veut pour l'équipe de France ? Je ne comprends pas. Ça nous agace car ça n'a pas lieu d'être et ça ne sert à rien. On a surtout besoin de soutien. »

>> 7 juin 2010

Les doutes de Govou

À l'entraînement, rien ne laisse supposer un changement tactique pour l'ouverture programmée le 11 juin contre l'Uruguay. Et les Bleus s'interrogent : **« Il ne faut pas se mentir, on a quelques doutes »**, reconnaît Govou.

Mais l'emblématique Aimé Jacquet est là pour remonter le moral des troupes : « La défaite de la Chine est une très bonne chose. Aujourd'hui, les joueurs doivent être en colère. »

>> 8 juin 2010

Henry au cœur du débat

Les Bleus sont cloîtrés dans leur prison dorée. Ils n'ont toujours eu aucun contact avec le monde extérieur.

Il se dit que des cadres de l'équipe militeraient pour le retour comme titulaire de Thierry Henry.

>> 9 juin 2010

L'optimisme de Toulalan

Les Bleus s'entraînent sous la pluie et à huis clos. Deux séances vidéo sur l'Uruguay leur sont proposées. En conférence de presse, Toulalan continue d'aligner des certitudes : « Même avec un mauvais résultat contre l'Uruguay tout ne va pas s'écrouler. On arrivera toujours à s'en sortir car on a toujours vécu dans la difficulté. **Mentalement on est costauds.** »

>> 10 juin 2010

Domenech-Malouda, le choc

Avant de s'envoler pour Le Cap, les Bleus effectuent un dernier entraînement. Le ton monte entre Domenech et Malouda qui souhaite jouer de façon plus offensive. La conférence de presse de veille de match du sélectionneur et du capitaine n'est qu'un enchaînement de poncifs.

Domenech : « **Le premier match est important mais pas décisif...** On espère qu'on sera un peu plus prêts que les Uruguayens sans garantie aucune. »

Evra : « On est sereins et confiants. On est venus ici pour aller jusqu'au bout. Si on n'y parvient pas on pourra dire que cette équipe a un bon état d'esprit mais qu'elle est nulle. »

>> 11 juin 2010
0-0 comme d'habitude

Quelques heures plus tôt, Africains du Sud et Mexicains, futurs adversaires des Bleus, se sont séparés sur un match nul (1-1). Au Cap, où le stade est rempli de 64 000 personnes et de presque autant de vuvuzelas, ces assourdissantes trompettes sud-africaines, Domenech change de cap.

Au dernier moment, il décide de sortir Malouda et de le remplacer par le plus défensif Diaby qui sera le meilleur Français d'un match bien terne (0-0). « Je pense que ce choix défensif du coach n'a rien à voir avec ce qui s'est passé la veille à l'entraînement », dira Malouda.

C'est la troisième fois que les Bleus de Domenech démarrent une phase finale sur ce score décevant après 2006 (contre la Roumanie) et 2008 (contre la Suisse).

Une reprise à côté de Govou aux 6 mètres sur un centre de Ribéry (7e), un coup franc de Gourcuff sorti par le gardien sud-africain Muslera (18e), une reprise de volée de Forlan qui frôle le cadre (74e), voilà pour les trop rares occasions. L'expulsion de l'Uruguayen Lodeiro (81e) offre aux Français une fin de match avantageuse dont ils ne profitent pas. S'ils ont tiré vingt fois les Bleus n'ont cadré qu'à trois reprises.

Domenech est agacé : **« Il a manqué la finition. Marquer de temps en temps ce serait bien, ce serait mieux. »**

Gourcuff se dit « très déçu ». Evra « un peu frustré ». Et Toulalan conclut : « On a été un peu maladroits, mais on ne peut pas se reprocher grand-chose. »

>> 12 juin 2010
RAS

Les Bleus sont de retour au Pezula dès 3 heures du matin. Pas d'entraînement pour les titulaires qui restent aux soins. Les épouses quittent l'hôtel. Et les observateurs s'interrogent sur le changement de système de dernière heure.

>> 13 juin 2010
L'affront à Rama

La visite était programmée depuis longtemps : les Bleus devaient visiter le township (bidonville) Dam se Bos de Knysna en compagnie de Rama Yade. Mais ils y arrivent une heure avant la ministre et repartent avant son arrivée. Ils distribuent quelques maillots de l'équipe de France.

« On n'était pas contents, il fallait qu'elle le sache », explique Abidal. À l'évidence, ce groupe aime la contestation et n'est pas dirigé. Affaire à suivre.

Dans *Téléfoot*, Domenech revient sur le match contre l'Uruguay. En résumé : « Manque de réussite, de confiance, pas rassurant. » Et Malouda fête ses 30 ans.

>> 14 juin 2010
Gourcuff vers la sortie

L'entraînement est ouvert au public. C'est une obligation fixée à toutes les équipes par la FIFA. Mais il pleut, il fait froid et 200 spectateurs seulement ont pris place dans la petite tribune dressée loin du terrain. Malouda retrouve sa place à gauche de l'attaque, Ribéry évoluant dans l'axe à la place de Gourcuff. Un problème relationnel entre le Bordelais et le duo Ribéry-Anelka est de nouveau évoqué.
Le troisième gardien Cédric Carrasso se blesse aux adducteurs. Le Monégasque Stéphane Ruffier est contacté pour le remplacer, alors que le règlement lui interdit de jouer.

>> 15 juin 2010
Domenech sent de l'excitation

C'est officiel : Malouda remplacera Gourcuff dans deux jours contre le Mexique. « Ce n'est pas moi qui vais régler tous les problèmes de l'équipe, explique-t-il. Certains joueurs sont touchés par les histoires qui sortent. Cela affecte un peu leur rendement. »
Mais Domenech ne s'arrête pas à cela : « Les joueurs n'ont qu'une envie, que ça arrive, lance-t-il. Je sens cette excitation, un peu d'énervement. Ils se disent : **C'est quand le match ?** »
Les Bleus embarquent pour Polokwane, une ville située à 1 310 mètres d'altitude.

>> 16 juin 2010
Aguirre n'a aucun doute

Veille de match et conférence de presse pour Domenech et Evra au Peter Mokaba Stadium de Polokwane, où les Bleus effectuent leur dernier entraînement.
Evra est sûr de lui : « Si j'imagine reprendre l'avion d'ici une semaine, je n'ai rien à faire ici. Le premier match était solide. Il faut garder cette solidité. Il y a des petits signes qui ne trompent pas. Le groupe est sain, soudé. »
Domenech est agressif : **« Ce qui peut se dire à l'extérieur du groupe, je m'en fous. »**
Et Javier Aguirre, le sélectionneur mexicain, est tranquille : « Je crois sérieusement que nous allons nous qualifier pour le second tour. Il faut d'abord battre la France, mais nous nous y préparons depuis plusieurs semaines. »

>> 17 juin 2010

En dessous de tout

Il fait froid, 35 000 spectateurs assistent à la rencontre. Dans l'après-midi, l'Uruguay a puni l'Afrique du Sud (3-0) et la France va tellement faire naufrage que le lendemain *L'Équipe* pourra titrer : LES IMPOSTEURS.
Car cette performance est totalement indigne et à l'envers de toutes les belles promesses ressassées depuis plusieurs semaines.

Un tir de Malouda dévié en corner par Perez (54e) et une frappe de Ribéry également détournée en corner par le gardien (55e) constituent l'intégralité des occasions françaises. Une misère. Quatre fois dangereux devant Lloris en première période, les Mexicains n'ont qu'à attendre leur heure. Elle survient lorsqu'une longue ouverture de Marquez parvient à Hernandez qui s'en va dans le dos d'Abidal dribbler Lloris et ouvrir le score (64e). Le glas sonne un quart d'heure plus tard. Abidal fauche Barrera. Blanco transforme l'indiscutable penalty (79e).
Les entrées de Gignac à la place d'Anelka dès la reprise (46e) et de Valbuena en lieu et place de Govou (70e) n'ont rien changé au scénario. Jamais la France ne s'était inclinée face au Mexique. Sauf miracle, elle est d'ores et déjà éliminée de la Coupe du monde.
Domenech a l'air totalement dépassé lors de sa conférence de presse. « Je n'ai pas eu le temps d'assimiler, de digérer, dit-il. C'est l'échec de l'équipe de France. » Pas le sien, bien sûr. « Je n'ai pas d'explication. Notre première période a été très bonne. On avait une forme de sérénité, de tranquillité. »
Comme on ne connaît pas encore la suite épicée de l'histoire, on imagine alors qu'il a dû assister à un autre match, dans un autre stade.

« C'est honteux de perdre comme ça », lâche Malouda, seul joueur de champ à surnager. « Nous nous sommes comportés comme une petite nation de football », embraye Evra qui ajoute : « Je ne voyais pas venir une telle catastrophe. » On l'avait compris. Lloris se fend d'un sibyllin : **« Je ne réagis pas, sinon je vais lâcher un truc. »**
Et Aimé Jacquet sort enfin du bois : « Domenech a sa part de responsabilité. »

>> 18 juin 2010

Bachelot vent dans le dos

Les Bleus sont de retour au Pezula à 5 heures du matin. Ils s'entraînent l'après-midi sous les yeux de Roselyne Bachelot. Stéphane Ruffier est parmi eux.

La ministre est politiquement correcte : « Je suis déterminée et derrière mon équipe. Je vais la soutenir. Mon rôle n'est pas de lui tirer dans le dos. Les joueurs sont déçus mais pas abattus. Le temps de l'analyse et de la remise en cause n'est pas venu. » Il est beaucoup plus proche qu'elle ne l'imagine.

Toulalan revient sur le match : **« Vous dites qu'on n'est pas bons et on n'est pas bons. Le Mexique avait un collectif et nous onze joueurs. »** Et toc !

>> 19 juin 2010

L'insulte de trop

Le titre de une de *L'Équipe* est salé et impitoyable : « Va te faire enculer, sale fils de pute ! » Avec ce petit rajout pour identifier l'auteur de l'injure : Nicolas Anelka à Raymond Domenech, à la mi-temps de France-Mexique jeudi soir. La traînée de poudre file vers le Pezula de Knysna où elle sème la consternation et la panique.

Que s'est-il passé dans ce vestiaire ? Domenech a demandé à Anelka d'arrêter de quitter sa zone, de rester en pointe. Anelka a contesté. Domenech a menacé de le remplacer. L'insulte a fusé.

Après la rencontre, conclue par un doigt d'honneur de Gallas à un journaliste de TF1 qui le sollicitait, Anelka avait traversé la zone mixte en souriant. Moqueur et provocateur.

Les dirigeants fédéraux, qui n'ont appris les faits que la veille au soir, sont sur les dents. Ils espéraient que l'info demeurerait secrète. Espoir déçu. Ils doivent réagir, car il n'est pas question de nier une évidence. Trop de témoins ont assisté à la scène.

Ils se réunissent entre eux, puis font venir Anelka et Evra son capitaine. Ils exigent des excuses envers le groupe et le sélectionneur, mais aussi des excuses publiques. Une dernière condition que le joueur de Chelsea refuse. Il est alors exclu.

Domenech apprend la sanction juste avant l'entraînement de l'après-midi auquel Evra ne participe pas, occupé qu'il est à tenter de convaincre Anelka de s'excuser publiquement. Peine perdue.

Anelka réagit sur le site internet de *France-Soir* : « Cela n'aurait jamais dû sortir du vestiaire. Je ne sais pas à qui cela peut faire du bien de répandre de telles choses. Certainement pas aux Bleus. J'accepte mon exclusion. »

En conférence de presse, Evra monte au créneau : **« Le problème, ce n'est pas Anelka. C'est le traître qu'il y a parmi nous. »** Incroyable inversion des valeurs : pour le capitaine ce qui est grave, ce n'est pas l'insulte d'Anelka, mais la fuite dans la presse.

La consternation est générale. Cette réaction par exemple de Just Fontaine, meilleur buteur d'une phase finale pour l'éternité (13 buts en 1958 en Suède) : **« L'équipe de France est débile, lamentable, pitoyable. »**

>> 20 juin 2010

Le car de la honte

Ribéry joue perso. Il débarque à l'improviste sur le plateau de *Téléfoot* pour présenter maladroitement ses excuses : « Pardon à tous les Français. Tout le monde est en train de se foutre de nous dans le monde entier. » Il n'ignore pourtant pas à cet instant ce qui se trame dans l'ombre.

Domenech explique qu'il souhaitait garder Anelka, que la révélation dans la presse l'a obligé à prendre une décision qui est la bonne. Comprend qui peut. « Ce qu'il dit dans un coin de vestiaire, ce qu'il marmonne, n'a pas d'importance. Le problème, je l'avais réglé en interne. Je l'avais sorti. La seule chose que je peux lui reprocher, c'est d'avoir refusé les excuses publiques. » Totalement hallucinant. Mais le meilleur reste à venir.

Il s'agit du second entraînement obligatoire ouvert à la presse et au public. La scène est connue. Elle a fait le tour du monde. Les Bleus signent des autographes. Pendant ce temps, Robert Duverne et Patrice Evra s'invectivent au milieu du terrain. Domenech les sépare. Furieux, le préparateur physique s'en va et jette son sifflet. Surgit le directeur délégué de l'équipe de France, Jean-Louis Valentin, qui pète les plombs. Il hurle : **« Ce qui se passe est un scandale. Ils ne veulent pas s'entraîner. Je suis dégoûté. C'est inacceptable. Je démissionne. »**

Les joueurs remontent dans le car où, rideaux fermés, ils discutent durant trois quarts d'heure. Tout le monde n'est pas d'accord. Mais les gros bras font la loi. Domenech et Escalettes tentent de les faire changer d'avis. En vain.

De plus en plus surréaliste. C'est Domenech qui vient lire le communiqué des joueurs. On y apprend que « les joueurs veulent affirmer leur opposition avec la décision prise par la FFF d'exclure Anelka ».

Le car file à la française sans le sélectionneur. Les téléspectateurs se frottent les yeux pour se persuader qu'ils n'ont pas rêvé.

Les réactions fusent. Lizarazu : « Ils sont devenus dingues. » Dugarry : « Les joueurs sont submergés. Ils font n'importe quoi. » Jacquet : **« Nous sommes la risée du monde. »** Tout est dit.

Pendant ce temps, sourire aux lèvres, Anelka quitte l'Afrique du Sud.

>> 21 juin 2010

Domenech double Evra

Les joueurs, et toute la France avec eux, se réveillent avec la gueule de bois. Tout juste débarqué à Bloemfontein, où les Bleus vont affronter l'Afrique du Sud, Domenech double Evra et file seul à la conférence de presse au grand dam du capitaine.

Il explique pourquoi c'est lui qui a lu le communiqué : « Cela faisait 45 minutes et même plus, car j'avais commencé à l'aller, que j'essayais de les convaincre que ce qu'ils faisaient était une imbécillité, une stupidité sans nom. À un moment je me suis dit : Stop, il faut arrêter le massacre. Après ma lecture, j'aurais dû dire que je ne cautionnais pas ce document. Ensuite, ce qui est arrivé, j'en suis en partie responsable. »

Ce sera sa seule mini autocritique du Mondial.

Dernier message du coach en bout de course : « Ils savent que la seule façon de rattraper le coup c'est de jouer à fond contre l'Afrique du Sud. »

« S'ils passent on oubliera tout », lance le naïf Zidane.

Et Roselyne Bachelot retourne sa veste : **« C'est un désastre moral. L'image de la France est ternie. J'ai vu des larmes dans les yeux de beaucoup. »** Elle fait référence aux joueurs, auxquels elle s'est adressée.

>> 22 juin 2010

Jusqu'à la lie

Toulalan est suspendu. Consigné sur le banc, Evra est remplacé par Clichy. Abidal a expliqué qu'il n'était pas en état de jouer. Gignac et Cissé sont titulaires et Henry, ultime humiliation, remplaçant. Alou Diarra porte le brassard. Devant les 39000 supporters réjouis du stade de Bloemfontein, les Bleus sont évidemment désolants. Comment pourrait-il en être autrement?

Profitant d'une mauvaise sortie de Lloris, Khumalo écrase Diaby pour ouvrir le score de la tête (20e). Gourcuff est, ensuite, expulsé, très sévèrement, pour un coup de coude au visage de Sibaya. Une maladresse de Diaby aboutit à un but de Mphela (37e). Mphela qui frappe sur le poteau (51e) et bute sur Lloris (61e) avant le but inscrit par Malouda sur un centre de Ribéry (70e).

Entré en jeu en cours de seconde mi-temps, Henry s'est vu remettre le brassard par Diarra redevenu un simple équipier. Du jamais vu.

La France termine lamentablement ce Mondial de la honte, avec, en point d'orgue, une algarade entre le sélectionneur brésilien de l'Afrique du Sud Carlos Alberto Parreira et Domenech qui refuse de lui serrer la main.

Le sélectionneur parle de « douleur, de détresse, de tristesse » et qualifie son passage à la tête des Bleus de « belle aventure ». Une façon très personnelle de voir les choses.

Le président Escalettes tente d'échapper au sort qui l'attend : **« Je n'ai pas le droit d'abandonner un navire en perdition. »**

Dans les coursives du stade, menaces et imprécations fusent.

Evra : **« L'heure est au pardon. Je devais le faire hier. Le coach me l'a interdit. Je donnerai une interview dans la semaine. Les Français ont besoin de connaître la vérité. Je détaillerai ce que j'ai vécu pendant chaque minute. »**

Abidal : « Avant le match, j'ai vidé mon sac. J'ai dit ce que j'avais à dire. Peut-être le sélectionneur l'a-t-il mal pris. » Il revient sur la grève : « Le capitaine a dit que si certains voulaient descendre du bus, il n'était pas trop tard. Tout le monde pouvait descendre, personne n'est descendu. Donc tout le monde était favorable. » C'est évidemment un peu plus compliqué que ça.

Henry annonce également toute la vérité à venir.

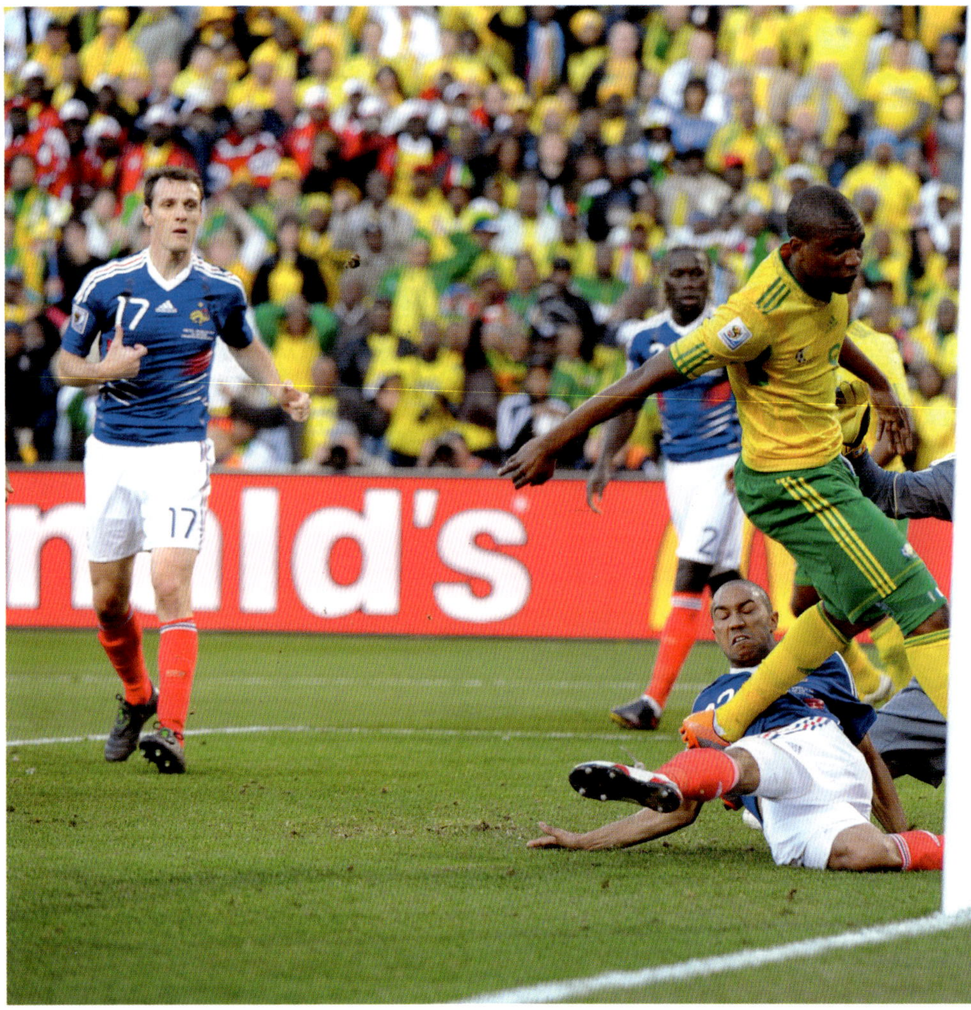

ON A VU
Des GIRAFES
Des LIONS
ET MEME...
Des CHEVRES

>> 23 juin 2010
Bachelot sans pitié

La troupe a rejoint Knysna après le match. C'est l'heure des valises. Un avion de la compagnie Airpost ramène les Bleus en France. Sauf Malouda qui part trois heures plus tôt pour Londres.

On apprend que Nicolas Sarkozy a convoqué Thierry Henry. Le président veut tout savoir.

Rentrée la veille, Roselyne Bachelot, après un passage à l'Élysée, fait son numéro à l'Assemblée nationale : **« Je ne peux que constater le désastre d'une équipe de France où des caïds immatures commandent à des gamins apeurés avec un coach désemparé et sans autorité et une fédération aux abois. »** Tout le monde est habillé pour l'hiver.

>> 24 et 25 juin 2010
Festival de langues de bois

Au Bourget, les Bleus ne passent pas par la case public. C'est mieux ainsi. Henry est immédiatement pris en charge et conduit à l'Élysée. Rien ne filtrera de son entretien avec Nicolas Sarkozy, mais ce jour-là et le lendemain, ses déclarations, ainsi que celles de Evra et Abidal, que l'on attendait fracassantes, laissent supposer que les meneurs ont reçu des consignes de modération.

Abidal : « Le groupe était sain. Je n'ai pas senti de tension. On ne peut pas parler de clans. Je n'ai pas vu de caïds. »

Henry, qui tente de se défausser sur la presse, éternelle coupable surtout quand elle ne masque pas les turpitudes des joueurs : « Ce n'est pas les mots de Nico. J'étais dans le vestiaire et moi-même je n'ai pas réussi à entendre ce qu'il disait. » Il n'a pas entendu, mais il sait. Lamentable sortie d'un grand champion qui concède encore, plus sincère : « Hors du terrain, je me suis senti écarté. On ne me parlait plus comme avant. Ça oui, je l'ai mal vécu. »

Evra : « Je pense que personne n'est assez lucide pour dire ce qui s'est passé parce que la cicatrice est ouverte. »

Plus langue de bois que ces trois-là, tu meurs !

>> 28 juin 2010
Escalettes démissionne

La pression politique est trop forte. Dans un communiqué, Jean-Pierre Escalettes annonce sa démission : « J'assume avec lucidité ma part de responsabilité. Je remettrai ma démission à l'issue du Conseil fédéral du 2 juillet. »

Ce même jour, Stéphane Ruffier, la pièce rapportée, apporte un témoignage intéressant sur l'affaire du car : **« Ce ne sont que quelques joueurs qui ont décidé de boycotter l'entraînement. Tous les joueurs n'étaient pas d'accord. »**

>> 30 juin 2010
Domenech rate encore sa cible

Convoqués par la commission culturelle de l'Assemblée nationale, Jean-Pierre Escalettes et Raymond Domenech exigent le huis clos. **Le sélectionneur enchaîne les banalités et forcément les mensonges.** Il n'a bien sûr rien à se reprocher à lui-même, mais beaucoup à la presse. Un aveu tout de même : « Je regrette de m'être trompé dans le choix des joueurs que j'ai pris. »

Escalettes est plus sincère : « **J'étais dans l'autobus de la honte**. Face à un mur. Je suis un enseignant d'un autre siècle. Je n'ai jamais vu ça. Le groupe n'était pas solidaire. » Quelle surprise !

>> 2 juillet 2010

En queue de poisson

Le Conseil fédéral décide de ne rien décider. Il se fixe un nouveau rendez-vous pour le 23 juillet et annonce qu'un président intérimaire sera nommé en septembre. En attendant, Jean-Pierre Escalettes gère les affaires courantes. Le règne de Laurent Blanc commence sur un invraisemblable champ de ruines et de désolation.

>> 6 juillet 2010

Un pépin de melon

Au siège de la FF Football, à Paris, Laurent Blanc, le nouveau sélectionneur, se présente devant les médias. Son entrée en fonction se traduit par une rupture dans la forme. Blanc survient, un chandail clair accroché sur les épaules dont il se débarrasse en le déposant soigneusement sur son dossier de fauteuil. Deux phrases illustrent le changement. La première : « Je ne suis pas là pour jouer les pères Fouettard. » La seconde : « Je comptais sur un noyau de joueurs pour repartir. Avec ce qui s'est passé ce n'est même pas le pépin d'un melon. »

Une ère nouvelle commence…

L'Angleterre terrassée, le Ghana adoubé

Surtout marqué par la rocambolesque prestation de l'équipe de France, le premier tour de cette Coupe du monde a pourtant laissé de côté le champion du monde en titre.

L'Italie n'est pas en huitièmes de finale et c'est une plus grosse surprise sportive que l'absence des Bleus. Il reste que deux pays champions du monde sont donc restés en rade et que la partie de tableau dans laquelle ils auraient dû se glisser est assez dégagée. On y trouve certes le Brésil, mais l'Allemagne, l'Argentine, l'Angleterre et l'Espagne sont de l'autre côté.

Ce déséquilibre, l'Uruguay sent qu'il peut en profiter. À Port Elizabeth, la Céleste affronte la Corée du Sud et démontre qu'elle sait faire autre chose que défendre et attendre. Un doublé de Suarez (8e, 80e) lui offre la victoire (2-1). « On a été très bons aujourd'hui, dit pourtant le sélectionneur coréen Huh Jung-Moo. Mais il aurait fallu jouer certains coups avec plus d'intelligence. Il nous faut progresser tactiquement. Maintenant, je veux féliciter mes joueurs, ils se sont battus, ce sont de vrais Coréens. »

Plus de suspense à Rustenburg ce samedi 26 juin où les États-Unis affrontent le Ghana dans une rencontre rafraîchissante. Les Ghanéens ouvrent vite le score par Kevin-Prince Boateng (6e, 1-0). « Encore une fois, on a concédé un but très tôt, regrettait le sélectionneur américain Bob Bradley. On se met trop souvent en difficulté, c'est un handicap usant. Et dans la prolongation, il est arrivé exactement la même chose… » Oui, car un penalty de Donovan a remis les États-Unis à hauteur (62e, 1-1). Mais à la 93e, Gyan offre un avantage cette fois définitif à la dernière sélection africaine en course. « Penser qu'aujourd'hui le Ghana appartient aux huit meilleures nations du monde, c'est fantastique », s'enthousiasme Milovan Rajevac, l'entraîneur.

Le lendemain, deux des meilleures nations théoriques se rentrent dedans à Bloemfontein. Au Free State Stadium, l'Angleterre affronte l'Allemagne. « Je connais la valeur de cette équipe allemande, mais aussi celle de mes joueurs », prévient l'Italien Fabio Capello, en charge du onze anglais. L'Angleterre, qui n'a plus atteint les demi-finales de la Coupe du monde depuis vingt ans, s'y voit cette fois. Elle reçoit pourtant un énorme bourre-pif dès la 20e minute et l'ouverture du score par Klose (1-0). Podolski double la mise peu après (32e, 2-0) et on imagine mal comment ces Anglais lourdauds, sans imagination, vont pouvoir revenir dans le coup. Pourtant, Upson, d'une tête puissante, réduit le score (37e, 2-1). Et dans la minute qui suit, un joli tir de Lampard heurte la barre transversale avant de retomber 30 à 50 centimètres à l'intérieur du but allemand. L'arbitre laisse pourtant l'action se poursuivre. « J'ai vite capté le ballon et vite relancé, raconte le gardien Manuel Neuer. Si j'avais regardé à droite ou à gauche, peut-être que cela aurait fait réfléchir l'arbitre. J'ai sûrement contribué à ce que le but ne soit pas validé. »

LAHM : « À 2-2, CELA AURAIT ÉTÉ UN AUTRE MATCH, C'EST CERTAIN. »

Le jeune Thomas Müller assomme les Anglais en seconde période (67e, 70e, 4-1). Jamais ils n'ont semblé en mesure de se remettre de cette déconvenue qui, rapidement, tient lieu de symbolique revanche de la finale de 1966 lorsqu'un but similaire avait été accordé à l'Anglais Geoff Hurst… « Ce but pèse, mais nous ne pouvons pas nous en servir d'excuse, tonne Steven Gerrard. Avec des si… L'Allemagne est une équipe fantastique et elle a mérité sa victoire. Ils ont été précis devant le but, ils ont fait moins d'erreurs que nous et c'est pour cela qu'ils nous ont punis. » Son coach n'est pas vraiment de cet avis : « Aujourd'hui, c'est la performance de l'arbitre qu'il faut juger, dit Capello. À partir de 1-2 et jusqu'au troisième but allemand, on a été meilleurs qu'eux. » « À 2-2, cela aurait été un autre match, c'est certain », confirme le capitaine allemand, Philipp Lahm.

L'Américain Dempsey sèchement taclé par le Ghanéen Jonathan Mensah (en haut).

L'Allemand Ozil, bondissant, réussit un splendide tir croisé malgré le retour de Cole, le défenseur anglais (en bas).

>> HUITIÈMES DE FINALE

Quelques heures plus tard, l'Allemagne connaît son adversaire en quarts de finale. L'Argentine, qui se débarrasse du Mexique avec une ouverture du score signée Tevez, complètement hors jeu (1-0, 26e). « Jusque-là, nous avions été supérieurs, estime le technicien mexicain Javier Aguirre. Ce but nous est tombé dessus et tout de suite, nous n'avons plus été les mêmes. Il n'était pas valable et nous a complètement désorientés. Le deuxième but est le produit du premier : nous commettions erreur sur erreur, nous étions sortis du match. » Ce deuxième but est signé Higuain à qui le défenseur mexicain donne une passe décisive à l'entrée de sa propre surface (2-0, 33e)... Tevez trouve ensuite la lucarne (3-0, 52e) avant la réduction du score par Hernandez (3-1, 71e). « L'Argentine a été supérieure pendant 90 minutes, on a fait une démonstration de nos qualités, assure Maradona. J'avais dit aux joueurs qu'on allait forcément passer. »

MARADONA : « J'AVAIS DIT AUX JOUEURS QU'ON ALLAIT FORCÉMENT PASSER. »

Le sixième huitième de finale est une confrontation sud-américaine dont le Brésil sort tranquillement vainqueur face au Chili (3-0). Juan, Luis Fabiano et Robinho sont les buteurs auriverde. « Nous sommes confiants pour le prochain match face aux Pays-Bas, leur jeu sud-américain nous convient bien », annonce Dunga. Les Néerlandais se sont qualifiés quelques minutes plus tôt en disposant de la Slovaquie (2-1) à l'issue d'un match quelconque. « Ceux qui attendent de nous qu'on fasse le spectacle, je leur répète que c'était avant, martèle le sélectionneur Bert van Marwijk. Notre priorité en Afsud, c'est le résultat. » C'est aussi celle du Paraguay, qui élimine le Japon aux tirs au but après une des pires rencontres de tout le tournoi (0-0, 5-3 t.a.b.). Le duel entre Espagnols et Portugais a été plus attrayant, mais peu prolifique. Villa a libéré les siens (1-0, 63e) lors d'un match que les Portugais ont choisi de verrouiller. Cela n'a visiblement pas plu à la star Cristiano Ronaldo. Comment expliquer cette défaite ? « Parlez-en avec Carlos Queiroz. La victoire de l'Espagne est justifiée », se contente-t-il de dire.

Au final, ces huitièmes n'ont réservé aucune surprise et si les Allemands ont marqué les esprits face aux Anglais, le match le plus renversant et indécis fut celui gagné en prolongation par les Ghanéens contre les États-Unis. Le Ghana, on le verra plus tard, est une sorte de spécialiste des dénouements de dernière minute.

Malgré les protestations des Mexicains n'y changeant rien, Tevez, en position de hors-jeu, inscrit un but décisif (ci-dessous).

L'attaquant paraguayen Barrios, seul au milieu de trois Japonais (Yuki, Okubo, Hasebe) (en haut).

Duel madrilène à couleur mondiale entre le Portugais Ronaldo et l'Espagnol Ramos (en bas).

>> QUARTS DE FINALE - DEMI-FINALES

L'Allemagne impressionne, mais cale

Quelle affiche ! Alors que le Tour de France s'apprête à démarrer de Rotterdam le lendemain, les Pays-Bas défient le Brésil en quarts de finale de la Coupe du monde.

Au départ, il semble que la Seleçao n'ait pas l'intention de laisser les Bataves exister. Une ouverture du score signée Robinho (1-0, 10e) et une maîtrise des événements assez convaincante laissent penser que le Brésil se présentera en demi-finales. Sauf qu'en début de seconde période, le Brésil se met à déjouer et les Néerlandais reprennent confiance. En un quart d'heure, ils vont assommer les Brésiliens. D'abord, un but de Sneijder (53e, 1-1). Et puis un autre suite à un corner dévié par Kuyt (68e,1-2).Pour couronner ce qui ressemble à un cauchemar, le milieu Felipe Melo est expulsé à la 73e minute. « On n'a pas su maintenir notre concentration pendant quatre-vingt-dix minutes », constate Dunga. « Ils nous ont neutralisés en seconde période, enchaîne Luis Fabiano ; ils nous ont même été largement supérieurs. »

Quand les virtuoses se transforment en combattants : le Néerlandais Robben et le Brésilien Alves se livrent un duel acharné (à gauche).

Spectaculaires figures de style : grand écart de l'Uruguayen Scotti, reprise de volée acrobatique du Ghanéen Kevin-Prince Boateng (ci-dessus).

Côté néerlandais, on commence à se prendre au jeu et, naturellement, s'exprime une forme de confiance en soi qui flirte souvent avec l'arrogance. « Après notre deuxième but, on a vu que les Brésiliens étaient morts, résume Robin van Persie. On aurait pu gagner 3-1 ou 4-1. » « Quand j'ai été nommé en 2008, j'ai dit aux joueurs : "Notre mission est de gagner", raconte Van Marwijk. On s'est moqué de moi. Mais qui rigole aujourd'hui ? »

L'Uruguay rigole, monsieur Van Marwijk. Pas de vous, mais de son destin, qui l'amène en demi-finales de Coupe du monde. À l'issue d'un match incroyable. Le Ghana a ouvert le score dans les arrêts de jeu de la première période à Johannesburg. Une frappe lointaine de Muntari (0-1, 45e+2). Dès la reprise, Forlan, sur coup franc, a replacé les siens dans le match (1-1, 55e). Et alors que la prolongation s'étire, que les Ghanéens semblent capables de devenir la première nation africaine à disputer une demi-finale mondiale, survient l'incroyable.

L'Argentin Higuain stoppé net par la manchette de l'Allemand Friedrich (à gauche).

Devant Burdisso et Romero, au sol, et Heinze, impuissant, symboles de l'effondrement de l'Argentine : Klose signe son quatorzième but de Coupe du monde (ci-dessus).

Une tête d'Adiyiah est repoussée de la main sur sa ligne par Suarez. Les arrêts de jeu de la prolongation sont en train de s'achever. Le penalty de Gyan doit offrir tant de bonheur aux Black Stars rebaptisés African Stars. Sauf que le Rennais frappe sur la barre… « C'est le football, commentera sobrement son entraîneur, Milovan Rajevac. Dès lors, les Uruguayens avaient un avantage psychologique lors des tirs au but. » Effectivement. John Mensah et Adiyiah manquent le leur. Seul Ferreira échoue dans l'autre camp. Et une Panenka très osée d'Abreu expédie la Céleste au tour suivant.

Émotion folle chez les Uruguayens, désolation pour les Ghanéens. Mais que dire, alors, des émotions du lendemain lorsque l'Allemagne et l'Argentine se présentent pour une revanche du quart de finale remporté par les Allemands, aux tirs au but, à Berlin en 2006 ?

La tension est maximale, mais très vite, un petit bonhomme tout frêle ne la laisse pas durer. Sur un coup franc de Schweinsteiger, Müller, de la tête, place l'Allemagne en tête (3e, 1-0). Jamais les Argentins ne semblent en mesure, ensuite, de marquer un but à une équipe qui se révèle étonnamment solide. Et qui, surtout, développe un jeu d'une fluidité et d'une perfection rarement vues à ce niveau. Klose inscrit un deuxième but à la 68e (2-0) avant que Friedrich ne conclue une superbe action de Schweinsteiger dans la surface argentine (74e, 3-0). Et Klose s'offre enfin un doublé (89e, 4-0) qui le hisse au niveau de Gerd Müller à la deuxième place (derrière Ronaldo) des meilleurs buteurs de l'histoire de la Coupe du monde.

« Quand tu te trompes, tu rentres à la maison, constate Tevez. C'est une grande douleur. On savait que les Allemands nous compliqueraient la vie sur coups de pied arrêtés et en contres. Ils ont fait tout ce qu'on savait qu'ils allaient faire… » Pour Maradona, il s'agit « du plus dur moment de (sa) vie ». Les sentiments sont totalement inverses du côté allemand. « Même dans ma carrière de joueur, je n'ai jamais vu ça », dit le manager général Oliver Bierhoff. « C'est incroyable ce qui se passe ici », s'emporte Thomas Müller. Devenue favorite de cette Coupe du monde après ses impressionnants succès face à l'Angleterre et l'Argentine, l'Allemagne attend le nom de son adversaire, à désigner entre le Paraguay et l'Espagne. Les Paraguayens ne sont pas loin de réussir leur coup habituel. Ils tiennent, et plutôt bon. « On s'est senti en difficulté avec le ballon plus que jamais », reconnaîtra Vicente del Bosque.

Et les Sud-Américains obtiennent en deuxième période un penalty frappé par Cardozo. Casillas le stoppe et relance. De l'autre côté du terrain, c'est l'Espagne qui, cette fois, obtient alors un penalty. Xabi Alonso le marque, mais l'arbitre le refait tirer… Et là, Villar, le portier paraguayen, le repousse ! Mais les Espagnols ne se découragent pas et, grâce à Villa, trouvent finalement la faille (83e, 1-0). « On a fait jeu égal, mais ce n'était pas notre soir », soufflera simplement l'entraîneur du Paraguay, Gerardo Martino.

De l'extérieur du pied droit, l'attaquant espagnol Torres conduit le ballon avec élégance (ci-dessous).

Sous les regards inquiets de Friedrich et Hansen, les défenseurs de l'équipe d'Allemagne, Puyol, en extension, assène un coup de tête puissant et décisif (à droite).

Finalement, l'Uruguay est donc la seule équipe non européenne présente en demi-finale. Au Cap, une frappe stratosphérique de Van Bronckhorst, de 35 mètres, ouvre le score de sa demi-finale face aux Pays-Bas (18e, 1-0). Juste avant le repos, une autre frappe, signée encore une fois de Forlan, ramène la Céleste à hauteur (41e, 1-1). Puis Sneijder (70e, 2-1) et Robben (73e, 3-1) démontrent pourquoi ils sont les pièces majeures de leur sélection. Le dernier but de Pereira dans les arrêts de jeu (90e+2, 3-2) ne change rien à l'affaire : les Pays-Bas, trente-deux ans après Buenos Aires, retrouveront le parfum d'une finale de Coupe du monde. « Je suis sur un nuage, jubile Sneijder. Après la Ligue des champions, une finale de Coupe du monde ! » Moins volubile, mais très fair-play, le sélectionneur uruguayen est sobre : « Les meilleurs ont gagné. Même si nous sommes arrivés dans le dernier carré, nous sommes encore loin d'appartenir aux grandes puissances du football mondial. »
En finale, les Pays-Bas ne pourront espérer une revanche de 1974. En effet, à Durban, l'Allemagne tombe. Un corner de Xavi, une tête de Puyol et voilà l'Espagne qui, pour la troisième fois d'affilée, l'emporte sur le plus petit des scores (73e, 1-0). « C'est une superbe victoire, même si l'Allemagne a été moins forte que ce que nous pensions », se réjouit Del Bosque. « Bravo à l'Espagne qui a la qualité collective et les joueurs pour être championne du monde, reconnaît Joachim Löw, le sélectionneur allemand. C'est la meilleure nation depuis deux ou trois ans. Sur le plan du jeu, les Espagnols sont tellement dominateurs qu'ils nous ont poussés à la limite. »
« Nous voulons le titre, clame désormais Del Bosque. Les Pays-Bas ont une super équipe et pratiquent un beau football : ce sera une grande finale. » Il ne croit pas si bien dire.

Van Bronckhorst, le capitaine néerlandais, a réussi, un but monumental face à l'Uruguay : sa joie illustre et reflète sa performance (en haut).

Mustera, le gardien de la Céleste, remporte son face-à-face devant Robben, interloqué (à droite).

Muslera
11
3

L'Espagne l'a bien méritée

Forcément, un vainqueur inédit émergera de cette dix-neuvième finale de Coupe du monde. Jamais l'Espagne n'avait atteint ce stade de la compétition. Quant aux Néerlandais, battus en 1974 par l'Allemagne (2-1), puis en 1978 par l'Argentine (3-1, a.p.), ils se languissaient de retrouver une opportunité de briller à un tel niveau.

Évidemment, cette affiche, qui réunit quelques acteurs majeurs de la finale de la Ligue des champions du côté batave (Sneijder joue à l'Inter, Robben et Van Bommel évoluent au Bayern), marque aussi la domination de l'Europe sur le tournoi. Comme en 2006, lorsque les quatre demi-finalistes (France, Portugal, Italie, Allemagne) étaient européens, le Vieux Continent a démontré que ses sélections étaient devenues incontournables et, surtout, supérieures aux ténors sud-américains que sont l'Argentine et le Brésil. Même l'arbitre est européen. L'Anglais Howard Webb sera d'ailleurs un acteur majeur de la rencontre. Pourquoi ? Parce que cette finale à Johannesburg est imprégnée, en première période notamment, par quelques gestes d'une violence rare dans une phase finale. Un tacle violent de Van Bommel, par-derrière, sur Iniesta, aurait dû valoir au capitaine du Bayern Munich une expulsion (22e). Sans doute pour ne pas déséquilibrer la finale si tôt, l'arbitre choisit seulement le carton jaune.

Inadmissible ! Cette agression de De Jong sur Xabi Alonso méritait un carton rouge (ci-dessous) !

Stekelenburg repoussant une frappe de Villa (en haut) ou Casillas intraitable devant Robben (en bas): les gardiens ont sorti le grand jeu.

DAVID VILLA
7

11
CASILLAS
1
onald's
3

Dès lors, c'est comme si les Pays-Bas s'étaient cru autorisés à dépasser les limites. Dans *L'Équipe*, Joël Quiniou, ancien arbitre international, commente : « Monsieur Webb aurait dû asseoir son autorité à cet instant. Il a perdu le fil du match sur cette action, il n'a pas pris ses responsabilités. Il aurait dû protéger Iniesta et envoyer un message aux autres joueurs. Il aurait peut-être fallu réunir les deux capitaines pour calmer tout le monde. Au lieu de ça, il a voulu être patient et l'a payé plus tard sur l'action de De Jong. »

En effet, à la 29e minute, le milieu de Manchester City se permet un geste de jiu-jitsu sur Xabi Alonso, les crampons plantés en pleine poitrine. Là encore, l'arbitre sort… un carton jaune. « L'agression est la tactique des Néerlandais ce soir, estime l'ex-international Clarence Seedorf. Ils peuvent s'estimer heureux de ne pas être à neuf à la mi-temps. » Après le repos, l'arbitre distribua neuf cartons jaunes et un rouge (au Néerlandais Heitinga, 109e). Au total, cette finale compta quatorze avertissements…

Dommage, car cette image restera fatalement dans les mémoires alors que le match ne fut pas pour autant si fermé que ça. Ramos (5e, 11e) s'était procuré deux belles occasions, Robben avait été tout proche de tromper la vigilance de Casillas (45e+1) en seconde période. L'attaquant du Bayern a même eu une balle de match peu après l'heure de jeu : lancé en profondeur par Sneijder, il se présente seul face à Casillas, mais sa frappe de l'intérieur du gauche est détournée par le pied droit du gardien espagnol (62e). « Je ne joue pas bien le coup, reconnaîtra le Néerlandais. Je suis lancé, mais je manque de lucidité. » « Les Néerlandais nous ont rendu le match compliqué, heurté, estimera de son côté Vicente del Bosque, l'entraîneur espagnol. Ils ne nous ont pas laissé jouer. On est passé par des moments difficiles jusqu'à cet arrêt de Casillas face à Robben. À partir de là, ça a été mieux et pendant la prolongation, nous avons été supérieurs. »

Inéluctable, la prolongation est effectivement dominée par la Roja face à des Néerlandais physiquement à la limite. Fabregas est proche d'ouvrir le score (95e), mais Stekelenburg, du tibia, sort le ballon. Iniesta, bien entré dans la surface, s'apprête à frapper lorsque Van Bronckhorst revient le gêner (99e). Puis une frappe croisée de Navas

est déviée par le capitaine néerlandais et finit dans le petit filet de son gardien (101e). Via l'expulsion d'Heitinga (109e), les Pays-Bas indiquent qu'ils sont près de la rupture. Effectivement, alors qu'ils s'en remettent aux tirs au but, une action initiée par Torres, sur la gauche, permet à Fabregas de se présenter dans l'axe. Il sert Iniesta à droite et, malgré le tacle de Van der Vaart, le Barcelonais contrôle, puis frappe fort sans laisser la chance à Stekelenburg de sauver une nouvelle fois son équipe (1-0, 116e).

Quatrième succès d'affilée sur la plus petite des marges pour l'Espagne, champion du monde à huit buts, ce qui montre à la fois sa force, mais aussi sa difficulté à concrétiser plus souvent son insolente domination dans le jeu. Malgré tout, David Villa, co-meilleur buteur de cette Coupe du monde avec Forlan, Müller et Sneijder, a raison de se réjouir : « Nous sommes contents de ce que nous avons réussi, mais aussi de la manière dont nous l'avons réussi. Il faut bien en profiter parce que notre travail a été énorme. On le mérite depuis le début. Aujourd'hui, on savoure, mais c'est clair qu'avec cette génération de joueurs et surtout de personnes, on peut réussir n'importe quoi. »

Seuls Xavi, Capdevila et Puyol ont 30 ans ou plus. Avec un entraîneur, Vicente del Bosque, deux fois vainqueur de la Ligue des champions (2000, 2002), qui fut le seul depuis dix ans à agréger les talents et les egos des Galactiques du Real Madrid, qui a réussi à harmoniser joyeusement la cohabitation entre Barcelonais et Madrilènes en sélection, l'Espagne a le droit de voir très loin. Championne d'Europe 2008 et du monde 2010, elle s'est enfin installée parmi les grandes nations du football et, dès le prochain Euro, en Ukraine et Pologne en 2012, se présentera comme la référence et le favori incontestable. C'est un juste retour des choses pour une sélection qui, depuis 2008, pratique le meilleur football au monde et dont les clubs, notamment Barcelone, inspirent le jeu partout sur la planète.

Buteur en transe, Iniesta rend sur son tee-shirt hommage à Dani Jarque, ancien capitaine de l'Espanyol Barcelone, décédé d'une crise cardiaque à l'âge de 26 ans (à gauche).

Coupe du monde au pied, les Espagnols (Ramos, Fabregas, Puyol et Xavi en tête) célèbrent leur triomphe et savourent leur bonheur (ci-dessus).

Du meilleur au pire

ESPAGNE 19/20

Un seul accroc : le premier match, perdu face à la Suisse. Après, et notamment lors des matches décisifs, les Espagnols ont montré une solidité et une maîtrise du ballon qui leur ont permis de ne jamais subir. Incontestablement la meilleure équipe du monde depuis deux ans.

PAYS-BAS 18/20

Une troisième finale de Coupe du monde après celles de 1974 et 1978. Et encore une défaite. Les Pays-Bas, avec Wesley Sneijder et Arjen Robben comme fers de lance, ont montré qu'ils pouvaient enfin devenir une équipe solide en tournoi. Ils ont choisi la solidité et se sont constamment appuyés dessus pour progresser dans la compétition.

ALLEMAGNE 16,5/20

Beaucoup de talents nouveaux qui se sont révélés, un jeu parfois très impressionnant et un goût prononcé pour les prises de risque. L'Allemagne a marqué les esprits et, sur la lancée du projet de 2006, a continué de proposer un football direct et simple. Mais elle a perdu deux fois. La Serbie l'a battue au premier tour (1-0), tout comme l'Espagne en demi-finale (1-0)…

URUGUAY 16/20

De mieux en mieux au fil du tournoi, portée par un joueur de classe mondiale, Diego Forlan, la Céleste n'a pas volé sa place dans le dernier carré. Elle a exploité au mieux un tableau très ouvert avant de tomber sur des Néerlandais en pleine réussite.

GHANA 15/20

La seule satisfaction africaine de cette Coupe du monde. Solide, vive, mentalement forte, la sélection ghanéenne, finaliste de la Coupe d'Afrique, a démontré qu'elle pouvait rivaliser avec les meilleures nations. Elle aurait pu devenir la première nation africaine à se qualifier pour une demi-finale, mais la séance de tirs au but contre l'Uruguay lui a été fatale.

PARAGUAY 14/20

Une des équipes les moins spectaculaires du tournoi. Seulement trois buts inscrits en cinq matches. Mais, pour ce petit pays, aller jusqu'en quart de finale est une performance forçant le respect.

SLOVAQUIE 13,5/20

Pour sa première participation à une phase finale de grande compétition, la Slovaquie a de quoi être satisfaite. Son fait d'armes majeur aura été ce succès de la dernière journée face à l'Italie (3-2) qui a propulsé les Slovaques en huitièmes de finale. Que pouvaient-ils y espérer face aux Pays-Bas ? Ne pas sombrer. Ils y sont parvenus en ne s'inclinant que d'un but.

ARGENTINE 13,5/20

Une constellation de noms, de stars. Messi, Tevez, Higuain, Mascherano, Heinze. Et, évidemment, Diego Maradona comme sélectionneur. Le premier tour avec trois succès tranquilles, puis le huitième face au Mexique (3-1) ont logiquement placé les Argentins parmi les principaux candidats au titre. Mais ils ont incroyablement oublié de jouer contre l'Allemagne en quarts pour finalement recevoir une mémorable correction.

ÉTATS-UNIS 13/20

Terminer première du groupe C, devant l'Angleterre, constitue une référence pour l'équipe américaine. Mais sa fâcheuse habitude d'encaisser un but rapidement a fini par lui coûter cher. Dommage car les États-Unis ont su développer un jeu attrayant et un état d'esprit plein d'enthousiasme. Ils ont laissé filer un huitième de finale face au Ghana en prolongation (2-1).

BRÉSIL 12,5/20

Favori de la compétition avec l'Espagne, le Brésil a déçu. Parce qu'il a été éliminé en quarts de finale par les Pays-Bas, évidemment, mais aussi parce qu'il n'a jamais présenté un visage séduisant et convaincant. Des stars molles comme Kaka ou Luis Fabiano, un jeu heurté et une concentration défaillante ont laissé l'image d'une formation bien loin des meilleures nations de ce Mondial.

CORÉE DU SUD 12,5/20

Efficace en poule, la Corée du Sud a manqué de solidité et de culture tactique pour déjouer les plans de l'Uruguay en huitièmes de finale. Mais elle a montré un jeu attractif lui permettant de s'installer comme une valeur sûre parmi les seize meilleures nations du monde.

CHILI 12/20

Un premier tour efficace, mais un huitième de finale traversé sans conviction face au Brésil (0-3). Le Chili pouvait-il espérer mieux ? Sans doute pas.

Instant historique : l'Italien Fabio Cannavaro, capitaine des champions du monde 2006, présente le trophée de la Coupe du monde à l'Afrique du Sud.

MEXIQUE 12/20

Le Mexique peut remercier la France. Les Mexicains, tenus en échec par les Sud-Africains, doivent leur qualification pour les huitièmes de finale à leur succès face aux Bleus (2-0). À la différence de buts, ils ont ainsi devancé les Bafana Bafana. Ensuite, ils ont reçu une correction de la part de l'Argentine (3-1).

NOUVELLE-ZÉLANDE 11,5/20

Équipe inconnue, promise à l'enfer, la Nouvelle-Zélande peut se satisfaire de cette Coupe du monde qu'elle a achevée sans concéder une seule défaite. Bon, elle a réalisé trois matches nuls ce qui est insuffisant pour aller plus loin, mais elle a terminé devant l'Italie, tenante du titre. C'est déjà un bel exploit.

JAPON 11,5/20

Sorti du groupe E, éliminé par le Paraguay aux tirs au but après un match d'un ennui mortel, le Japon est allé là où son niveau lui permettait d'aller…

ANGLETERRE 11/20

Surcotée depuis des décennies, l'Angleterre est une illusion. Elle n'a disputé aucune finale majeure depuis 1966 et n'est jamais apparue dans un dernier carré de Coupe du monde depuis 1990. Quelques stars (Gerrard, Lampard, Rooney) incapables de jouer vraiment ensemble et beaucoup de joueurs très moyens (Green, James, Upson, Heskey) : un profil idéal pour s'arrêter avant les quarts de finale. Même si elle fut victime d'une erreur d'arbitrage, l'Angleterre a vu face à l'Allemagne (1-4) ce qui la sépare du très haut niveau international.

PORTUGAL 10,5/20

Le Portugal régresse sur l'échiquier mondial. Dominés en huitièmes de finale par l'Espagne (0-1), les joueurs de Carlos Queiroz ont aussi perdu leur qualité technique et offert un visage extrêmement défensif et rigoureux. Pas tant que ça, visiblement, puisque face au Brésil et à l'Espagne, deux tests importants lors de ce tournoi, ils n'ont pas marqué. Et Cristiano Ronaldo a été quelconque.

CÔTE D'IVOIRE 10/20

Décevante, évidemment, car on attendait mieux de cette sélection. Mais, dans le groupe du Brésil et du Portugal, il était prévisible que les Éléphants auraient du mal à émerger. S'ils ont des grands joueurs, notamment Didier Drogba, diminué par sa fracture du bras, ils ont aussi des joueurs très faibles qui déséquilibrent l'équipe. Impossible à ce niveau d'espérer davantage avec ce collectif aussi hétérogène.

SLOVÉNIE 10/20

Être présent en phase finale constituait un exploit pour la Slovénie. Comme l'Algérie, elle pouvait espérer tirer son épingle du jeu, surtout après le match nul entre les Anglais et les Américains. Elle n'y est pas parvenue, mais avec une seule défaite, contre l'Angleterre (0-1), elle a réalisé un honorable parcours.

SUISSE 9/20

Sa défaite (0-1) contre le Chili lui coûte cher et l'empêche de se qualifier pour les huitièmes. Dommage car les Suisses, entraînés par l'Allemand Ottmar Hitzfeld, ont créé la première sensation de la Coupe du monde en battant l'Espagne (1-0). Une belle performance qui sera restée sans véritable lendemain.

AUSTRALIE 8,5/20

Huitièmes de finaliste en 2006 alors qu'ils étaient entraînés par Guus Hiddink, les Australiens étaient tombés avec les honneurs face à l'Italie, future championne du monde (0-1). Cette fois, les Socceroos ont présenté le visage d'une formation vieillissante, surtout face aux Allemands (0-4). Malgré tout, ils ont enchaîné avec des prestations honorables sans jamais donner l'impression de pouvoir se mêler à la lutte pour une place au deuxième tour.

>> CARNET DE NOTES

GRÈCE 8/20

Champions d'Europe en 2004, les Grecs n'ont jamais confirmé ce titre. Vieillissants mais toujours entraînés par l'Allemand Otto Rehhagel, ils avaient une opportunité de refaire parler d'eux en bataillant dans un groupe B promis à la domination de l'Argentine, mais ensuite assez ouvert avec le Nigeria et la Corée du Sud. Finalement, les Grecs ont battu le Nigeria, mais n'ont rien proposé d'autre qu'un jeu attentiste, brouillon et ennuyeux.

DANEMARK 7,5/20

Une prestation anonyme avec un seul succès face au Cameroun (2-1) mais une déconvenue symbolique contre le Japon (1-3).

AFRIQUE DU SUD 7/20

La plus faible des sélections africaines a réussi à faire meilleure impression que le Cameroun, le Nigeria et l'Algérie. Ce n'est déjà pas si mal. Mais elle le doit essentiellement à l'équipe de France, qu'elle a broyée lors du dernier match du groupe A (2-1). Parce que l'histoire et les statistiques retiendront aussi que l'Afrique du Sud est le premier pays organisateur incapable de passer le premier tour d'une Coupe du monde.

SERBIE 6/20

La meilleure des nations ayant terminé à la dernière place de leur groupe au premier tour. Les Serbes pourront toujours se targuer d'avoir battu l'Allemagne (1-0). Mais comme souvent, leur inconstance leur a coûté très cher avec notamment une défaite face à l'Australie (1-2) qui a ruiné leurs espoirs de qualification pour les huitièmes de finale. Calculateurs, sans doute trop, les Serbes, premiers du groupe qualificatif devant la France, ont peiné à faire illusion.

ALGÉRIE 5/20

Sans doute beaucoup de regrets dans un groupe qui pouvait lui être favorable. Mais la défaite initiale face à la Slovénie (0-1) a plombé le tournoi algérien. Au final, aucun but marqué et une expulsion symbolique lors de l'ultime rencontre. Cela promettait d'être une fête, elle s'achève dans une superbe indifférence.

HONDURAS 4,5/20

Se qualifier pour la phase finale était un exploit suffisant pour le Honduras, qui n'avait pas grand-chose à espérer. Jamais complètement ridicule, mais incapable de marquer le moindre but, l'équipe d'Amérique centrale a quitté la compétition après un nul solide face à la Suisse qui ne restera pourtant pas dans les annales.

NIGERIA 4/20

Souvent proche d'accrocher un résultat, notamment face à l'Argentine (0-1), défaite par la Grèce (1-2), la sélection nigériane a réussi à accrocher la Corée du Sud (2-2). Pas si mal. Sauf qu'on attendait davantage de cette équipe puissante dont le mental en papier mâché aura été le principal point faible.

CAMEROUN 3,5/20

Trois défaites en autant de rencontres, des dissensions internes fortes et nuisibles. Pourtant, si les Pays-Bas étaient au-dessus, la présence du Japon et du Danemark dans le groupe E offrait aux hommes de Paul Le Guen une réelle opportunité d'accéder aux huitièmes de finale. Samuel Eto'o n'est pas un rassembleur, au contraire : il semble qu'il attise les divisions et les guerres de clans au sein d'une sélection finalement très surestimée.

CORÉE DU NORD 3/20

En dehors d'un but marqué contre le Brésil lors de son premier match, la Corée du Nord a peu de raisons de se satisfaire de sa Coupe du monde. Elle est repartie avec trois défaites dont une valise face au Portugal (0-7). Mais son classement mondial, au-delà de la centième place, et la qualité de ses adversaires dans le groupe G (Brésil, Portugal, Côte d'Ivoire) lui laissaient peu d'espoir de briller davantage.

ITALIE 2,5/20

Championne du monde en titre, l'Italie a complètement manqué sa Coupe du monde. Une équipe vieillissante, sans enthousiasme, à plat. Elle a traversé le Mondial tel un fantôme, réussissant deux matches nuls qui lui valent de devancer la France. Contrairement aux Bleus, les Italiens ont assumé leur échec dignement et sportivement.

FRANCE 2/20

Dernier des trente-deux pays ? Vraiment ? C'est un peu dur, non ? D'un point de vue purement sportif, sans doute les Bleus ne méritent-ils pas cette position. Sauf que la Coupe du monde dépasse le cadre sportif et l'entaille que l'équipe de France a donnée dans sa propre image lui coûte quand même quelques points. Au-delà du néant sur les pelouses d'Afrique du Sud, aux confins du ridicule en dehors du terrain, la France s'est montrée follement amusante ou tragiquement pathétique.

RÉSULTATS DE LA COUPE DU MONDE 2010

1er TOUR

GROUPE A

Afrique du Sud - Mexique	1 - 1	**France** - Mexique	0 - 2
Uruguay - **France**	0 - 0	Mexique - Uruguay	0 - 1
Afrique du Sud - Uruguay	0 - 3	**France** - Afrique du Sud	1 - 2

Classement final	Pts	J	G	N	P	bp	bc	dif
1. Uruguay	7	3	2	1	0	4	0	4
2. Mexique	4	3	1	1	1	3	2	1
3. Afrique du Sud	4	3	1	1	1	3	5	-2
4. France	1	3	0	1	2	1	4	-3

Uruguay et Mexique qualifiés pour les 8es de finale

Le 11 juin, au Cap
France et Uruguay **0-0**
64 100 spectateurs
Arbitre: Y. Nishimura (JPN)
Exclusion: Lodeiro (81, 2e avertissement) pour l'Uruguay
Les équipes:
France: Lloris - Sagna, Gallas, Abidal, Evra (cap.) - Toulalan, Diaby - Govou puis Gignac (85), Gourcuff puis Malouda (75), Ribéry - Anelka puis Henry (72)
Uruguay: Muslera - Victorino, Lugano (cap.), Godin - Maxi Pereira, Diego Perez puis Eguren (88), Arevalo Rios, A. Pereira - I. Gonzalez puis Lodeiro (63) - Suarez puis Abreu (73), Forlan

Le 17 juin, à Polokwane
Mexique bat France **2-0 (0-0)**
35 370 spectateurs
Arbitre: K. Al Ghamdi (KSA)
Buts: Hernandez (64), Blanco (79 s.p.)
Les équipes:
France: Lloris - Sagna, Gallas, Abidal, Evra (cap.) - Toulalan - Diaby, Govou puis Valbuena (69), Ribéry, Malouda - Anelka puis Gignac (46)
Mexique: Perez - Juarez puis Hernandez (55), Osorio, Rodriguez, Salcido - Torrado, Marquez (cap.), Moreno - Dos Santos, Franco puis Blanco (62), Vela puis Barrera (31)

Le 22 juin à Bloemfontein
Afrique du Sud bat France **2-1 (2-0)**
39 415 spectateurs
Arbitre: O. Ruiz (COL)
Buts: Malouda (70) pour la France, Khumalo (20), Mphela (37) pour l'Afrique du Sud
Exclusion: Gourcuff (26) pour la France
Les équipes:
France: Lloris - Sagna, Gallas, Squillaci, Clichy - A. Diarra (cap.) puis Govou (82), Diaby - Gignac puis Malouda (46), Gourcuff, Ribéry - D. Cissé puis Henry (55).
Afrique du Sud: Josephs - Ngcongca puis Gaxa (55), Mokoena (cap.), Khumalo, Masilela - Pienaar, Sibaya, Khuboni puis Modise (78), Tshabalala - Mphela, Parker puis S. Nomvethe (68).

Groupe B

Corée du Sud - Grèce	2 - 0	Grèce - Nigeria	2 - 1
Argentine - Nigeria	1 - 0	Nigeria - Corée du Sud	2 - 2
Argentine - Corée du Sud	4 - 1	Grèce - Argentine	0 - 2

Classement final	Pts	J	G	N	P	bp	bc	dif
1. Argentine	9	3	3	0	0	7	1	6
2. Corée du Sud	4	3	1	1	1	5	6	-1
3. Grèce	3	3	1	0	2	2	5	-3
4. Nigeria	1	3	0	1	2	3	5	-2

Argentine et Corée du Sud qualifiées pour les 8es de finale

Groupe C

Angleterre - États-Unis	1 - 1	Angleterre - Algérie	0 - 0
Algérie - Slovénie	0 - 1	États-Unis - Algérie	1 - 0
Slovénie - États-Unis	2 - 2	Slovénie - Angleterre	0 - 1

Classement final	Pts	J	G	N	P	bp	bc	dif
1. États-Unis	5	3	1	2	0	4	3	1
2. Angleterre	5	3	1	2	0	2	1	1
3. Slovénie	4	3	1	1	1	3	3	0
4. Algérie	1	3	0	1	2	0	2	-2

États-Unis et Angleterre qualifiés pour les 8es de finale

Groupe D

Serbie - Ghana	0 - 1	Ghana - Australie	1 - 1
Allemagne - Australie	4 - 0	Australie - Serbie	2 - 1
Allemagne - Serbie	0 - 1	Ghana - Allemagne	0 - 1

Classement final	Pts	J	G	N	P	bp	bc	dif
1. Allemagne	6	3	2	0	1	5	1	4
2. Ghana	4	3	1	1	1	2	2	0
3. Australie	4	3	1	1	1	3	6	-3
4. Serbie	3	3	1	0	2	2	3	-1

Allemagne et Ghana qualifiés pour les 8es de finale

Groupe E

Pays-Bas - Danemark	2 - 0	Cameroun - Danemark	1 - 2
Japon - Cameroun	1 - 0	Cameroun - Pays-Bas	1 - 2
Pays-Bas - Japon	1 - 0	Danemark - Japon	1 - 3

Classement final	Pts	J	G	N	P	bp	bc	dif
1. Pays-Bas	9	3	3	0	0	5	1	4
2. Japon	6	3	2	0	1	4	2	2
3. Danemark	3	3	1	0	2	3	6	-3
4. Cameroun	0	3	0	0	3	2	5	-3

Pays-Bas et Japon qualifiés pour les 8es de finale

Groupe F

Italie - Paraguay	1 - 1	Italie - Nouvelle-Zélande	1 - 1
Nouvelle-Zélande - Slovaquie	1 - 1	Paraguay - Nouvelle-Zélande	0 - 0
Slovaquie - Paraguay	0 - 2	Slovaquie - Italie	3 - 2

Classement final	Pts	J	G	N	P	bp	bc	dif
1. Paraguay	5	3	1	2	0	3	1	2
2. Slovaquie	4	3	1	1	1	4	5	-1
3. Nouvelle-Zélande	3	3	0	3	0	2	2	0
4. Italie	2	3	0	2	1	4	5	-1

Paraguay et Slovaquie qualifiés pour les 8es de finale

Groupe G

Côte d'Ivoire - Portugal	0 - 0	Portugal - Corée du Nord	7 - 0
Brésil - Corée du Nord	2 - 1	Portugal - Brésil	0 - 0
Brésil - Côte d'Ivoire	3 - 1	Corée du Nord - Côte d'Ivoire	0 - 3

Classement final	Pts	J	G	N	P	bp	bc	dif
1. Brésil	7	3	2	1	0	5	2	3
2. Portugal	5	3	1	2	0	7	0	7
3. Côte d'Ivoire	4	3	1	1	1	4	3	1
4. Corée du Nord	0	3	0	0	3	1	12	-11

Brésil et Portugal qualifiés pour les 8es de finale

Groupe H

Honduras - Chili	0 - 1	Espagne - Honduras	2 - 0
Espagne - Suisse	0 - 1	Chili - Espagne	1 - 2
Chili - Suisse	1 - 0	Suisse - Honduras	0 - 0

Classement final	Pts	J	G	N	P	bp	bc	dif
1. Espagne	6	3	2	0	1	4	2	2
2. Chili	6	3	2	0	1	3	2	1
3. Suisse	4	3	1	1	1	1	1	0
4. Honduras	1	3	0	1	2	0	3	-3

Espagne et Chili qualifiés pour les 8es de finale

HUITIÈMES DE FINALE

Uruguay - Corée du Sud	2-1
Ghana - États-Unis	2-1 a.p.
Allemagne - Angleterre	4-1
Argentine-Mexique	3-1
Pays-Bas-Slovaquie	2-1
Brésil-Chili	3-0
Paraguay - Japon	0-0 a.p. (5 tab à 3)
Espagne-Portugal	1-0

QUARTS DE FINALE

Pays-Bas - Brésil	2-1
Uruguay-Ghana	1-1 a. p. (4 tab à 2)
Allemagne-Argentine	4-0
Espagne-Paraguay	1-0

DEMI-FINALES

Pays-Bas - Uruguay	3-2
Espagne-Allemagne	1-0

MATCH POUR LA 3e PLACE

Allemagne - Uruguay	3-2

FINALE

Le 11 juillet, à Johannesburg
Espagne - Pays-Bas **1-0 a.p.**
84 490 spectateurs
Arbitre: H. Webb (ENG)
But: Iniesta (116)
Avertissements:
Espagne: Puyol (17), Sergio Ramos (23), Capdevila (67), Iniesta (118), Xavi (120+1)
Pays-Bas: Van Persie (15), Van Bommel (22), De Jong (28), Van Bronckhorst (54), Heitinga (57), Robben (84), Van der Wiel (111), Mathijsen (117)
Exclusion:
Pays-Bas: Heitinga (109, 2e avertissement)
Les équipes:
Espagne: Casillas (cap.) - Sergio Ramos, Puyol, Piqué, Capdevila - Busquets, Xabi Alonso puis Fabregas (87) - Iniesta, Xavi, Pedro puis Jesus Navas (60) - Villa puis Torres (106)
Pays-Bas: Stekelenburg - Van der Wiel, Heitinga, Mathijsen, Van Bronckhorst (cap.) puis Braafheid (105) - Van Bommel, De Jong puis Van der Vaart (99) - Robben, Sneijder, Kuyt puis Elia (71) - Van Persie

LE DOUBLÉ
Championnat & Coupe de la Ligue
DROIT AU BUT

FRANCE

CHAMPIONNAT
COUPE DE FRANCE
COUPE DE LA LIGUE

AVEC LE DOUBLÉ CHAMPIONNAT – COUPE DE LA LIGUE, L'OM DE DIDIER DESCHAMPS COMBLE AVEC UNE DISETTE QUI DURAIT DEPUIS 1993. APRÈS UN DÉPART EN FANFARE, BORDEAUX ET LYON S'ÉCROULENT EN CHAMPIONNAT ET NE SAUVENT PAS LEUR SAISON PAR LE GAIN D'UNE COUPE, CE QUE RÉALISE LE PARIS SG VAINQUEUR DE MONACO EN FINALE DE COUPE DE FRANCE.

Réunie sur le Vieux Port, la foule marseillaise (plusieurs dizaines de milliers de personnes) célèbre un doublé historique.

L'OM ressuscité

En un mois, à la fin de la saison 2009, Marseille perd son entraîneur Éric Gerets, démissionnaire, son président Pape Diouf, licencié, et son propriétaire-mécène Robert Louis-Dreyfus, décédé. C'est dans ce contexte qu'au bout d'une compétition palpitante, il s'empare du titre de champion, un bonheur qu'il n'a plus connu depuis dix-huit ans.

L'OL a mis 72 millions d'euros sur le tapis et c'est pourtant l'OM qui a les faveurs du pronostic. Au cœur de l'été, les gros bras bombent le torse. Privé de Karim Benzema parti pour Madrid, Lyon a versé 24 millions à Porto pour attirer l'Argentin Lisandro, record de France pour une arrivée en Ligue 1. Mais il en a mis aussi 18 pour le Brésilien de Lille Michel Bastos, 15 pour le Stéphanois Bafetimbi Gomis, 15 aussi pour le défenseur de Porto Aly Cissokho.

L'OM n'est pas en reste. Il fait lui aussi tapis : 18 millions pour Lucho le milieu de terrain argentin de Porto, 12 pour le Rennais Stéphane Mbia, 6 pour le Bordelais Souleymane Diawara. Par chance, l'Argentin du Real Gabriel Heinze est en fin de contrat.

On oublierait presque que Bordeaux, champion en titre, a peut-être réalisé la meilleure affaire en conservant de gré (Yoann Gourcuff) ou de force (Marouane Chamakh) son duo magique. Le PSG, dernier maillon d'une supposée bande des quatre, a surtout fait ce qu'il a pu. Ses plus belles captures sont Grégory Coupet, égaré à l'Atletico Madrid, et le Turc de Sochaux Mevlut Erding.

Interrogés comme chaque année par *L'Équipe*, les acteurs de la Ligue 1 tranchent : 47 % voient en l'OM le futur champion, 20 % misent sur Bordeaux, 10 % sur Lyon et 5 % sur le PSG.

Pas vraiment troublé par un intermède nancéien, ce quatuor semble effectivement tenir la route. Après trois journées, il monopolise le haut du classement.

Bordeaux a pulvérisé Lens d'entrée (4-1, dont deux buts de Gourcuff et un de Chamakh), avant de s'imposer à Sochaux (3-2, deux buts de Chamakh) puis d'exploser Nice (4-0 dont deux buts de Gourcuff). Sur la lancée de la série de onze victoires qui leur avait permis de finir en trombe et en champions la saison précédente, les Girondins sont irrésistibles.

Bordeaux stoppe à quatorze

Ce n'est pas le cas de l'OL, sauvé par Lisandro qui égalise à la dernière minute au Mans (2-2), difficile vainqueur de Valenciennes (1-0, but de Gomis) ensuite, mais triomphant à Auxerre (3-0) une semaine plus tard.

Ce n'est pas non plus le cas de l'OM, logique vainqueur à Grenoble pour l'entame (2-0), soulagé par un court succès contre Lille (1-0) acquis à… Montpellier (le Stade Vélodrome est fermé après un accident mortel survenu lors de la répétition d'un concert de Madonna), et contraint au match nul (1-1) par Rennes pour son retour à la maison.

Ce n'est pas forcément non plus le cas du PSG, rattrapé in extremis à Montpellier (1-1, but de Spahic 90e+4), joli vainqueur du Mans (3-1) mais extrêmement chanceux à Valenciennes où il s'impose (3-2) dans l'ancien antre de son nouvel entraîneur Antoine Kombouaré. « Il faut être lucide, on revient de loin, on s'est fait malmener », reconnaît Coupet.

Le classement survit à la 4e journée et au premier gros choc de la saison, OM-Bordeaux (0-0). Brandao a tiré sur le poteau, Cheyrou sur la barre, mais Jussiê s'est vu refuser un but à la dernière minute pour une faute peu évidente de Ciani sur Taiwo. Deschamps se dit « plus satisfait du contenu que du résultat », estimant que c'est « par malchance que l'OM n'a pas pu gagner ce match de haut niveau ». Blanc parle d'un « point équitable ».

Ici prend fin pour Bordeaux une série de quatorze victoires consécutives en Ligue 1. Le PSG en est à trois, série en cours. Son succès sur Lille est aussi large (3-0) que trompeur. « C'est cher payé pour Lille, reconnaît Kombouaré. Il y a encore beaucoup de boulot. »

Tifo géant et fumigènes : Marseille proclame ses ambitions (à gauche).

Duel 100 % marocain : le Bordelais Chamakh déborde le défenseur lensois Hermach (en haut).

Protection de balle efficace de Lisandro López face aux Manceaux Goulon et Le Tallec (en bas).

Nancy, leader d'un jour

Victorieux à Valenciennes (3-1) lors de la 1re journée, Nancy éparpille Monaco (4-0) huit jours plus tard. Avec 6 points, les Lorrains occupent la première place en devançant à la différence de buts Bordeaux et l'OM. Commentaire lucide de leur entraîneur Pablo Correa : « La réalité de la 2e journée ne sera pas forcément celle de la 38e. »

Mavuba voit tout en noir

Après quatre journées, Lille et Auxerre, futurs européens, ne comptent qu'un point. Le capitaine nordiste Rio Mavuba est très inquiet : « Si on ne réagit pas, dit-il, on peut connaître de grandes désillusions. Comme aller en Ligue 2. J'ai connu des ambiances meilleures. »

Batailles aériennes : Viviani, le gardien grenoblois, bloque la tentative du Stéphanois Ilan (en haut), le milieu parisien Sessegnon en déséquilibre subit l'assaut du Lillois Debuchy.

Lyon va également de l'avant mais sans trop de certitudes. Sa victoire sur Nancy (3-1, buts de Lisandro, Gomis et Bastos) est compliquée. Son gardien Hugo Lloris a dû sortir le grand jeu. Puel parle d'un « match très difficile ».

Les grandes vacances sont terminées.

L'ordre règne sur la Ligue 1. Avec deux victoires et deux matches nuls, Montpellier est le seul invité surprise. Pour l'instant, Lille et Auxerre vivent des heures sombres.

Facteur psychologique aidant, l'arrivée des Coupes européennes est comme souvent piégeuse. Bordeaux peine contre Grenoble (1-0, but de Gouffran). « Tout m'a agacé, dit Blanc. Je n'ai pas pris de plaisir. » Lyon souffre contre Lorient (1-0, but de Bastos). « La saison dernière nous n'aurions peut-être pas gagné ce genre de match », apprécie Puel. Et L'OM s'en sort bien au Mans (2-1, buts de Niang et Brandao).

L'OM enchaîne les défaites

Paris n'est pas concerné par l'Europe. Il montre bonne figure à Monaco, mais s'écroule en fin de rencontre (2-0). 85e minute : but de Park, 88e minute : but de Nenê, 90e minute : expulsion de Sessegnon. Vainqueur à Lens, Montpellier continue de jouer les trouble-fête. L'OM le ramène momentanément sur terre (4-2). Entre la 31e et la 51e minute, il lui passe quatre buts. « Notre rêve se termine ce soir », constate Girard trop pessimiste sur ce coup-là.

À Boulogne, Bordeaux ne lâche rien (2-0). « On a fait le minimum mais encore fallait-il le faire », déclare Blanc.

Pendant ce temps, le PSG et l'OL en décousent au Parc des Princes. Paris domine, Giuly ouvre le score (29e), Lloris multiplie les exploits (qui lui vaudront la note 9 dans *L'Équipe*) et Gomis égalise en position de hors-jeu (85e, 1-1). Puel est soulagé : « Il s'agit d'un très bon point. Il est important de ne jamais lâcher. » Kombouaré se contente de ce nul : « J'ai aimé ce que j'ai vu. »

« Là, j'y crois vraiment », déclare le défenseur parisien Sylvain Armand avant de se rendre à Lorient où son équipe peut pourtant s'estimer heureuse de repartir avec le point du match nul (1-1). « Nous sommes passés au travers. On ne mérite pas notre point », reconnaît honnêtement Coupet. Selon l'entraîneur de Lorient Christian Gourcuff, l'arbitre est également passé au travers. L'affaire Makelele éclate.

À Lyon, Toulouse mène à la mi-temps grâce à Sissoko (9e). Mais Yannis Tafer, 18 ans, égalise (52e) et Gomis met l'OL devant (72e, 2-1). Puel est ravi : « C'est une grosse performance. Mentalement on a été énormes. »

L'OL n'a pas vraiment de marge. Plus cependant que l'OM qui s'incline à Valenciennes (3-2). Deschamps est fataliste : « Je n'ai pas reconnu l'OM mais il n'y a pas mort d'homme. »

Il avale un peu moins bien la défaite suivante, la troisième consécutive, concédée à domicile contre Monaco (2-1). « C'est le pire des scénarios. Mais il reste de longs mois. Je suis convaincu du potentiel individuel et collectif de cette équipe », souligne Deschamps. Le président Jean-Claude Dassier se déclare « pas inquiet du tout ».

C'est la période où l'Europe fait mal. Après un succès laborieux sur Rennes (1-0), Bordeaux s'incline à Saint-Étienne (3-1). Les Girondins restaient sur vingt-deux matches officiels toutes compétitions confondues sans défaite. Au coup d'envoi, Chamakh, Gourcuff, Planus, Plasil, Trémoulinas et Wendel n'étaient pas sur la pelouse. « On a été lamentables, estime Diarra. Les changements ne constituent pas une excuse. »

Quand les genres se mélangent, l'OL profite de sa solide expérience. Vainqueurs à Lens (2-0), les Lyonnais prennent la tête de la Ligue 1 après huit journées. « On recommence à faire peur », dit Govou. Lyon est désormais la seule équipe invaincue de L1.

Makelele déchaîne les passions

Suspendu, l'entraîneur breton Christian Gourcuff assiste des tribunes au match Lorient-PSG (1-1). À la fin de la rencontre, mécontent de M. Ennjimi, auquel il reproche d'avoir mis un simple carton jaune à Claude Makelele pour une faute qui selon lui méritait un rouge, il pique une terrible colère: « Makelele peut prendre le sifflet, c'est pareil. Son comportement est un scandale. On le connaît. Il est dépassé, en bout de course. Depuis qu'il est de retour en Ligue 1, il bénéficie d'une impunité. » Réponse d'Antoine Kombouaré: « Que Gourcuff s'attaque à l'homme dépasse les bornes. C'est une pleureuse, un aigri. Ce genre de mec mérite des claques dans la gueule. »

Thiriez a de la fièvre

Il est 14 heures le jour du match quand la Ligue reporte le match OM-PSG. Les tests de détection de la grippe A passés la veille par Jérémy Clément s'avèrent tout aussi positifs que ceux de Ludovic Giuly et Mamadou Sakho quarante-huit heures plus tôt. Pendant que Clément joue aux cartes à l'hôtel avec ses équipiers, de violents incidents se déroulent en ville entre supporters des deux camps, qui se soldent par une dizaine de blessés. « Prétendre que les incidents sont liés au report du match c'est de l'escroquerie intellectuelle, affirme Frédéric Thiriez, président de la Ligue. Ces bagarres étaient programmées. » Libre à chacun de le croire. Ou pas.

Grenoble affole les stats

Jamais une formation de première division n'avait été aussi faible que Grenoble. En s'inclinant à domicile contre Auxerre (2-0) lors de la 7e journée, scellant ainsi une septième défaite en sept matches, les joueurs de Mécha Bazdarevic battent le record de France de la nullité en début de championnat. Un record qu'ils porteront à onze matches après une défaite à domicile contre Lille (2-0). Ils ne sont plus qu'à un match du record d'Europe détenu par... Manchester United avec douze défaites de rang en 1930-31. Un record qu'ils laisseront sottement échapper en obtenant un match nul à Monaco (0-0) pour leur douzième match.

Pas pour longtemps. La neuvième marche se dérobe sous ses pieds. Sochaux s'impose à Gerland (2-0). Le raté est énorme. « La première mi-temps était largement insuffisante », constate Puel qui sait combien la proximité d'un déplacement à Liverpool a pesé lourd.

Auxerre commence à frapper

L'Europe, encore l'Europe. Bordeaux s'incline à Auxerre (1-0). Pour la première fois de sa jeune carrière d'entraîneur, Laurent Blanc vient de vivre deux défaites consécutives. Et il a des regrets : « Avec notre première mi-temps, nous aurions dû nous mettre à l'abri. » « C'était notre plus belle seconde mi-temps depuis le début du championnat », réplique l'entraîneur auxerrois Jean Fernandez. Ce coup de Jarnac, Auxerre va le répéter presque à l'infini.

Large vainqueur à Nancy (3-0), l'OM met fin à sa sale série. Mais la vraie bonne affaire est pour Montpellier qui bat Saint-Étienne (2-1) et se hisse à hauteur de Lyon. Girard est aux anges : « Je savoure, je jubile, mais ne nous mettons pas de pression inutile. »

La lourde et surprenante défaite (4-1) de Lyon à Nice offre un boulevard à Montpellier. Qui ne s'y engage pas. Rennes brise l'élan du promu (3-0). « On est tombés sur plus fort que nous, reconnaît Girard. La première place, on n'y pensait pas. On n'a pas l'étoffe pour la jouer. »

Bordeaux, qui étrille Le Mans (3-0), récupère le fauteuil de leader devant Monaco que l'on n'a pas vu venir. En s'imposant à Boulogne (3-1) sur deux coups de patte de Nenê en fin de rencontre (86e et 90e+4), les hommes de Guy Lacombe ne croient pas être arrivés. « On a eu de la réussite. On a des progrès à faire », explique le coach à moustache.

Des progrès, la Ligue nationale doit aussi en accomplir. Un pataquès lié à la grippe A l'incite à reporter le « clasico » OM-PSG le jour même du match.

Des progrès, Auxerre ne cesse d'en faire. Victorieux de Lille (3-2), il reste sur une série de quatre victoires, sept matches sans défaite et 17 points sur 21 possibles. L'AJA n'est plus qu'à 5 points du leader bordelais. « Comment peut-on perdre un match pareil ? » s'interroge l'entraîneur lillois Rudi Garcia. Toutes les victimes d'Auxerre se posent la même question.

La 11e journée est reportée pour cause de barrages à venir contre l'Eire. Mais la suivante fourmille de centres d'intérêt. Bordeaux sort vainqueur d'un inattendu choc au sommet contre Monaco (1-0, but de Planus). Commentaire de Blanc : « Bordeaux a été très dominateur et nettement supérieur à Monaco. » Commentaire du défenseur monégasque Djimi Traoré : « On a vu la différence entre le champion de France et une équipe en reconstruction. »

Insatiable, Auxerre écarte Montpellier (2-1, deux buts du Polonais Jelen). L'expulsion de son attaquant Costa provoque l'ire de Louis Nicollin, l'irrésistible président de Montpellier qui allume une vilaine mèche.

Le derby Saint-Étienne-Lyon commence avec quarante-huit heures d'avance. Aperçu en état d'ébriété au sortir d'une soirée, Sidney Govou perd son brassard de capitaine. C'est l'ex-Stéphanois Gomis, que les sifflets n'épargnent pas, qui inscrit le seul but du match (1-0). Lisandro a tiré deux fois sur les poteaux.

L'OM est accroché sur son terrain par Toulouse (1-1). Pourtant, le gardien toulousain Pelé a été expulsé dès la 8e minute. « Je n'ai rien à reprocher à mes joueurs », déclare Deschamps.

La défaite de Grenoble face à Lille (2-0) est la onzième consécutive depuis le début de saison, extraordinaire performance.

Un hallucinant OL-OM

Dans le monde de l'extraordinaire, le sommet qui suit, entre l'OL et l'OM, tient plus que son rang. Il survient au terme d'une journée très dense.

Elle a vu forcément Auxerre s'imposer au Mans (1-0). Le bilan des Manceaux ? Un but contre leur camp, un penalty raté et quatre tirs sur les poteaux !

Elle a vu, évidemment, le PSG s'incliner à domicile contre Nice (1-0). « C'est une défaite inquiétante », dit Coupet.

Elle a vu, logiquement, Bordeaux s'incliner à Lille (2-0). « On n'a pas joué. Je n'ai pas d'explications », constate Blanc.

Mais voici que s'avancent Lyonnais et Marseillais pour le plus hallucinant des matches nuls (5-5). « Un truc de ouf », titrera *L'Équipe*. L'évolution du score est sensationnelle. 1-0 (Pjanic, 3e), 1-1 (Diawara, 11e), 2-1 (Govou, 14e), 2-2 (Cheyrou, 44e), 2-3 (Koné, 47e), 2-4 (Brandao, 80e), 3-4 (Lisandro, 81e), 4-4, Lisandro (84e s.p.), 5-4 (Bastos, 90e), 5-5 (Toulalan, 90e+2, c.s.c.).

Tout s'est déroulé à l'envers, sauf pour les spectateurs et téléspectateurs, époustouflés par le spectacle. Dans le vestiaire, à la fin du match, Deschamps a piqué une sainte colère. Il a parlé à ses joueurs de « faute professionnelle ». « C'est la première fois que je m'énerve comme ça, confesse-t-il. Les gens ont sûrement apprécié, mais moi je ne peux pas être satisfait. S'il faut marquer six buts à l'extérieur pour espérer gagner, ça va être compliqué. On a perdu 2 points. » « Je suis entraîneur, pas spectateur, enchaîne Puel. La frustration domine. On est déçus car on tenait la victoire. »

Il est temps de disputer le fameux OM-PSG de la discorde. Marseille s'impose (1-0, but de l'ex-Parisien Heinze). Le haut du classement se resserre. L'OM est quatrième à 2 points de Lyon. Et 3 de Bordeaux, qui ne tourne pourtant pas très rond.

À trois jours d'un match européen, le champion s'incline chez lui contre Valenciennes (1-0) subissant sa quatrième défaite en six matches. C'est son premier revers à domicile depuis trente-neuf matches de Ligue 1. Les Girondins ont tiré vingt-quatre fois au but. Les Nordistes trois fois. « À Lille, j'ai eu honte, là je suis frustré », commente Planus.

Même motif et presque même punition pour Lyon qui mène 1-0 à Grenoble quand l'Isérois

Aile de pigeon de Toulalan et but… contre son camp, gêné par Camara et sous l'œil désemparé de Lloris ; Lyon : 5 – Marseille : 5.

Le cinquième 5-5

Le 5-5 entre l'OL et l'OM n'est pas une première dans le championnat de France. Depuis sa création en 1932-33, à quatre reprises déjà des matches s'étaient achevés sur ce score improbable : Fives-Cannes (1932), Club Français-Racing (1933), Cannes-Red Star (1937) et Nice-Lille (1957).

Quand Loulou dérape

Lors de la défaite de son club à Auxerre, l'expulsion de son attaquant Alberto Costa pour deux fautes commises sur Benoît Pedretti met en rage le truculent président de Montpellier Louis Nicollin : « Pedretti a tout commandé sur le terrain. Quand il viendra à Montpellier on va s'occuper de lui. Ce type est une petite tarlouze. » Il s'excuse au téléphone le lendemain, mais les associations anti-homophobie sont déjà montées au créneau. Réaction de Pedretti après les regrets : « L'affaire est close. Moi aussi, j'ai déjà proféré des conneries après une rencontre. » Réaction de la commission de discipline : quatre mois de suspension, dont deux avec sursis pour ce Loulou-là.

Le drame de Coupet

Le PSG mène 1-0 contre Auxerre quand le défenseur parisien Sakho commet une faute sur Contout dans la surface de réparation. M.Ennjimi indique le point de penalty mais son assistant le fait revenir à tort sur sa décision. Quelques minutes plus tard, Grégory Coupet se bloque le pied dans la pelouse et se fracture le péroné gauche. Il sera absent des terrains pendant cinq mois.

Courtois est expulsé. L'OL concède pourtant le match nul (1-1). « Grenoble a mérité sa victoire, pardon son match nul, dit Puel dans un joli lapsus. On ne méritait pas mieux. »

Et voilà comment Auxerre, qui empile une septième victoire consécutive face à Monaco (2-0), prend la tête de la Ligue 1. « On a le potentiel pour finir dans les dix premiers », lâche le prudent Fernandez. « Après treize matches, ça ne peut pas être le fruit du hasard », estime Guy Roux, grand ancien de la maison. Mais l'AJA n'a marqué que quinze buts en treize rencontres, ce qui incite son capitaine Pedretti à dire : « Il faut élever notre niveau de jeu, sinon on va retomber sur terre. »

La terre, c'est le Parc des Princes où Auxerre, privé de Jelen blessé, chute (1-0) au bout d'un match à incidents. « Peu importait la manière », dit Kombouaré qui ne peut plus se permettre d'être regardant. Auxerre est sur le reculoir. Sans Jelen ni Pedretti, il s'incline ensuite à domicile contre Nancy (3-1) puis concède le nul à Lorient (0-0).

Vilain temps aussi pour l'OM qui craque à Lens dans le temps additionnel (1-0, but de Eduardo 90e+2).

Duarte, Perrin, descendez !

L'Europe, toujours l'Europe. Elle a aussi un prix pour Lyon, de retour d'une défaite à Florence (1-0). L'OL concède un nul à domicile contre Rennes (1-1) qui aligne un gardien de moins de 18 ans. « On s'en sort bien, déclare Puel. Nous avons été apathiques. » « C'est un mois difficile, pas catastrophique, relaie le toujours optimiste président Aulas. On va disputer une grande saison. »

Le match suivant, une stupide défaite à Lille (4-3) concédée alors que l'OL menait 3-1 au repos (un triplé de Lisandro) ne semble pas donner raison au président lyonnais. « On a galvaudé ce match, on a pris une gifle, je suis en colère », râle Puel. Son président reste de marbre : « Il n'y a pas d'inquiétude. On a fait un très bon match. L'OL continue de suivre son bonhomme de chemin. »

Bordeaux a plus de raison de penser à une grande saison que Lyon. Il s'impose largement à Nancy (3-0). Ce n'est pas le PSG qui peut briser ce bel élan. Au stade Chaban-Delmas, il est loin d'être ridicule, mais un but de Plasil le renvoie à ses chères études (1-0). « Je ne suis même pas déçu. C'est pire que ça. C'est une défaite au goût amer», se lamente Kombouaré. «Le nul aurait été équitable», concède Blanc.

Si la victoire de l'OM à Nice (3-1) déstabilise l'entraîneur Didier Ollé-Nicolle, la défaite du Mans à Montpellier (2-1) coûte son poste au Portugais Paulo Duarte remplacé par son adjoint Arnaud Cormier, 34 ans. Et la déroute de Saint-Étienne à Lille (4-0) fait planer une lourde menace sur le coach stéphanois Alain Perrin. La défaite suivante (3-0 à Paris) est synonyme de licenciement. Son adjoint Christophe Galtier le remplace.

Rien de tel pour Puel et Blanc qui se retrouvent au stade Gerland. Bordeaux compte 5 points d'avance sur l'OL. «Le contexte économique fait que Lyon n'a pas réussi à remplacer ses meilleurs joueurs, analyse Blanc avant le match. Bordeaux est désormais supérieur à Lyon en régularité.» Comment lui donner tort au coup de sifflet final? De nouveau battu à domicile (1-0, but de Chamakh, 86e), Lyon est désormais à 8 points de Bordeaux. «Ce n'est pas un écart décisif même si ça commence à faire», cherche à se rassurer Puel. Comme dans un mouvement de balancier, c'est son président qui broie du noir: «Cette défaite fait mal. Il va falloir se remettre en cause. Désormais, ce sera difficile.»

L'OL est alors neuvième d'un classement dont Montpellier, vainqueur à Toulouse (1-0), occupe la deuxième place à quatre points de Bordeaux. «J'ai rarement vu un groupe aussi solidaire et chaleureux», affirme Girard.

En s'imposant à Boulogne (2-0), l'OM double Lyon. «On ne se souviendra peut-être pas de ce match à la fin, mais il comptera», souligne Cheyrou.

Les doutes de Deschamps

Coincée entre la 17e et la 18e, la 11e journée est l'occasion pour les cadors d'assurer ou de se rassurer. Dans un duel au sommet plutôt inattendu, Bordeaux s'impose à Montpellier (1-0, but de Jussiê). «En termes de jeu, il y a eu le minimum», déclare Blanc, tandis que Girard peste contre l'arbitrage. Son attaquant Alberto Costa est plus réaliste: «On ne joue

Diallo, émule de Landreau

Pour jouer à Lyon (1-1), Rennes aligne un gardien de 17 ans et 8 mois. Abdoulaye Diallo profite de la blessure de Nicolas Douchez la veille à l'entraînement et de celle de sa doublure Cheikh N'Diaye. Quelques jours plus tard, Toulouse aligne à ce poste le débutant Anthony Loustalot (17 ans, 8 mois et 10 jours) lors de la réception de Sochaux (victoire de Toulouse 2-0). Mais le plus jeune gardien à avoir évolué en Ligue 1 demeure Mickaël Landreau qui a débuté sous le maillot nantais à 17 ans et 5 mois.

L'Auxerrois Coulibaly face à la défense monégasque : tête et but (en haut à gauche).

Duel de capitaines entre le jeune Boulonnais Marcq et Cheyrou, l'expérimenté milieu marseillais (ci-contre).

Un Lille du tonnerre

Les Lillois finissent les matches aller sur six victoires consécutives, ce qui n'est pas un record. En revanche, personne n'a jamais marqué autant de buts (23) lors d'une telle série. Tour à tour, Valenciennes (4-0), Lyon (4-3), Saint-Étienne (4-0), Monaco (4-0), Le Mans (3-0) et Nancy (4-0) sont fusillés par les Nordistes qui entament 2010 sur leur lancée avec un large succès sur Paris (3-1), avant de s'incliner à Sochaux (2-1).

pas dans le même championnat. Eux visent le titre, pas nous. »

L'OM et l'OL, qui ne savent plus très bien ce qu'ils visent, s'imposent à Lorient (2-1) et contre Boulogne (2-0). Diawara marque pour Marseille dans le temps additionnel (90e+2). Lyon survit à un hors-jeu imaginaire. L'arbitre refuse un but valable au Boulonnais Perinelle alors que le score est encore vierge (70e). ça gronde dans les travées de Gerland jusqu'à ce que Pjanic (73e) et Delgado (90e+1) ne rassurent leur entraîneur. « Cette soirée était un vrai défi. Je suis soulagé », soupire Puel.

Blanc n'a pas ces états d'âme car Bordeaux caracole. Sans Ciani, Planus, Wendel et Chamakh, il foudroie Lorient (4-1). « Personne n'est indispensable. Bordeaux peut compter sur un groupe élargi », se réjouit Blanc.

Pendant ce temps, l'OM est tenu en échec à Saint-Étienne (0-0) et l'OL à Monaco (1-1). « Si Bordeaux continue de tenir ce rythme ce sera difficile de le rattraper », explique Deschamps. « 10 points de retard c'est conséquent, mais c'est un championnat difficile où tout est encore ouvert et jouable », pense Puel.

Il ne reste plus qu'une journée avant la trêve de Noël. Elle tourne à la catastrophe pour les deux Olympiques. Tandis que Bordeaux s'impose à Toulouse (2-1), Lyon chute chez lui contre Montpellier (2-1) et l'OM l'imite contre Auxerre (2-0, deux buts de Oliech). « Le Père Noël a été gentil cette année », rigole Girard qui a apprécié les largesses de la défense centrale lyonnaise. « Les joueurs sont usés, fatigués, constate Puel qui n'est pas dans un meilleur état. La situation est difficile. Je ne l'accepte pas, les joueurs non plus. On ne peut plus se permettre de regarder en haut. » Sans surprise, le président Aulas prend le contre-pied : « Il faut être patient et responsable. L'objectif reste le haut du tableau. » Fernandez est bluffé : « Notre point faible habituel, l'attaque, n'en a pas été un. Oliech sort un gros match par saison. C'était ce soir. » Deschamps est abasourdi : « Il n'y a pas eu de match de notre part. J'ai du mal à y croire. Je ne veux pas parler de néant mais ça y ressemble. »

Ces dérapages en série font de Lille à l'attaque mitrailleuse le nouveau deuxième. Et le PSG, vainqueur de Grenoble (4-0), se reprend à espérer. « On peut viser le podium », lance son président Robin Leproux. S'il reste à 14 points de Bordeaux, Paris n'est qu'à 5 points de Lille, 3 de l'OM et 1 de Lyon.

Mais, au tournant des deux années, une seule question mérite d'être posée. Quel sera le dauphin de Bordeaux en fin de saison ?

Kombouaré finit par craquer

Dans la froidure d'un impitoyable mois de janvier, le choc de la 20e journée entre Bordeaux et l'OM prend déjà des allures de match décisif. Bordeaux ouvre le score sur un but inscrit par Mandanda contre son camp (45e). Sur l'action, le gardien marseillais a été rudement secoué par Chamakh qui profite d'un arbitrage à l'anglaise. « Sans cette erreur, nous pouvions l'emporter, dit le gardien marseillais. C'est une énorme déception. »

Car Planus est expulsé à l'heure de jeu. Et Cheyrou finit par égaliser (81e). L'OM domine totalement la fin de la rencontre. Bordeaux s'en sort bien (1-1). « Vu les circonstances, je suis content du point pris », déclare Blanc. « On a tout pour être frustrés et énervés, réplique Deschamps. La pilule est dure à avaler. On n'a jamais été aussi proches de l'exploit. Certains en ont décidé autrement. »

« L'objectif est de remonter le plus vite possible sur le podium », a dit Puel avant la reprise. Alors, si la difficile victoire à Nancy (2-0) n'est pas la performance du siècle elle rassure. « On n'a pas été très convaincants », reconnaît Toulalan.

Démonstration de technique en mouvement par Cheyrou devant Gourcuff.

PICHET
KIA

Le Rocher en tremble encore

À la fin du match Monaco-Nice (3-2), 200 supporters niçois envahissent le terrain. Des bagarres les opposent à des supporters monégasques. Dix personnes sont blessées. Le président niçois Gilbert Stellardo est outré: « Je rêve d'un public à l'anglaise, c'est-à-dire de supporters qui ont d'autres qualités que les nôtres. Ce sont des sauvages. »

Nicollin a la tête qui tourne

À quatorze journées de la fin, Montpellier est deuxième à 3 points de Bordeaux. Le bon président Nicollin entonne son petit couplet: « Au pire, on finira douzième. Ce serait idiot quand même. On sera passé à côté d'un truc fabuleux. J'ai peur que la blague tourne mal, que tout ça nous emboucane, qu'on porte le masque à la fin. Pourtant, je continue de rêver. Au Parc des Princes pour la dernière journée si on est toujours aussi bien classés, je multiplie la prime par dix. Le titre? Faut pas exagérer. L'Europe ce serait beau. »

Comme prévu, Lille s'amuse avec le PSG (3-1) dont les supporters se battent entre eux. Dans ce domaine, on n'a, hélas, encore rien vu. « On a été vaincus dans tous les duels, regrette Kombouaré. Mes joueurs ont eu les chocottes. »

Ce n'est pas le cas des Sochaliens qui, lors de la journée suivante, dégomment les irrésistibles Nordistes (2-1). Perquis (9e) et Dalmat (12e) ont vite plié l'affaire. « Il ne faut pas tout remettre en question pour un quart d'heure raté », déclare sagement Garcia.

Rien de semblable à Grenoble, où Bordeaux s'impose (3-1). Grenoble mène 1-0 quand son défenseur Juan est expulsé (47e). La suite est inéluctable. « L'expulsion a changé beaucoup de choses, reconnaît Blanc. Nous avons été mauvais pendant tout le match. L'équipe est loin d'être à plein régime. » De là à imaginer une éclipse totale…

Soirées convenues également à Marseille, où l'OM écarte Le Mans (2-1), qui subit là sa dixième défaite en dix matches à l'extérieur, et à Lorient où l'OL, mené à la mi-temps (0-1), confirme son renouveau (3-1). « La première mi-temps a été catastrophique, commente Puel. Il faut qu'on joue et qu'on arrête de se prendre la tête. »

C'est exactement ce que font Montpellier qui s'impose à Lens (1-0) et Monaco qui accable le PSG au Parc des Princes (1-0, but de Edel contre son camp). Kombouaré continue de prendre les vessies pour des lanternes: « J'ai vu un grand match de mon équipe. Je l'ai retrouvé avec une âme. C'est bon pour l'avenir. »

Dans la foulée, le PSG fait bonne figure à Lyon. Il ouvre le score (10e, but de Erding) et secoue l'OL. Mais l'expulsion de Sakho (60e) est un tournant. Lyon finit en trombe. Gomis (77e) et Cris (81e) inversent la tendance.

«J'ai aimé le comportement des joueurs qui se sont accrochés», dit Kombouaré. Plus lucide, Makelele préfère tirer le signal d'alarme: «Ça devient dramatique. Ça fait six mois que ça dure. Après chaque match, on se dit que c'est dommage.»
Après le suivant, une terrible défaite à domicile contre Lorient (3-0), «une humiliation», dit le président Leproux, Kombouaré est moins langue de bois: «Je ne suis pas content de mon travail», concède-t-il. Il est temps.
Didier Deschamps est-il content de son travail après la défaite à Montpellier (2-0)? «Il nous a manqué de l'essence dans le moteur», se contente-t-il de déclarer.

L'inexplicable victoire de Grenoble

Ça ne va pas fort non plus du côté de Bordeaux, tenu en échec chez lui par Boulogne (0-0). Seul face à Ramé, Cuvilier rate le hold-up en fin de rencontre (87e).
«On n'a même pas à regretter ce nul, car ce match, nous aurions pu le perdre», explique le défenseur Mathieu Chalmé.
Vainqueur de Nice (3-2) dans une atmosphère de guerre civile, Monaco est dans le bon wagon.
Derrière les Girondins, encore très solides leaders, on se bouscule. Montpellier, Lille, l'OL, Monaco et l'AJA se tiennent en 3 points. L'OM est à 6 points de Montpellier mais compte un match en retard.
Grenoble est loin de ce gratin. Il a inscrit neuf buts en vingt-deux matches quand il accueille Auxerre l'hermétique, qui se prend une rouste mémorable (5-0). «Un jour sans», dira sobrement Fernandez pour expliquer l'inexplicable.
Pas de jour sans à Montpellier qui gagne à Boulogne (2-0). Quand on lui demande s'il espère passer devant Bordeaux, Girard répond dans un sourire: «S'il y a de la neige, que leur prochain match est remis, et puis encore celui d'après, et aussi celui d'après.»
Pourtant, la question avait un sens, car Bordeaux meilleure défense du championnat (14 buts) se fait liquider à Rennes (4-2). «La défense a commis des erreurs, déclare Blanc. Que voulez-vous faire contre ça? On n'a pas été mauvais. On a même été plutôt bons. Mais il y a eu des performances individuelles très mauvaises.»
À Toulouse, les Lyonnais ne sont pas vraiment bons. Ils perdent Makoun, expulsé (65e), et se contentent d'un mièvre nul (0-0).
Pour trouver du flamboyant, il faut aller à Marseille où l'OM pulvérise Valenciennes (5-1). Dans la continuité, l'OM s'impose à Monaco (2-1). Deschamps est joyeux: «La manière m'a plu», avoue-t-il. La manière, c'est ce qui manque à Bordeaux vainqueur de Saint-Étienne dans la douleur (3-1). À 2-1, le Stéphanois Bergessio a raté un penalty. «Après trente minutes de bonne facture, nous sommes retombés dans nos travers de 2010», analyse Blanc.
Montpellier, qui évite le faux pas contre Grenoble (1-0), ne lâche rien. Son Loulou de président ne sait plus trop où il en est.
L'OL s'accroche également. Trois jours avant la réception du Real Madrid, il se défait du sparadrap lensois: «Le bilan, ce sont les 3 points, affirme Puel. Je concède qu'ils ont été acquis dans la douleur.»
Douleur aussi pour Auxerre qui écarte Rennes (1-0, but de Jelen). L'entraîneur rennais Frédéric Antonetti est de mauvaise humeur: «Il faut aussi savoir gagner les matches pourris et ça, pour le moment, on n'y arrive pas.»
La journée suivante est amputée d'un excitant Bordeaux-Auxerre. Il s'agit de protéger les ambitions européennes des Girondins. Ceux-ci sont donc spectateurs des jolies victoires de Lyon à Sochaux (4-0, un triplé de Bastos) et de l'OM sur Nancy (3-1, un triplé de Niang).
Commentaire de Puel: «C'était un match bien géré, ce qui ne nous est pas arrivé souvent cette saison.»
Commentaire de Deschamps: «On engrange des points durant cette période où l'on passe d'un aéroport et d'un hôtel à l'autre. L'équilibre reste fragile.»

Le défenseur lorientais Marchal, en couverture malgré le pressing de Gomis (à gauche).
L'attaquant grenoblois Ljuboja plus rapide que les Auxerrois Pedretti et Mignot (en haut).

Héroïque Debuchy

Rennes et Lille sont à égalité (1-1). Touché dans un choc avec Kembo, le Lillois Mathieu Debuchy quitte le terrain. Mais Rudi Garcia a déjà effectué ses trois remplacements. Alors Debuchy revient. À l'évidence, il ne peut plus courir. Pourtant, quand un ballon lui arrive, il lance superbement Hazard sur la droite. Au bout de l'action, Aubameyang inscrit le but victorieux (89e, 2-1). Au coup de sifflet final, Debuchy file à l'hôpital. Verdict: deux côtes cassées et six semaines d'absence.

La mort près du Parc

«Au final, les supporters parisiens resteront entre eux sans personne sur qui taper», a déclaré le président marseillais Jean-Claude Dassier pour justifier sa décision d'annuler le déplacement de ses propres supporters. Erreur.

Avant le match PSG-OM, des bagarres éclatent à l'extérieur du Parc entre supporters des tribunes Boulogne et Auteuil. Ils laissent sur le carreau, dans le coma, un membre de la tribune Boulogne, Yann Laurence, 38 ans, qui mourra quinze jours plus tard. Ce décès entraînera l'annulation de tous les déplacements de supporters parisiens jusqu'à la fin de la saison.

Carrasso adore les pénos

À Lille, en revanche, c'est du solide. Mathieu Debuchy est le héros d'un joli succès à Rennes (2-1).

Bordeaux est encore contraint au repos la journée suivante pour cause d'intempéries au Mans. Le classement de la Ligue 1 est de moins en moins lisible. Le très sérieux Claude Puel se risque même à l'humour après la victoire de l'OL contre Nice (2-0). «Si Bordeaux continue de ne pas jouer on va finir par passer devant.»

Montpellier peut se dire la même chose après son succès sur Rennes (3-1), qui lui permet de revenir à hauteur du champion de France.

Mais la grande et triste affaire de cette 26e journée c'est le «clasico» PSG-OM, que notre championnat traîne comme un boulet depuis plusieurs années.

Le déplacement des supporters marseillais pose un problème tellement insurmontable qu'il est finalement annulé. Sur le terrain, il n'y a pas de match. L'OM écrase Paris (3-0). Mais à l'extérieur du Parc il y en a un, particulièrement sordide et violent.

Deschamps loue «l'état d'esprit» de ses joueurs. Kombouaré évoque comme d'habitude son «énorme déception». Et, toujours comme d'habitude, il ajoute: «J'ai beaucoup aimé l'attitude de mes joueurs.» Quand on n'est pas difficile…

Dans une tout autre ambiance, l'affrontement pour la suprématie du championnat entre Bordeaux et Montpellier se pare d'un incroyable scénario. Coupable d'une faute sur Montano, Ciani est expulsé (32e). Carrasso repousse le penalty de Costa. Survolté, il arrête ensuite un penalty de Montano provoqué par une main de Chalmé (41e). Petit problème: déjà détenteur d'un carton jaune, Chalmé aurait dû en recevoir un autre synonyme de rouge. Ce qui n'est pas le cas. Et c'est Bordeaux qui ouvre la marque par Chamakh (59e).

La rencontre semble scellée quand Carrasso rembourse aux Montpelliérains une partie de sa dette en laissant échapper dans son but un lointain coup franc de Costa (90e+4, 1-1). Mais Girard exprime sa «frustration». «Si on inscrit un des deux penalties, le match est plié en notre faveur», dit-il, avant de préciser: «Je crois que Bordeaux sera champion.»

Car Lyon à Boulogne (0-0) et l'OM contre Lorient (1-1) sont contraints au partage des points. «On n'a pas répondu présent», dit Puel. «Je suis malheureux du résultat mais content du contenu», dit Deschamps.

La mauvaise affaire est pour Didier Ollé-Nicolle. La défaite de ses Niçois à domicile lui coûte son poste d'entraîneur. Le directeur sportif Éric Roy le remplace.

La bonne affaire est pour Auxerre qui bat Valenciennes à l'auxerroise (1-0, but de

Jelen). « Cette équipe accomplit les choses qu'elle sait faire. Le reste elle ne le fait pas », analyse lucidement Fernandez.

Pedretti règle ses comptes

Le match en retard à Bordeaux est un très bel exemple de la justesse du propos de Fernandez. Trémoulinas ouvre le score (7e). Mais Auxerre sera toujours Auxerre qui se laisse dominer et contre avec fulgurance. Jelen égalise (64e) puis assomme les Girondins (83e, 2-1).

« Après vingt-cinq minutes, ça a été le néant total », soupire Trémoulinas. Blanc aussi parle de « néant ». En face, Fernandez « savoure ». « Je refuse de parler du titre. Même quand elle souffre je prends du plaisir à regarder mon équipe. Dans le foot, on ne peut pas tout expliquer. »

En attendant, le classement est jubilatoire. Les cinq premiers, de Bordeaux à l'OM (un match en moins pour ces deux équipes), se tiennent en 3 points.

Et les chocs directs se multiplient. Celui opposant Montpellier à Auxerre sent le traquenard. Le match aller imprègne encore tous les esprits. Pedretti est conspué sur chaque touche de balle. Ce qui n'empêche pas Auxerre de se balader. « On n'a pas aligné deux passes », dira le gardien de Montpellier Geoffrey Jourdren. Mais comme on ne peut pas tout expliquer, ce soir-là Jelen joue au gros maladroit. Il rate six occasions franches. Le nul (1-1) arrange René Girard : « C'est le premier match où l'on cravache autant. » Pedretti règle ses comptes : « On est l'équipe qui ne sait pas jouer au foot, qui donne des coups, mais on va essayer de rester à cette place. »

Un petit but de Jelen, un seul, et Auxerre passait devant. Bordeaux est tenu en échec chez lui par Monaco (0-0). « On ne méritait pas plus, mais vu la mauvaise passe qu'on traverse, ce point-là fait plaisir », analyse Blanc.

Le match nul de l'OM à Toulouse (1-1) aurait laissé le classement en l'état si Lille, victorieux de Grenoble (1-0), n'était pas venu mettre son grain de sel. Ils sont désormais six en trois points. Et il ne reste que dix journées.

« On n'a pas une équipe pour gagner le titre », assure Jelen. Mais qui peut le plus peut le moins. Auxerre triomphe du Mans. Jelen marque en première période (25e) un but que l'on imagine décisif. Le Mans égalise dans le temps additionnel par Helstad (90e+1). Qu'à cela ne tienne, Pedretti s'arrache et rend la victoire aux siens (90e+2, 2-1). « Pourquoi pas l'Europe en fin de saison, s'interroge Fernandez à haute voix. On peut y penser. »

Le six majeur ne pense d'ailleurs qu'à ça. Montpellier bat Valenciennes (2-1) en jouant « petit bras », dixit Girard. Bordeaux écarte Lille (3-1), après avoir été mené au score, ce qui ne rend pas totalement la confiance à Blanc, qui déclare : « Le foot ne peut se jouer à huit ou neuf. Certains semblaient en léthargie totale. »

Et puis il y a le choc, un de plus. Le retour tant attendu entre l'OM et l'OL. Pas de 5-5 à l'horizon mais un joli coup pour les Marseillais (2-1). Il faut attendre le milieu de la seconde période pour assister à l'ouverture du score par Kaboré (68e). Gomis égalise (80e), mais Taiwo replace immédiatement les Marseillais devant d'une frappe en force (81e). « On a grillé un joker à supposer que nous en possédions encore un », constate Puel. « Le titre est encore jouable », tonne le Marseillais Ben Arfa.

Blanc au fond du trou

Un sommet peut en cacher un autre. Comme l'OM et Bordeaux sont occupés à d'autres tâches (finale de la Coupe de la Ligue), le Lille-Montpellier de la 30e journée attire tous les regards. Avantage Lille, qui retrouve Gervinho, absent depuis plus d'un mois, et explose son rival (4-1). « Le score reflète la physionomie du match. On s'est fait manger », déclare Girard.

Héros malheureux : après avoir stoppé deux penalties contre Montpellier, le gardien bordelais Carrasso commet une faute de la main dans les arrêts de jeu (à gauche).

Le capitaine auxerrois Pedretti opposé à Costa, le meneur de jeu héraultais : gare à l'après-match (en haut) !

Lyon n'aime pas le samedi

Les Lyonnais ont obtenu de disputer leur match contre Grenoble dès le vendredi soir afin de mieux préparer leur match retour de quart de finale de C1. Pas de chance, c'est Bordeaux qu'ils vont affronter. Bordeaux qui joue le samedi soir la finale de la Coupe de la Ligue n'apprécie pas l'avantage offert à Lyon. La commission idoine du Comité national olympique (CNOSF) tranche. Lyon doit jouer le samedi à 17 heures. Le président Aulas est fou de rage, mais Lyon doit s'exécuter.

Montpellier a raté la place de leader provisoire. Auxerre la loupe aussi. Il n'obtient qu'un résultat nul à Monaco (0-0). Qu'il semble facile de se rapprocher du sommet, mais qu'il est dur de s'y hisser.
Bordeaux, Montpellier et Auxerre ont 56 points. Lyon qui a battu Grenoble (2-0) après beaucoup de palabres est à 2 points.
Bordeaux compte deux matches en moins mais il entre dans l'ère du gaspi absolu. Comme si l'Europe l'avait privé de tous ses repères nationaux. À l'heure de recevoir Nancy, entre deux affrontements européens contre Lyon, Blanc rappelle : « Ce match peut conditionner celui de mercredi et le reste de notre saison. » Patatras ! C'est Nancy qui s'impose (2-1). « Bordeaux est au fond du trou, constate Blanc. On ne va pas s'en sortir en disant que tout va mal. »
Pourtant, tout va vraiment mal pour Bordeaux. Lyon gagne à Rennes (2-1) alors qu'au coup d'envoi Réveillère, Cris, Toulalan, Cissokho, Makoun, Delgado, Govou et Gomis sont soit chez eux, soit sur le banc. « Si on avait perdu, je sais bien que vous m'auriez attrapé », lance Puel à la presse. « On jouait à quitte ou double », confie le président Aulas.

Montpellier peut prendre seul la tête. Il se rate contre Monaco (0-0). Auxerre peut prendre la tête. Il se rate contre le PSG (1-1). « Je pense que nous aurons une place en Ligue Europa parce que la Ligue des champions me semble inaccessible », répète Fernandez. Lille peut prendre la tête. Mais il s'incline à Valenciennes (1-0). L'OM n'aurait pas pu être premier, mais il s'en rapproche en battant Lens (1-0, but de Brandao). Deschamps parle d'une « bonne opération ».
Tellement bonne que l'OM s'extirpe d'une meute de cinq équipes qui se tiennent en un point à l'occasion du premier de ses matches en retard contre Sochaux (3-0), et s'empare de la première place. Avec un match en retard, il compte 59 points, 2 de plus que Lyon, Auxerre et Montpellier. Bordeaux est à 3 points avec deux matches en moins.
L'OM est leader des matches retour. Bordeaux, à la dérive, occupe le quatorzième rang de ce classement. Et il n'a encore rien vu. Trois jours après son élimination par Lyon en C1, il est dévoré (3-1) par le PSG dont l'appétit face aux gros n'est pourtant pas une seconde nature.
Trahi par une mauvaise inspiration de Ciani, Ramé est expulsé très vite pour une main hors de sa surface (31e). « On n'a vraiment rien pour nous, soupire Blanc. Tout ce qu'on entreprend, on le rate. C'est une soirée parfaite dans le négatif. »

L'OM a la réussite du champion

Tout va bien surtout pour Auxerre qui s'impose à Nancy (1-0, but de Niculae, 88e). « Vous voulez savoir la vraie force de notre équipe ? interroge Fernandez. C'est qu'elle ne se pose pas de questions. On ne regarde jamais le classement. »

Le Lillois Frau, fauché dans son élan par le Montpelliérain Yangambiwa.

Le choc du jour oppose l'OL à Lille. Frau ouvre le score (61e). Cris égalise (70e, 1-1). Puel raisonne : «Je préfère dire bravo à mes joueurs qui, quatre jours après avoir éliminé Bordeaux en C1, ont encore disputé un match costaud. »

Mais le plus costaud c'est l'OM, qui écrase Nice (4-1). Deschamps sait que la réalité est en train de rattraper le rêve : « Belle performance, dit-il. Nous suivons un bon rythme, surtout si nos adversaires directs ne gagnent pas. » « Il ne devrait pas y avoir de soucis si on reste sérieux », ajoute Valbuena, revenu en grâce et en totale réussite.

C'est le moment de mettre le calendrier à jour. Marseille va à Sochaux et Bordeaux au Mans. Marseille gagne (1-0), Bordeaux perd (2-1). C'est le sens de cette fin de saison. Blanc rabâche : « On est fébriles, on ne gagne pas les duels, dans la tête on n'y est pas non plus. Il va falloir un électrochoc. »

Quand la réussite fuit le champion en titre, elle colle à la peau des Marseillais. On joue depuis quatre-vingt-huit minutes quand Mbia marque. Et l'arbitre refuse injustement l'égalisation à Ideye (90e+3).

« Du calme, réclame Deschamps. Je suis lucide sur ce qu'on a réalisé et notamment sur ce qu'on a raté. Ce n'est pas comme ça qu'on devient champion. »

Erreur. C'est exactement comme ça que l'on devient champion. La preuve ? À Boulogne, l'OM est bousculé et tenu en échec (1-1)... jusqu'à ce qu'une main involontaire de Lachor se transforme au fin fond du match en penalty transformé par Taiwo (90e+5, 2-1). « Il n'y a pas de hasard mais de la volonté », rappelle Deschamps qui réfute l'expression « réussite du champion » d'un « pfff » qui en dit long.

Les résultats de ses rivaux favorisent l'échappée belle marseillaise. Dans le sommet du jour, Bordeaux et l'OL se neutralisent (2-2). La fin du match est bouillante. Blanc n'a pas son compte de points : « Nous avons le plus de regrets et d'amertume, dit-il. On commet encore des erreurs de jeunesse. » « Il y avait de quoi gagner, estime Puel. On est toujours là. On sait que ce sera dur jusqu'au bout. »

Un sommet teinté de rouge

Le match entre Bordeaux et Lyon (2-2) tire à sa fin. Chamakh, blessé, est à terre. Le Lyonnais Delgado met volontairement le ballon en touche. À la reprise du jeu, les Bordelais ne rendent pas le ballon aux Lyonnais comme le veut la tradition. Une échauffourée s'ensuit. Réveillère agresse Trémoulinas qui se rebiffe. Jussiê s'en mêle. L'arbitre brandit du rouge au nez des trois impétrants.

Contrairement à son habitude, Auxerre n'y va pas avec le dos de la cuillère contre Lorient (4-1). Christian Gourcuff résume la force des Bourguignons : « Avec Auxerre on est en danger quand on a le ballon. »

Lille atomise Monaco (4-0) et reste dans la course. Montpellier lâche du lest contre Toulouse (1-1), qui égalise dans le temps additionnel par Kazim (90e+2). Girard en perd son sang-froid en conférence de presse : « Vous nous trouvez crispés ? Mes c.... oui ! Vous n'avez jamais joué au foot. On va s'accrocher. »

Triaud a vu des vétérans

Le six majeur a explosé. L'OM mène la danse avec 5 points d'avance sur Auxerre, 9 sur Lyon et Montpellier, 10 sur Lille et 11 sur Bordeaux le naufragé qui se raccroche à son match en retard comme à une bouée.

Lorient règle la question en battant les Girondins (1-0).

Avant la rencontre, le placide Yoann Gourcuff a fustigé les médias : « On veut la peau de Bordeaux. On cherche à lui trouver la petite bête pour le déstabiliser. » Il fait allusion aux rumeurs – fondées – de départ de Laurent Blanc, que d'autres Bleus attendent.

En tout cas, Blanc ne sait plus comment analyser la chute sans fin des siens : « Rien ne nous sourit. À l'heure où je vous parle, l'objectif est de gagner un match. » Son président Jean-Louis Triaud est dans les cordes : « Je ne comprends pas comment une équipe aussi bonne peut devenir aussi nulle. J'ai l'impression d'avoir vu des vétérans. »

Le match en retard perdu à Valenciennes (2-0) l'accable un peu plus. Il se répète : « Je n'ai jamais vu une équipe aussi brillante devenir aussi nulle. C'est une première dans les annales du foot. » Bordeaux a pris 14 points en 2010. Seuls Le Mans (13 points), Sochaux (13 points) et Grenoble (12 points) ont fait pire.

Valbuena revient de loin

En début de saison, Mathieu Valbuena est persona non grata à l'OM. Durant les matches aller, celui qui n'a pas voulu quitter le club à l'intersaison n'est qu'un vague remplaçant sur lequel Deschamps ne compte pas. En décembre, il s'en prend frontalement à son entraîneur qui racontera plus tard: « Mathieu a franchi la ligne blanche. On a eu un entretien en tête-à-tête. Il a entendu des mots qui l'ont affecté, mais on a progressé. Il a su me donner tort. Même s'il a mal parlé de moi, ce n'est pas grave. On est dans une logique sportive. »

Montpellier lambine à Nancy (0-0) mais Girard garde le moral: « Je suis très confiant. On est toujours là, toujours devant Bordeaux. » Les cinq premiers du classement seront européens. Mais ils sont six.

Alors, Lille fonce. Il s'impose au Mans (2-1). Et Auxerre fonce encore plus. Il se promène à Toulouse (3-0, un but de Pedretti, deux buts de Jelen). « On s'est donné le droit de jouer un match extraordinaire vendredi à domicile, déclare Pedretti. Nous avons une grande confiance en nous et en notre organisation qui est magnifique. »

Ce match extraordinaire, l'AJA va le disputer contre l'OM qui poursuit sa route enchantée face à Saint-Étienne (1-0, but de Valbuena). « L'essentiel est le résultat qui n'a pas été acquis dans la facilité », déclare Deschamps.

Il reste quatre matches à jouer. L'OM débarque à Auxerre pour un énième choc au sommet avec 5 points d'avance. « Les Auxerrois sont plus dans l'obligation que nous de gagner pour être champions », a prévenu Deschamps. Le gardien auxerrois Olivier Sorin démine le terrain: « C'est un match comme un autre. L'OM va être champion. On ne boxe pas dans la même catégorie. »

Ce soir-là, c'est à un combat de poids légers qu'assiste le public. Les deux meilleures défenses de Ligue 1 ne sont pas sur le terrain pour rien (0-0 et un seul tir cadré).

Deschamps soupire: « Cette équipe nous a dominés cette saison. C'est la seule à nous avoir pris 4 points. »

Lyon, qui jongle encore entre l'Europe et la France, est sous pression permanente. Sa victoire à Montpellier (1-0, but de Bastos) vaut de l'or. « Nous avons une énorme envie de revenir en C1 », clame Puel.

Lille assure contre Nancy (3-1). Il maintient l'OL sous pression. Quant à Bordeaux, miracle ! il bat Toulouse (1-0) et revient à hauteur de Montpellier.

Niang soulève le peuple

À peine débarrassé de Marseille, Auxerre se rend à Lyon où Jelen ouvre la marque (15ᵉ). Lisandro égalise sur penalty juste avant le repos (45ᵉ+2) et Pjanic soulage l'OL à cinq minutes du terme (85ᵉ, 2-1). « On finit au forceps, au caractère, avec le cœur mais ce n'était pas un bon Lyon », déclare Puel. Le défenseur auxerrois Cédric Hengbart est de mauvaise humeur: « La France du foot va être contente, assène-t-il. Notre présence à ce niveau dérange car le foot c'est du business. »

Vainqueur à Toulouse (2-0), Lille s'imagine déjà en dauphin. Victorieux à Sochaux (1-0), Montpellier se voit d'autant plus européen que Bordeaux est accroché à Nice (1-1). Triaud n'en peut plus: « J'ai la migraine. J'ai vu un match amical. »

Pour le titre en revanche, le suspense est terminé. En battant Rennes chez lui (3-1), et sous la pluie, l'OM est sacré pour la neuvième fois de son histoire, dix-huit ans après son dernier triomphe. Valbuena est à l'origine du but décisif. Alors que les deux équipes sont à égalité (1-1) à un quart d'heure de la fin, son tir est repoussé par Douchez sur Niang qui fait bondir tout le peuple du Vélodrome (76ᵉ).

Deschamps se déclare « heureux d'avoir participé à une aventure humaine extraordinaire ». Il ajoute: « C'est ma sixième année

d'entraîneur et ma plus belle récompense. » Une marée humaine envahit le Vieux Port et la Canebière où 50 000 fans exultent. Marseille chante sous la pluie.

Il reste deux journées sauf pour Lyon qui, Europe oblige, compte un match en retard et 2 points de moins que Lille, qui va maintenant recevoir l'OM en un ultime sommet, et Auxerre.

Trois victoires assureraient la deuxième place à l'OL mais Puel est pessimiste : « Je ne nourris pas beaucoup d'illusions. Les Marseillais ont fêté leur titre. Lille gagnera ses deux derniers matches et Auxerre ne va pas lâcher. »

Alors c'est vrai, Lille bat l'OM (3-2) mais l'on joue les arrêts de jeu, et l'OM n'a rien cédé, quand Debuchy inscrit le but victorieux (90e+3). Et Auxerre peine à boucler la boucle. Il est tenu en échec par Lens sur sa pelouse (0-0).

En réalité, le vrai problème de Lyon c'est Lyon, qui revient de Valenciennes avec un simple match nul (2-2) qu'il arrache dans le temps additionnel (90e+2) grâce au Nordiste Baldé qui marque contre son camp. Puel est soulagé : « On maîtrise encore pour la troisième place », souffle-t-il.

Lyon garde un atout en main qu'il ne galvaude pas en gagnant son match en retard contre Monaco (3-0). Puel est requinqué : « Bon match, beaux buts et tout est possible pour la deuxième place. Si Lille gagne à Lorient on lui dira bravo. »

Hengbart c'est Thuram

Et Lille ne gagne pas à Lorient. À 1-1, Cabaye rate un penalty. Lorient s'impose (2-1). Cette dernière soirée est palpitante. Lyon ne tremble pas contre Le Mans (2-0). Il double Lille sur le fil et décroche le fauteuil tant espéré de dauphin, directement qualificatif pour la C1.

Lille croit au strapontin de la troisième place et de son tour qualificatif jusqu'à la dernière minute, quand, à Sochaux, le défenseur latéral auxerrois Cédric Hengbart, déjà buteur en première période, arrache la victoire dans l'ultime minute du temps réglementaire (90e, 2-1). Ce moderne Thuram (cf. France-Croatie 98) rapporte gros.

Plus loin derrière, Montpellier, facile vainqueur au Parc des Princes d'un PSG ridicule (3-1), souffle à Bordeaux, battu à Lens (4-3), le dernier strapontin européen. Les Girondins, véritables ectoplasmes, ont perdu 25 points sur l'OM lors des dix-neuf matches retour. Le roi est nu.

Hengbart, buteur providentiel de l'AJA plus prompt que les Sochaliens Faty et Richert (à gauche).

Didier Deschamps et ses 23 champions

« Je n'aimerais pas entraîner un club moyen, dit Didier Deschamps. Je le vivrais mal. Moi, je prends du plaisir à entraîner si j'ai la possibilité de gagner. C'est pour ça aussi que je suis resté deux ans en retrait. Si j'avais voulu gagner de l'argent... »

De l'argent, Deschamps en gagne. Mais sa spécialité, ce sont les titres sans lesquels il ne serait pas lui-même. Cet homme-là n'a pas été inventé pour la médiocrité. Alors, un titre de champion de France et une Coupe de la Ligue pour sa première saison à l'OM, cela paraît presque relever d'une évidence. Il n'en est évidemment rien.

S'il a rendu sa fierté à Marseille, Deschamps n'a pas oublié les conditions de son arrivée. « Un tremblement de terre », explique-t-il. Pape Diouf, le président qui l'a choisi, est écarté quinze jours plus tard (17 juin 2009) et le président-mécène Robert Louis-Dreyfus meurt peu après (4 juillet 2009). « J'ai eu besoin de réfléchir, reconnaît-il. Les données n'étaient plus les mêmes. »

Il se lance tout de même dans l'aventure, surmonte des mois de décembre et janvier compliqués et fonce vers sa destinée.

Sa méthode ? « Je suis le casse-pied de service. Les joueurs ont besoin d'un cadre fort. En France, le joueur est roi. Quand il passe la frontière, ce n'est plus pareil. Pourquoi ne pas avoir la même exigence en France ? »

Son credo ? « J'ai toujours laissé la place à la créativité, à l'animation, à la liberté. »

Son constat ? « Le champion est toujours beau. C'est celui qui a le plus de points. Il a donc été meilleur que les autres. »

Élevé dans la culture de la victoire, l'homme aux 103 sélections a tout gagné en tant que joueur et grand capitaine : championnat du monde, championnat d'Europe, Ligue des champions (deux fois), championnat de France (deux fois), championnat d'Italie (trois fois), Coupe d'Italie, Coupe d'Angleterre...

À 41 ans, l'entraîneur qui amena Monaco en finale de la Ligue des champions (2004) et ramena la Juventus en Serie A italienne (2007) a commencé à se forger un nouveau palmarès. La suite est trop prévisible.

Pour conquérir le neuvième titre de champion de France de l'histoire de l'OM, Didier Deschamps n'a utilisé que 23 joueurs.

	Matches	Buts
GARDIENS		
Steve Mandanda, 25 ans	36	
Elinton Andrade, 30 ans	3	
DÉFENSEURS		
Souleymane Diawara, 31 ans	37	4
Laurent Bonnart, 30 ans	31	
Gabriel Heinze, 32 ans	26	4
Stéphane Mbia, 24 ans	26	2
Taye Taiwo, 25 ans	26	3
Vitorino Hilton, 32 ans	12	1
Garry Bocaly, 22 ans	4	
Pape M'Bow, 22 ans	3	
Cyril Rool, 35 ans	2	

	Matches	Buts
MILIEUX DE TERRAIN		
Fabrice Abriel, 31 ans	32	1
Benoît Cheyrou, 29 ans	32	5
Édouard Cissé, 32 ans	32	1
Lucho Gonzalez, 29 ans	32	5
Mathieu Valbuena, 25 ans	31	5
Charles Kaboré, 22 ans	25	1
ATTAQUANTS		
Mamadou Niang, 30 ans	32	18
Evaeverson Brandao, 30 ans	30	8
Hatem Ben Arfa, 23 ans	29	3
Bakari Koné, 28 ans	26	4
Fernando Morientes, 34 ans	12	1
Jordan Ayew, 18 ans	4	1

Niang à feu et à cent

Son 18e et dernier but, inscrit lors de l'ultime journée, le consacre comme unique meilleur buteur de la saison. Mais il est aussi le 100e inscrit en Ligue 1 par l'avant-centre sénégalais depuis ses débuts.

« Franchement, je me fiche de mes performances individuelles », aime à répéter le jeune trentenaire Mamadou Niang dans un discours dont on peut penser qu'il comporte une part non négligeable de sincérité. Tous les grands buteurs sont égoïstes. Marquer est pour eux une obsession dont la collectivité peut avoir à souffrir. Mais ils nient cet état de fait.

Alors, disons que Mamadou n'est pas un grand buteur. Ce n'est déjà pas un grand meilleur buteur. Avec dix-huit réalisations (onze du pied droit dont trois penalties, cinq du pied gauche, un de la tête, un de la poitrine), le meilleur total de sa carrière, il traîne dans les eaux les plus basses de ce classement tellement prisé. Depuis l'instauration du professionnalisme en 1932-33 seuls Mercier (Club Français) et Kaiser (Rennes) avec 15 buts (mais en 18 matches) lors de cette première saison, et Pauleta (PSG) avec 15 buts également (en 2007) ont fait moins bien que lui.

Au soir du triplé réussi contre Nancy lors de la 25e journée (le premier de sa carrière toutes compétitions confondues), qui portait son total de la saison à 14 buts, son équipier Hatem Ben Arfa disait : « Mamadou a tout pour lui, la vitesse, la puissance. Avec 14 buts à son actif, alors qu'il nous reste encore quatorze matches à disputer, il peut réussir un petit record. »

Une blessure brisa ce bel élan. Ce qui ne chagrina pas outre mesure un joueur dont la quête était ailleurs, lui qui déclarait après son triplé : « Meilleur buteur du championnat, je m'en fiche également. Ce qui compte c'est le titre. J'en ai tellement rêvé de ce titre avec l'OM. » Ce rêve-là est devenu réalité au bout de cinq ans de vie marseillaise et avec le brassard de capitaine en étendard.

Pourtant, Niang honore le palmarès des buteurs, car en inscrivant son 18e but lors de la dernière journée il est entré dans le club des attaquants ayant inscrit au moins 100 buts en première division, ce qui est une marque de fidélité presque incongrue.

Il aurait pu depuis longtemps aller chercher fortune et gloire à l'étranger. Il choisit la France, condition indispensable pour devenir centenaire, ce que désormais ne seront plus jamais nos meilleurs artificiers. Huit buts sous le maillot de Troyes voilà déjà une dizaine d'années, 21 sous celui de Strasbourg, 71 avec l'OM, le compte est bon et Mamadou Niang admirable.

Voici le détail des 18 buts qui ont permis à Mamadou Niang de devenir meilleur buteur 2009-2010 de la Ligue 1 devant le Lorientais Kevin Gameiro (17 buts).

GRENOBLE-OM : 0-2
(1re journée)

1 : Touche de Taiwo pour Niang qui s'infiltre entre Jemmali et Romao, élimine Battles et trompe Viviani d'une frappe du droit dans un angle fermé. Le Sénégalais inscrit là le premier but de la saison de Ligue 1 (2e, but du 1-0).

RENNES-OM : 1-1
(3e journée)

2 : Coup franc latéral de Cheyrou au second poteau. Oublié par Marveaux, Niang reprend de volée du droit et trompe Douchez (52e, but du 1-1).

LE MANS-OM : 1-2
(5e journée)

3 : Servi par Diawara dos au but à l'entrée de la surface de réparation, Brandao remet de la poitrine pour Niang, dont la volée du droit à mi-hauteur trompe Ovono (14e, but du 0-1).

OM-MONTPELLIER : 4-2
(6e journée)

4 : Long dégagement de Mandanda sur Lucho qui contrôle de la poitrine et sert Niang sur la droite. Le Sénégalais repique au centre et trompe Jourden d'une frappe du droit à ras de terre (34e, but du 2-0).

VALENCIENNES-OM : 3-2
(7e journée)

5 : Centre de Cheyrou. Reprise de la tête de Morientes repoussée par le gardien Ndy Assembé. Schmitz, qui veut protéger le ballon, se le fait subtiliser par Niang qui marque de près du pied droit (22e, but du 1-2).

OM-MONACO : 1-2
(8e journée)

6 : Appel croisé de Niang que Ben Arfa sert dans le dos de la défense monégasque sur la droite de la surface. L'avant-centre olympien trompe Ruffier d'une frappe croisée du droit (86e, but du 2-1).

NICE-OM : 1-3
(16e journée)

7 : Au bout d'une une-deux avec Lucho, Abriel pénètre dans la surface et centre pour Niang. Esseulé aux 6 mètres, il trompe Ospina d'une frappe de l'intérieur du droit (19e, but du 0-1).

OM-LE MANS : 2-1
(21e journée)

8 : Long coup franc de Ben Arfa au second poteau pour la tête de Brandao qui remet pour Niang, dont la reprise de la poitrine aux 6 mètres trompe Roche (30e, but du 1-1).

9 : Faute de Roche sur Brandao. Niang transforme le penalty d'une frappe du droit à mi-hauteur qui prend à contre-pied le gardien manceau (55e, but du 2-1).

OM-VALENCIENNES : 5-1
(23e journée)

10 : Décalé par Ben Arfa sur la gauche de la surface, Diawara centre en retrait pour Niang qui reprend victorieusement de l'intérieur du gauche (90e+1, but du 5-1).

MONACO-OM : 1-2
(24e journée)

11 : Faute de Mongongu sur Niang qui transforme le penalty du droit en trompant Ruffier à contre-pied (38e, but du 0-1).

OM-NANCY : 3-1
(25e journée)

12 : Centre de Kaboré. Niang s'élève plus haut que Ouaddou et place la balle de la tête dans la lucarne de Bracigliano (10e, but du 1-0).

13 : Centre de la gauche de Taiwo. À la lutte avec Marange sur la ligne des 6 mètres, Niang marque d'une reprise de volée du gauche (34e, but du 2-1).

14 : Lancé dans l'axe par Lucho, Niang prend André Luiz de vitesse et trompe Bracigliano de l'intérieur du droit (67e, but du 3-1).

Le portier monégasque impuissant devant Niang (à gauche).

OM-LORIENT : 1-1
(27e journée)

15 : Lancé par Lucho, Bonnart centre de la droite au point de penalty où Niang marque d'une reprise de l'intérieur du gauche (43e, but du 1-0).

OM-RENNES : 3-1
(36e journée)

16 : Au bout d'une une-deux avec Lucho, Bonnart centre de la droite en retrait pour Valbuena qui frappe. Douchez repousse au second poteau où Niang rôde et reprend victorieusement du gauche (76e, but du 2-1).

LILLE-OM : 3-2
(37e journée)

17 : Après avoir éliminé Chedjou et Rami au milieu du terrain, Cheyrou sert Niang à l'entrée de la surface côté gauche. L'avant-centre olympien contrôle et marque du droit d'une frappe enroulée dans la lucarne de Landreau (6e, but du 0-1).

OM-GRENOBLE : 2-0
(38e journée)

18 : Faute de Mainfroi sur Niang qui transforme le penalty d'une frappe croisée du droit à ras de terre, qui prend Le Crom à contre-pied (41e, but du 1-0).

L'OM enfin

Notre traditionnel et très attendu carnet de notes, accompagné de l'objectif fixé par l'entraîneur en place en début de saison, s'étire sur 17 points qui séparent l'OM, totalement ressuscité au plan national, du naufragé Grenoble. Il souligne les mérites de quelques petits qui n'ont pas peur des gros et de deux gros qui se sont sentis bien petits : Bordeaux le champion en titre, fauché en pleine saison par un mal incurable, et le Paris SG rendu à ses démons et sauvé par la Coupe de France, sa traditionnelle complice.

18/20 MARSEILLE

Didier Deschamps :

« En France, il n'y a que deux places qualificatives pour la C1. Mais on vise la première. L'envie de gagner doit être permanente. »

Dix-sept ans sans rien gagner, Didier Deschamps arrive, affiche sa folle ambition et deux titres nationaux viennent embellir le palmarès olympien. On n'est pas loin du coup parfait. Décevante sans être honteuse, l'élimination par Benfica en huitièmes de finale de Ligue Europa a été un mal pour un bien. Coupe de la Ligue déjà en poche, l'OM, parti de très loin (6e à huit journées de la fin, mais avec deux matches en retard), s'est lancé dans un sprint foudroyant qui a laissé sur place tous ses rivaux. À cet instant de la saison, on était loin des défaites agaçantes concédées en Ligue des champions face au Real ou à l'AC Milan. Loin aussi de quelques bonnets d'âne récoltés certaines années pas si lointaines.

16/20 LYON

Claude Puel :

« On veut récupérer le titre, c'est évident. Et j'aimerais qu'on aille loin dans les Coupes nationales. En C1, il faut déjà passer le tour préliminaire. »

Annoncé moribond au cœur de l'hiver, avec pour seul coup d'éclat une victoire à Liverpool en C1, l'OL est revenu dans le match à force d'opiniâtreté aussi bien en championnat qu'en Ligue des champions. L'élimina-

tion du Real Madrid en huitièmes de finale est un réel exploit déjà entré dans la légende du club. Et l'accession en demi-finales une grande première, un peu ternie par la très nette double défaite contre le Bayern. Quant à la deuxième place, arrachée in extremis en Ligue 1, avec plus de sueur que de talent, elle justifie presque des semi-impasses dans les Coupes nationales à Lorient et Monaco. Lyon a souffert plus que de coutume, mais le bilan reste brillant.

15/20

MONTPELLIER

René Girard :

« Notre objectif doit être le maintien mais avec de l'envie, de la détermination, de l'engouement dans le jeu. On ne va pas commencer à se prendre la tête, à se demander comment rester en L1, à jouer petit bras. »

Jolie mention pour ce promu épatant qui a passé toute la saison dans le haut du classement, première place exceptée. La surprise est énorme. Tout le monde a guetté les signes d'une défaillance jamais survenue sur la durée. Un jeu de qualité, une ligne directrice toujours respectée, le métier des anciens et le talent de quelques jeunes pousses prometteuses, voilà la recette d'une magnifique réussite. Du coup, les éliminations prématurées et peu glorieuses dans les deux Coupes, contre Lens et à Grenoble, passent par pertes et profits.

14,5/20

AUXERRE

Jean Fernandez :

« Nous avons fini à la huitième place alors que tout le monde nous voyait descendre. Alors, j'aimerais faire aussi bien au classement, faire quelque chose dans les deux Coupes et continuer à donner une bonne image. »

Encore une fameuse surprise ! La réussite d'Auxerre a été tellement impressionnante que l'on a même cru qu'elle allait le déposer sur le toit du championnat en dépit d'un départ raté (19e avec 1 point après quatre journées). Certes, l'AJA n'est pas un parangon de beau jeu, mais elle n'a jamais dérogé à un schéma archiconnu (bloc défensif, le contre à outrance et Jelen à la conclusion) des équipes adverses qui ont pourtant rarement su le contrer. À côté de ça, l'élimination en Coupe de la Ligue à Sedan (L2) n'est qu'une petite tache, alors que celle concédée au PSG en Coupe de France, huis clos à la clé, relève d'une injustice évidente.

14/20

LILLE

Rudi Garcia :

« L'objectif sera de faire mieux que la saison dernière (5e). La priorité sera donnée au championnat, mais nous ferons en sorte de ne négliger aucune compétition. »

Comme Auxerre, Lille a totalement raté son entame (15e après dix journées). Mais le réveil fut explosif avec une série de larges succès qui ont ramené le club nordiste à hauteur des premières places et de la Ligue des champions, ratée d'un souffle lors de la dernière journée pour une défaite de trop à Lorient. Rudi Garcia ne s'était donc pas trompé d'objectif. Il faut ajouter à ça un bon parcours en Ligue Europa (élimination en huitièmes de finale par Liverpool) et une élimination en Coupe de la Ligue à Marseille, futur vainqueur de l'épreuve. Acquise grâce à un jeu spectaculaire (meilleure attaque avec 72 buts), cette somme de bonnes performances justifie une mention bien.

13/20 LORIENT

Christian Gourcuff :
« Même si on a terminé à des places honorables ces trois dernières saisons, on n'a pas de marge. Si on baisse en qualité on sera rapidement en danger. »

Lorient n'a pas baissé de qualité, il s'en faut de beaucoup, passant l'intégralité de la saison entre la cinquième et la dixième place. Un jeu toujours aussi léché, un duo d'attaque Vahirua-Gameiro extrêmement percutant, et une exigence permanente de qualité insufflée par un entraîneur unique, ont permis de réaliser ce nouveau petit miracle avec de modestes moyens. La présence en demi-finales de la Coupe de la Ligue (éliminé par Bordeaux) enjolive ce tableau d'honneur.

11,5/20 VALENCIENNES

Philippe Montanier :
« Il faut rester humble car le maintien n'a été acquis qu'à la 36e journée. Il faut installer le club en L1. Y rester le plus longtemps possible. »

Comme Lorient, mais à un petit degré moindre, Valenciennes le modeste est une bénédiction pour la Ligue 1. Après un départ hésitant, les Nordistes ont rejoint la première moitié du classement pour ne plus jamais la quitter, s'assurant une saison sans souci, assortie de quelques succès de haute volée. Il manque toutefois une performance dans l'une des Coupes (éliminations d'entrée de jeu dans les deux compétitions) pour mériter une mention.

11/20 MONACO

Guy Lacombe :
« Je ne vise rien de particulier, sinon d'amener l'équipe à être la plus performante possible. Jouer à nouveau les premiers rôles en Ligue 1, ce n'est pas pour demain. »

Deuxième du classement après dix journées, Monaco a rétrogradé pour s'installer dans le ventre mou mais en pouvant toujours se permettre de regarder vers le haut plutôt que vers le bas, ce qui est un vrai plus par rapport aux saisons précédentes. Et le parcours en Coupe de France, ponctué de victoires sur Lyon et Bordeaux, avant une défaite en finale, prouve que pour sa première saison en Principauté, Guy Lacombe a effectué du bon boulot.

10,5/20 LENS

Jean-Guy Wallemme :
« C'est une étape difficile. Il faut stabiliser le secteur sportif. Il faut tirer les leçons du tsunami que l'on a vécu. »

Confronté à de très lourdes difficultés financières, le club nordiste, de retour parmi l'élite après un an de pénitence, n'avait pas le droit de jouer l'ascenseur. Sa dix-neuvième place après dix journées fit craindre le pire. Remonté à la treizième place à la trêve, Lens n'a pas connu de véritables frayeurs lors du parcours retour, ce qui était loin d'être une évidence. Sa onzième place finale, quasiment inespérée, et sa demi-finale de Coupe de France, perdue en prolongation à Monaco, lui valent logiquement une note au-dessus de la moyenne.

10/20
BORDEAUX

Laurent Blanc :
« On joue les quatre premières places, donc on joue la première aussi. Mais avec les moyens dont disposent l'OM et l'OL, ils doivent se disputer le titre. Et puis je souhaite que l'on sorte de la phase de poules de C1. »

Aux alentours de Noël, les Girondins pouvaient encore espérer un 18 en fin de saison. Ils dominaient en Ligue 1 et en C1. Une voie royale s'ouvrait devant eux. Et puis patatras ! Quatre mois ont suffi pour détruire le bel édifice. Sans que l'on puisse identifier avec précision les raisons de ce changement de cap désastreux qui les a conduits loin du titre qui leur semblait promis et même hors de la zone Europe. Malgré tout, leur sublime parcours en poule de C1 face au Bayern et à la Juventus, leur place de quart de finaliste dans cette épreuve, ainsi que leur présence en finale (perdue contre l'OM) de la Coupe de la Ligue, expliquent cette toute petite moyenne.

9,5/20
PARIS SG

Antoine Kombouaré :
« L'idée reste surtout de faire mieux que la saison dernière (6e). J'aime voir mon équipe faire mal à l'adversaire. Il faudra mettre une force mentale terrible. »

Le vainqueur de la Coupe de France finit toujours la saison avec la moyenne. Sauf le PSG évidemment. Sans ce cache-misère, il se serait même retrouvé dans les bas-fonds de la classe. Après un départ en trompe-l'œil et une septième place à la trêve, sa saison en championnat fut catastrophique, dénuée de toute « force mentale », et très loin des ambitions affichées. Elle déboucha sur des problèmes d'environnement dramatiques et inextricables. Et l'élimination en Coupe de la Ligue à Guingamp n'arrangea rien. Mais il y eut donc la Coupe de France, une spécialité du club parisien.

9/20
RENNES

Frédéric Antonetti :
« Notre priorité absolue est de renouer avec l'Europe. »

Objectif raté et dans les grandes largeurs puisque Rennes, qui passa toute la saison entre la septième et la dixième place, pour finir neuvième, fut loin de se racheter dans les Coupes, subissant une élimination humiliante face à Quevilly en Coupe de France et plus honorable à Lille en Coupe de la Ligue. Une saison terne en dépit d'un effectif de qualité, c'est-à-dire une saison ratée pour ce club aux moyens financiers importants.

8,5/20
TOULOUSE

Alain Casanova :
« Quand une équipe avec le budget de Toulouse finit quatrième, c'est que quelque chose n'a pas marché à Paris, Lille, Monaco ou Rennes. Si on commence à penser que l'équipe est meilleure que la saison passée on se mettra en difficulté. »

L'ont-ils pensé, les Toulousains ? On ne le sait pas. Toujours est-il qu'après s'être battus pour conserver Gignac dans l'effectif, les dirigeants ont constaté que la magie de la saison précédente s'était envolée. Confiné

toute l'année entre la onzième et la quatorzième place finale, Toulouse a noirci encore un peu plus son bilan en cédant à domicile contre Brest (Ligue 2) en Coupe de France. La demi-finale de Coupe de la Ligue perdue à domicile contre l'OM ne suffit pas à masquer la réalité : en 2009-2010, le Téfécé s'est bel et bien planté.

8/20 BOULOGNE

Laurent Guyot :
« Aujourd'hui, tout le monde nous voit descendre. Ce pronostic est une motivation. Notre championnat ne doit pas se réduire à prendre des photos du Parc des Princes. »

Une seule équipe derrière en Ligue 1, mais six équipes dans notre classement. Le paradoxe n'est pas si grand, car si ce promu inattendu a rejoint très vite son petit monde, il fit preuve tout au long de la saison d'un bel état d'esprit et d'une volonté de produire du jeu. La longue indisponibilité de son buteur Grégory Thil fut un handicap trop lourd à surmonter. Boulogne n'a pas déshonoré cette Ligue 1 trop vite perdue.

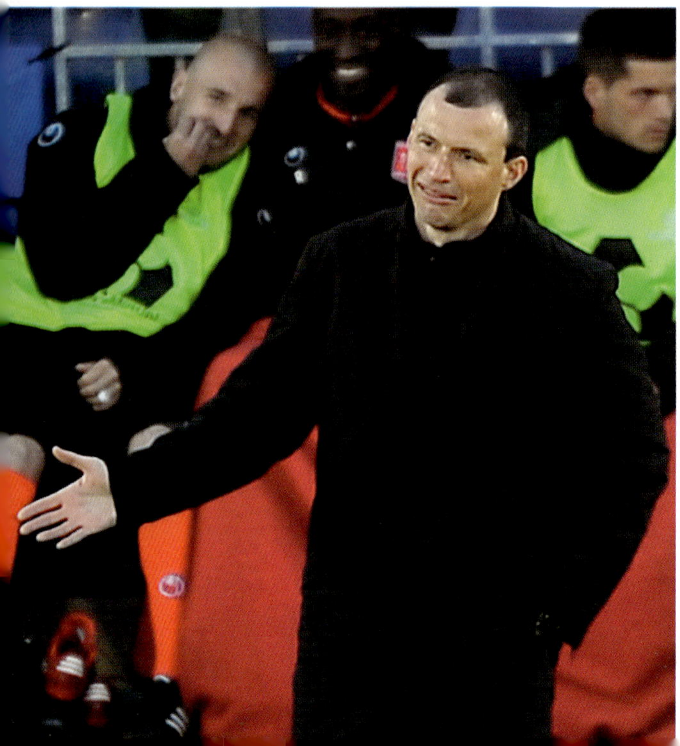

7,5/20 NANCY

Pablo Correa :
« On va changer pas mal de choses. Cela veut dire qu'on ne se fixe pas d'objectif, ni minimal ni maximal. »

Nancy ne s'était pas fixé non plus l'objectif de la médiocrité. Il l'a pourtant atteint au fil d'une saison très décevante qui fit même redouter le pire au cœur de l'hiver (14e après vingt-cinq journées). Quel écart avec les saisons précédentes pleines de fraîcheur et d'ambition. La terrible élimination en seizièmes de finale de Coupe de France à domicile contre Plabennec (National) relève même du désastre. Un exercice à oublier.

7/20 SOCHAUX

Francis Gillot :
« Il ne faut pas croire que ça va être facile mais on espère que ce sera un peu plus tranquille. L'année dernière, on n'était pas armés. Là, on sent un peu mieux l'équipe. »

Le début de saison (10e après dix journées) avait semble-t-il donné raison à Francis Gillot. La suite fut déprimante, ponctuée d'une très longue série de défaites qui aurait pu déboucher sur l'irréparable si cette saison trois équipes ne s'étaient pas donné le mot pour tapisser le fond du classement. Et quand une éclaircie fut sur le point de se produire, en quarts de finale de Coupe de France à Monaco, Sochaux, qui menait 3-2 après trois minutes de jeu dans le temps additionnel, l'éteignit stupidement. D'où ce sentiment de gâchis.

6,5/20 SAINT-ÉTIENNE

Alain Perrin :
« Cette saison, on remet les compteurs à zéro. Nous jouons une place européenne même s'il n'y a pas beaucoup de certitudes par rapport à la saison passée. »

Sans aller jusqu'à atteindre l'objectif déraisonnable fixé par un entraîneur qui allait perdre sa tête au long d'une route trop sinueuse, les Verts espéraient bien éviter les angoisses de ceux qui luttent pour survivre. Ils n'ont pourtant connu que ça, coincés qu'ils furent

trente-huit journées durant entre la seizième et la dix-huitième place. Saint-Étienne peut même s'estimer heureux de s'en tirer à si bon compte.
Il n'y a rien à retenir de ce nouveau et énorme dérapage pas même atténué par des performances médiocres dans les deux Coupes.

6/20 NICE

Didier Ollé-Nicolle :
« Ça ne se présente pas si mal. On a un effectif bien équilibré, conforme à l'idée qu'on s'était fixée. On peut jouer la première moitié de tableau. »

Encore une grenouille qui s'est prise pour un bœuf et qui a bien failli en périr. Son entraîneur, inexpérimenté à ce niveau, y laissa même sa tête au sortir de l'hiver. Le duo d'attaque Rémy-Mounier ne justifia presque jamais sa réputation. Coincés toute la saison entre la quatorzième et la dix-septième place, les Aiglons ont fini leur errance d'autant plus déplumés qu'ils furent nuls dans les deux Coupes, quittées dès l'entame sur de grosses contre-performances (défaites 4-1 à Saint-Étienne et 2-1 à Plabennec).

4/20 LE MANS

Paulo Duarte :
« L'équipe est trop fragile défensivement et perd trop facilement le marquage. La saison dernière, elle a encaissé 27 buts sur coups de pied arrêtés. Alors ça va changer, ou je ne m'appelle pas Duarte. »

Un grand classique. Sur le point de réceptionner un nouveau stade hyperfonctionnel, Le Mans a perdu sa place en Ligue 1 et Duarte sans doute son patronyme. Ce prestidigitateur portugais a raté tous ses tours et perdu son job en plein hiver, ce qui n'a pas changé grand-chose. À force de se séparer chaque saison de ses meilleurs éléments, Le Mans a fini par payer la note. Elle est salée. Les parcours erratiques en Coupes sont bien dans le ton d'une saison catastrophique.

1/20 GRENOBLE

Mehmed Bazdarevic :
« Tant que les joueurs sont conscients qu'ils peuvent avancer avec cette solidité et cette solidarité montrées l'an dernier, on peut espérer une bonne saison. »

Il est de coutume de dire que pour un novice de la Ligue 1, la saison la plus compliquée est la seconde, à supposer qu'il soit encore là. Grenoble a sublimé l'adage en battant tous les records de nullité, à commencer par celui du plus grand nombre de défaites consécutives en début de saison (12, record d'Europe). Nul en championnat, nul en Coupes, Grenoble a été le passager clandestin d'une saison marquée par une seule performance : un 5-0 contre le monolithique Auxerre. Un succès hors norme qui lui évite un gros zéro.

Paris sera toujours Paris

Les bonds de joie enfantins qui ponctuent le tour d'honneur de Claude Makelele sont l'expression d'un grand bonheur et d'un immense soulagement.

C'est au cœur d'un terrible hiver, qui provoque le report de treize rencontres des 32es de finale, que les destinées commencent à s'écrire.

Monaco doit s'arracher chez lui, contre Tours (Ligue 2), battu seulement aux tirs au but (0-0, 4 -3). Deux arrêts de Stéphane Ruffier, le gardien qui monte, créent la différence. « On n'a pas été bons ; on a eu de la chance », commente laconiquement l'entraîneur monégasque Guy Lacombe.

La chance, c'est au tirage que le PSG la côtoie pour son entrée en lice. Refuge de l'ancien international Steve Marlet (36 ans), Aubervilliers évolue en CFA2 (niveau 5). Et le Parc des Princes est une aire de jeu un peu grande pour lui. « On ne veut pas être la risée de la France », avait dit l'entraîneur parisien Antoine Kombouaré. La large victoire des siens (5-0) le rassure.

Plabennec congèle Nice

C'est ailleurs qu'il faut chercher les traditionnelles surprises qui sont le sel de l'épreuve. Du côté de Plabennec, banlieue de Brest, équipe de National (niveau 3) alors classé 18e, et dont le budget riquiqui s'élève à 800000 euros. Les Bretons éliminent Nice dont l'entraîneur Didier Ollé-Nicolle, privé de douze joueurs (huit en Coupe d'Afrique des Nations, trois blessés, un suspendu), a vu le coup venir : « Au complet, c'était déjà un match compliqué. Mais là ça devient insoluble. Ça sent le piège à plein nez. »

Pour ne rien arranger, les Niçois atterrissent à Brest trois heures seulement avant le coup d'envoi, au moment où des dizaines de bénévoles déblaient la neige qui recouvre le terrain.

Nice se croit tiré d'affaire quand Rémy ouvre le score (13e) mais se laisse assommer juste avant

le repos par Abiven (45e) et Cid qui marque contre son camp (45e +2). La messe est dite.

L'épreuve se poursuit dans un affreux pataquès de matches mélangés issus de tours différents. Quand Rennes se retrouve en huitièmes de finale après sa victoire à Saumur (4-0), certaines équipes sont encore dans les starting-blocks. C'est le cas de Colmar, équipe de CFA (niveau 4), et de Lille, qui lui rend visite avec une équipe privée de ses meilleurs éléments, laissés au repos.

Après la victoire des siens obtenue au bout du bout de la nuit (0-0, 10 t.a.b. à 9), l'entraîneur alsacien Damien Ott tient un discours étrangement corrosif : « Ce n'est pas l'équipe du LOSC que j'avais espérée. Nous sommes passés à côté de quelque chose de rare : affronter des grands joueurs, apprendre, progresser à leur contact. Quelque chose qui n'a pas de prix. Là, on a simplement joué la perf. »

Si Lille s'est égaré en chemin, toutes les autres grosses pointures se sont faufilées entre plaques de gel et flocons de neige. Et un certain Quevilly, pensionnaire du CFA, s'est qualifié dans l'anonymat le plus absolu en écrasant (6-0) Saint-Quentin (Division d'honneur).

Un anonymat ébréché par le joli coup réussi en seizièmes contre Angers, solide équipe de Ligue 2 qui s'incline (1-0) sur un but de Ouahbi. « Nous avons tellement préparé cette rencontre que nous ne sommes pas plus surpris que ça », déclare l'entraîneur Régis Brouard, qui n'a pas fini de faire parler de lui.

Les Monégasques sont-ils vraiment surpris après avoir sorti Lyon ?

Ils n'ignoraient pas que les Lyonnais ne pouvaient pas être à bloc sur tous les fronts. Mais ils sont surtout ravis de la manière. Boumsong a ouvert le score pour l'OL (45e). Nénê a égalisé sur penalty (51e) et le Coréen Park a clos l'affaire (77e). « C'est notre meilleur match de la saison », lance Guy Lacombe.

Monaco réfrigère Bordeaux

Ce n'est pas vraiment l'expression qu'il faut utiliser pour décrire la victoire du PSG sur Évian-Thonon-Gaillard (3-1). Le futur champion du National, porté par Franck Riboud, le PDG de Danone, compte parmi ses actionnaires un certain Bixente Lizarazu et un non moins certain Zinedine Zidane. Il montre bonne figure au Parc des Princes, face à un PSG extrêmement faible qui transforme en buts ses trois seules occasions (un doublé de Erding et un but de Hoarau). Jusqu'au coup d'envoi, les deux attaquants n'avaient évolué que vingt-sept minutes ensemble depuis le début de saison, blessure oblige.

Si l'élimination de Grenoble, solide dernier de Ligue 1 par Vannes (Ligue 2), n'est pas une surprise, celle de Nancy par Plabennec est un véritable coup de tonnerre qu'un déplacement compliqué ne laissait pas prévoir.

Les Lorrains explosent en deux minutes sur des buts de Créhin (60e) et Jean-Michel Abiven (61e). Les Bretons sont de purs amateurs comme il n'en existe plus beaucoup à ce niveau. Leur jeune entraîneur Franck Kerdilès (32 ans) est aux anges : « Les valeurs morales de cette bande de copains ont creusé la différence. On devait les harceler. Ça c'est passé comme on l'avait prédit. » Abiven est carrément sur une autre planète : « C'est plus fort que Nice. C'est à l'extérieur, c'est leur stade. »

Le stade du PSG, c'est le Parc des Princes où les hommes de Kombouaré viennent de prendre une raclée contre Lorient (3-0) juste avant de débarquer à Vesoul (CFA) pour le compte des huitièmes.

« Il ne faut pas lâcher les joueurs, ils ont besoin qu'on les aide », supplie Kombouaré. Sur un

Les Parisiens soulèvent la Coupe de France (de g. à d. : Edel, Maurice, Luyindula, Sakho, Makelele, Traoré).

Paris le spécialiste

Entre le PSG et la Coupe de France, il s'agit d'une véritable histoire d'amour. Depuis 1982, en dix-neuf saisons, les Parisiens ont disputé onze finales. Ils en ont perdu trois, en 1985 contre Monaco (1-0), en 2003 contre Auxerre (2-1) et en 2008 contre Lyon (2-1).
Mais ils en ont remporté huit, formidable ratio, en 1982 contre Saint-Étienne (2-2, 6-5 t.a.b.), 1983 contre Nantes (3-2), 1993 contre Nantes (3-0), 1995 contre Strasbourg (1-0), 1998 contre Lens (2-1), 2004 contre Châteauroux (1-0), 2006 contre l'OM (2-1) et 2010 contre Monaco (1-0).

Inégalable Makelele

En disputant deux finales de Coupe de France à dix-sept ans d'intervalle, Claude Makelele bat le record du Strasbourgeois René Hauss, vainqueur du trophée en 1951 et 1966. En remportant cette Coupe de France, il embellit un palmarès personnel déjà fort d'une Ligue des champions, d'une Supercoupe d'Europe, d'une Coupe intercontinentale, d'un titre de champion de France, de deux titres de champion d'Espagne, de deux titres de champion d'Angleterre, d'une Coupe d'Angleterre et de deux Coupes de la Ligue anglaise.

terrain synthétique, enneigé et pas vraiment adapté au jeu de football, Ludovic Giuly inscrit l'unique but (16e) d'un match que les Parisiens terminent péniblement après l'expulsion de Sessegnon (71e). Kombouaré exprime son « énorme soulagement ». « Pour retrouver l'honneur du PSG, il faudra d'autres victoires », estime le président Robin Leproux.

La tâche proposée aux Monégasques est d'une tout autre ampleur. Ils se rendent à Bordeaux où la neige est également de la partie. Privés de Planus, Chamakh (suspendus) et Diarra (blessé), les Girondins cèdent sur des buts de Traoré (28e) et Maazou (56e). « Monaco mérite sa victoire », reconnaît Laurent Blanc. Lacombe n'a pas tort de dire : « C'est un succès mérité. Je savais qu'ils étaient dans le creux. » Mais il a tort d'ajouter : « Je ne m'inquiète pas pour eux. »

Atypique Quevilly

S'il n'a jamais été professionnel, le club de Quevilly a disputé une finale de Coupe de France, perdue contre l'OM (3-0), en 1927, et une demi-finale, perdue contre Bordeaux (2-1), en 1968. Il est par ailleurs le seul club amateur à avoir remporté, en 1967, la Coupe Gambardella (Coupe de France juniors) et à avoir vu un de ses joueurs sélectionné en équipe de France. En 1969, Daniel Horlaville avait porté le maillot bleu lors d'un France-Roumanie amical (1-0) disputé au Parc des Princes.

Rennes perd la bataille de Normandie

Si Monaco fait la une des gazettes, ce n'est plus le cas de Plabennec étrillé par Auxerre (4-0, trois buts de Jelen). Le retour sur terre est brutal.

Mais plus attendu que celui de Rennes mis KO par Quevilly, qui a noué depuis longtemps des liens avec la Coupe de France. Certes, Quevilly n'a encaissé aucun but lors des sept matches qui lui ont permis d'atteindre ces huitièmes. Mais Rennes vient d'inscrire au moins trois buts lors de ses trois derniers matches de Ligue 1 et reste sur un 4-2 contre Bordeaux.

À Rouen, devant 10 000 spectateurs euphoriques, le but inscrit par le défenseur central et capitaine normand Grégory Beaugrard, qui dévie de l'épaule un coup franc de Vaugeois (44e), scelle la rencontre (1-0).

L'entraîneur rennais Frédéric Antonetti parle d'une « grosse claque » et ne trouve « aucune excuse » à ses joueurs. Son homologue Régis Brouard flotte sur un nuage. Suspendu, il a suivi le match des tribunes : « C'est grandiose, clame-t-il. Vous n'imaginez pas le travail effectué pour en arriver là. J'étais dégoûté de ne pas être sur le banc, mais des tribunes j'ai pu me rendre compte à quel point nous étions bien organisés. »

Ami de Franck Ribéry, qu'il a côtoyé à Brest, en National, le défenseur Cédric Vanoukia en rajoute une couche : « Ils nous ont peut-être pris de haut. On savait que c'était un de leurs défauts face aux petites équipes. La Coupe chez nous se joue toujours à fond. »

Ce n'est pas le cas cette saison L'OM en revanche lève un peu le pied. En déplacement à Lens pour un seizième de finale en retard qui se déroule après les huitièmes de finale, les Olympiens s'inclinent sous la neige et sur un score sans appel (3-1). Didier Deschamps est à peine plus ennuyé que ça après l'élimination. « Nous sommes tout de même soumis à des cadences infernales », rappelle-t-il.

Gyan, l'attaquant ghanéen du Stade Rennais à terre devant Frédéric Weis, défenseur de Quevilly (ci-contre).

Edel, le gardien (remplaçant) du PSG, repousse le tir au but de Quercia : Paris se qualifie dans un stade Abbé-Deschamps désert (en haut à droite).

Quevilly, lui, mise tout sur cette épreuve et se réjouit d'accueillir Boulogne, toute petite cylindrée de Ligue 1 qui vient tout de même de sortir Guingamp, détenteur du trophée.
Pour Régis Brouard, il est urgent d'avoir profil bas : « Je sens qu'on va régaler le public et qu'à la fin on perdra 1-0 », pronostique-t-il. Les Normands se mettent au vert comme des grands à Forges-les-Eaux. « Et pas question de rester dans les chambres avec leurs consoles », tonne Brouard.
Le stade Robert-Diochon de Rouen est plein (10 500 spectateurs) pour le nouveau et indiscutable succès de Quevilly (3-1). Le grand bonhomme du match s'appelle Anthony Laup. Il offre le premier but à Coquio (11e), inscrit lui-même le deuxième (29e) et sert Marcq pour le troisième (67e).
Laup parle d'un « match de dingues ». C'est seulement la troisième fois depuis 1918, date de la création de l'épreuve, qu'une équipe de niveau 4 s'invite en demi-finales (Calais en 2000 et Montceau-les-Mines en 2007).
Grégory Beaugrard met les pendules à l'heure : « Boulogne ou pas, battre une équipe située trois niveaux au-dessus, c'est un exploit. Maintenant, on va essayer d'aller au bout. »

Auxerre l'a mauvaise

Victorieux de Saint-Étienne (3-1), Lens sera aussi de la fête des demi. « Une demi, c'est bien, mais le but c'est de gagner cette Coupe », déclare l'entraîneur lensois Jean-Guy Wallemme.
L'ambition vient forcément en mangeant. Sauf pour le PSG qui nourrit la sienne de ses disettes répétées. Enlisé dans ses douloureux problèmes de supporters, Paris profite curieusement d'un huis clos qui met en rage son adversaire auxerrois, lequel dans l'histoire perd 200 000 euros et le soutien de ses fans. Kombouaré est on ne peut plus clair : « Il faut qu'on sauve notre saison en gagnant la Coupe pour redorer l'image du club. »

Sochaux se fait hara-kiri

L'issue du quart de finale entre Monaco et Sochaux est bluffante. Sochaux mène 3-2. Le temps additionnel de la seconde période a débuté depuis trois minutes. Marvin Martin lance un contre. Ideye et Maurice-Belay sont à ses côtés face au seul Monégasque Nkoulou. Le but est tout fait. Mais Martin rate sa passe. Nkoulou récupère le ballon. Il amorce une ultime offensive au bout de laquelle Pino égalise (90e +4).
En prolongation, Maazou qualifie Monaco (95e). Commentaire du Sochalien Boudebouz : « On se dit qu'on est bêtes. On aurait pu aller garder le ballon au point de corner ou faire n'importe quoi d'autre. »

Au bout de cent vingt minutes disputées dans une ambiance d'enterrement, le score est toujours vierge. Comme trop souvent, Erding et Hoarau ont raté des occasions franches. Au cours de la prolongation, l'arbitre a oublié d'accorder un indiscutable penalty aux Bourguignons pour une main de Jallet (119e). « C'est vrai que c'est une belle parade, reconnaîtra le défenseur parisien. Je ne l'ai pas fait exprès mais c'est sûr qu'il y avait main. »

L'arbitre ne l'a pas vue. Alors, Edel repousse le tir au but de Quercia et c'est Makelele, en bon capitaine, qui soulage les siens d'une frappe chirurgicale en lucarne (0-0, 7 t.a.b. à 6). Kombouaré exprime un « énorme soulagement ». Et Jean Fernandez, l'entraîneur auxerrois, ressasse sa « grosse déception ».

À Monaco, qui accueille Sochaux, c'en est un, et un fameux. Le scénario de la victoire monégasque (4-3, a.p.) est époustouflant. Lacombe parle d'un match de Coupe « avec ce qu'il faut de coups de folie. C'est génial quand on en sort vainqueur ».

La demi-finale relève beaucoup moins de l'épopée. Avant de décoller pour Monaco, le président lensois Gervais Martel déclare : « On n'a jamais été fichus de gagner la Coupe de France. Un jour ou l'autre, ça va bien finir par arriver. »

Martel devra patienter. Lens montre bonne figure, survit à un penalty que l'arbitre ordonne à Nénê de retirer. Le Brésilien rate sa seconde tentative (58e). Lens cède dans le cœur de la prolongation sur un superbe coup de tête de Maazou (110e) entré en jeu dix minutes plus tôt (1-0 a.p.).

Pour la cinquième fois depuis 2003, Guy Lacombe va coacher une équipe finaliste au Stade de France. « Cette finale, nous sommes allés la chercher avec les tripes », explique-t-il. « Ce n'est pas notre meilleur match mais c'est le plus magique », ajoute Puygrenier, des étoiles plein les yeux.

À Quevilly, des salaires de 500 à 2000 euros

À Caen, devant plus de 20000 supporters, dont officiellement pas un seul Parisien, interdiction administrative oblige, le PSG ne joue pas non plus son meilleur football. « On ne va pas tomber dans le piège », avait dit Kombouaré. Le piège c'était notamment la fraîcheur d'esprit des joueurs de Quevilly résumée par leur milieu de terrain, et ancien stagiaire du PSG, Sébastien Vaugeois : « On est des mecs simples. On ne se prend pas la tête. Même si on a fait du foot notre métier, on est dans le monde réel. » Les salaires des joueurs de Quevilly vont de 500 à 2 000 euros.

L'attaquant parisien Erding gagne beaucoup plus à lui seul que l'intégralité de l'effectif normand. Ce qui ne l'empêche pas de rater trois grosses occasions en première période. Mais c'est lui qui inscrit l'unique but de la rencontre sur un centre de Armand, prolongé de la tête par Giuly, qu'il place hors de portée de Rhoufir (51e). Ballottés en fin de match, les cadors parisiens sont tout heureux de voir un long coup franc de Laup finir sa course sur le poteau de Edel (90e).

Les vaincus font contre mauvaise fortune bon cœur. « Je suis content et fier de mes joueurs », dit Brouard. « On est un peu heureux malgré la défaite, explique avec ses mots Grégory Beaugrard. On savait que ça allait s'arrêter un jour. On ira jouer samedi à Ivry devant 200 spectateurs. On ne va pas s'apitoyer sur notre sort. L'histoire, on l'a déjà écrite. »

« Quevilly a été héroïque. Nous, on n'était pas là pour montrer qu'on savait jouer au foot », conclut dans un discours très professionnel le défenseur parisien Papus Camara.

Laup, le milieu de l'US Quevilly, devant Marcq de Boulogne : bras en croix et protection maximale (en haut).

Hoarau, buteur tout en retenue devant Modesto, genou à terre et regard perdu (à droite).

Paris-Monaco ! La finale est très « bling-bling ». Deux jours avant le match, cinq de ses associations de supporters ont été dissoutes par le ministre de l'Intérieur. « Cette finale ne gomme pas nos résultats en championnat et les problèmes avec les supporters », reconnaît Erding.

Hoarau, ce héros

Dans un Stade de France qui n'a pas fait le plein (72 000 spectateurs), les Parisiens contrôlent la rencontre. Monaco ne se crée que deux occasions. Mais Edel sauve devant Pino (43e) puis dévie un habile coup franc de Nénê (60e).
Que de gâchis en revanche devant Ruffier ! Pino dégage sur sa ligne une tête de Sakho (14e), Ruffier met en corner une lourde frappe de Giuly (15e) puis gagne un tête-à-tête avec Erding (28e) qui a déjà échoué face au but (17e) et va de nouveau se rater (40e). Ce n'est pas la soirée du Turc. Quand Traoré le fauche dans la surface, l'arbitre oublie de siffler penalty (53e). Et quand il se retrouve une nouvelle fois seul face au portier monégasque, son lob atterrit sur la barre transversale (82e). Son compère Hoarau ne dispute pas non plus le match de sa vie mais il est là et bien là pour pousser au fond des filets un ballon repoussé par Ruffier sur une lourde frappe de Jallet que Makelele a habilement lancé en profondeur (107e). Paris tient ce but derrière lequel il a tant couru, et la victoire qui l'accompagne (1-0, a.p.).
Lacombe est dépité : « Une défaite en finale rend toujours amer surtout par rapport à notre parcours. Quand on examine celui du PSG, c'est ahurissant. Mais le vainqueur est un grand vainqueur. »
Les faits sont là. Le PSG est l'incontestable patron de cette épreuve et Claude Makelele, soudain redevenu enfant, peut s'en aller bondir comme un cabri sur l'herbe tendre de Saint-Denis.

Les forçats de Plabennec

Pour se rendre à Nancy où les attend un match de seizièmes de finale, les amateurs de Plabennec se lèvent à 4 h 30 afin de prendre un avion pour Paris, puis un car. Pour rentrer au pays, les joueurs bretons, qualifiés mais épuisés, quittent leur hôtel à 3 heures du matin pour rejoindre en car l'aéroport de Strasbourg. Mais leur avion est bloqué par la neige durant trois heures.
Du coup, ils arrivent à Orly pour constater qu'ils ont raté leur correspondance. Ils atteignent finalement Brest à 16 heures, manquant pour la plupart un après-midi de travail.

L'OM, enfin

Depuis dix-sept ans (1993), Marseille attendait cet hymne à la joie. Dix-sept ans que la frustration, la honte selon certains, enrobait le club. Alors, le tour d'honneur est une sarabande et le retour des joueurs le lendemain une folle célébration.

Pour que l'OM conquière enfin un trophée, après dix-sept ans d'abstinence, il a donc fallu en passer par cette épreuve tant décriée qui a bouleversé le calendrier au cœur d'un hiver glacial, cette épreuve critiquée pour la légèreté d'un règlement indéfendable. Un règlement qui a pourtant offert à des concepteurs plus épris de fric que d'éthique ce qu'ils cherchaient à tout prix : une issue royale.

Passe encore que les six clubs européens soient dispensés de seizièmes de finale réduits du coup à dix matches. Mais que dire d'un système qui interdit aux trois gros bras, l'OM, l'OL et Bordeaux, de s'affronter avant les demi-finales ? Qu'il est dévoyé, bien sûr. Au moment ultime, tandis que les Marseillais se repassent joyeusement l'objet d'art, on ne doit surtout pas l'oublier.

Comme il ne faut pas oublier certains épisodes du chemin. La défaite en seizièmes d'Auxerre à Sedan (3-1) réjouit l'entraîneur ardennais Landry Chauvin. Il parle de « réalisme et d'efficacité », deux qualités que l'AJA va cultiver tout au long de la saison.

La victoire du PSG à Boulogne (1-0) à ce même stade de la compétition pousse l'en-

Enfin une joyeuse consécration pour les Olympiens Camara, Ben Arfa, Cissé, Niang et Valbuena (ci-dessous) !

Le sedanais Lasimant, buteur contre Auxerre : parfait équilibre (à droite, en bas).

traîneur parisien, Antoine Kombouaré, à dire dans un doux euphémisme : « À la mi-temps, j'ai félicité les joueurs pour le piètre spectacle. C'était indigne. On a été catastrophiques. » Ou encore le succès de Lens à Montpellier (4-3, après prolongation) alors que les Héraultais menaient 3-1 à un quart d'heure de la fin.

Lyon redevient sérieux

En janvier, quand enfin tout le monde est là, les terrains ne le sont pas. Le Mans-Bordeaux est reporté deux jours de suite. On joue en revanche, mais dans des conditions extrêmes, à Saint-Étienne où les Verts accueillent l'OM. Deux fois, les joueurs du nouvel entraîneur Christophe Galtier mènent au score grâce à Sakho (18e) et Bergessio (31e). La double égalisation signée Brandao (29e et 59e) semble longtemps inviter à une prolongation que Niang évite à un public congelé en inscrivant le but vainqueur dans le temps additionnel (90e+4). À cet instant, les Marseillais ne voient pas plus loin que le bout glacé de leur nez : « On commençait à sentir la fatigue et on voulait vraiment éviter cette prolongation, explique Souleymane Diawara. Mais attention, ce n'était qu'un match de Coupe. Le vrai match, ce sera dimanche à Bordeaux. » Merci pour la Ligue.

L'OL, qui accueille Metz, n'a pas oublié que les Lorrains l'ont éliminé dans cette même compétition en 2009. « On l'a fait une fois, ça prouve qu'on en est capables », a prévenu l'entraîneur lorrain Yvon Pouliquen. « Nous n'avions pas été sérieux », lui a répondu son homologue Claude Puel. Cette fois, les Lyonnais le sont un peu plus. Toulalan (voir encadré ci-dessus) ouvre le score de la tête (31e). Et Lisandro marque deux fois en une minute (88e et 89e) au bout du match.

Le PSG est-il sérieux ? Il apparaît surtout très faible à ce moment de la saison. En visite à Guingamp, mal classé en Ligue 2, il oublie le métier.

Toulalan, buteur rare

En ouvrant le score contre Metz en huitièmes de finale, l'international Jérémy Toulalan inscrit, à l'occasion de son 304e match en pro, son premier but sous le maillot lyonnais, son premier but depuis cinq ans et le troisième but officiel de sa carrière. Commentaire de Claude Puel : « Toulalan se laisse suffisamment charrier sous prétexte qu'il ne marque jamais, pour que tout le monde aujourd'hui soit content pour lui. »

Paris accumule les occasions et se retrouve même à onze contre dix après l'expulsion de Diallo (76e). Mais il se fait hara-kiri quand un ballon sauvé par Edel, sur un contre de Gilmar, est balancé dans son propre but par Sakho d'une insensée reprise du tibia d'une quinzaine de mètres (79e).

Guingamp n'a pas gagné pour rien la Coupe de France 2009. « Le football est parfois incompréhensible », soupire d'aise le président breton Noël Le Graët.

La vengeance de Toulouse

Le tirage au sort des quarts de finale, effectué alors que Bordeaux n'a toujours pas joué au Mans, déclenche une levée de boucliers contre cette Coupe mal-aimée.

Et la session de rattrapage est précédée d'un souhait de Laurent Blanc : « J'espère que Le Mans aura eu le temps de mettre la pelouse à un niveau correct. » Blanc sera aussi à la conclusion : « Jouer au foot dans ces conditions ne me satisfait pas. C'est une aberration. » Entre-temps, ses joueurs ont avancé en s'imposant (3-2) grâce à Gouffran (14e), Gourcuff (36e) et Plasil (50e). « On a un effectif pour jouer sur trois tableaux », dira encore Blanc. « On croit tous au triplé », avait affirmé son défenseur Mathieu Chalmé avant la rencontre.

Guingamp se contenterait d'un doublé sur deux saisons. S'il peine toujours autant en championnat, le détenteur du trophée se dit qu'avec Toulouse au Roudourou il n'a pas réalisé une mauvaise affaire. En 2009, les Bretons ont sorti les Toulousains chez eux en demi-finale de Coupe de France. En football, la vengeance est un plat qui se mange froid. Un but d'Ebondo (51e) suffit à Toulouse pour s'imposer (1-0). « Notre victoire est aussi méritée que l'avait été la leur en 2009 », se réjouit l'entraîneur toulousain Alain Casanova.

Pour Lyon, qui joue lui aussi sur de nombreux tableaux, cette Coupe ressemble à une corvée. On n'est pas obligé de croire Puel lorsqu'il dit avant de se rendre à Lorient où, huit jours plus tôt, l'OL s'est imposé en championnat (3-1) : « On a une demi-finale au bout de la rencontre. Il n'y a que cela qui nous intéresse. »

Pourtant, sur un terrain peu propice au jeu, les Lyonnais, menés d'entrée (Gameiro, 5e), ne balancent pas le match. Mais trois décisions arbitrales défavorables les condamnent à l'élimination (1-0). « Cela fait beaucoup, râle Puel. On a fourni beaucoup d'efforts qui n'ont pas été récompensés. On méritait au moins la prolongation. »

« Si les Lyonnais avaient égalisé, il aurait été difficile de tenir. On a eu de la réussite », reconnaît Christian Gourcuff qui regrette que l'état de la pelouse ait transformé le match en une partie de « pousse-ballon ».

« À la Ligue, ce sont des ânes. »

Le tirage au sort des quarts de finale distille comme un parfum de scandale. « Le système des têtes de série discrédite totalement la compétition. C'est une aberration. Il faut supprimer cette Coupe », lance l'entraîneur de Lorient Christian Gourcuff.
« À la Ligue, ce sont des ânes, ajoute son collègue guingampais Victor Zvunka. Il n'y a plus de charme, plus de surprise, ce n'est plus une Coupe. »

Du côté du Stade Vélodrome, l'affiche des quarts de finale, qui oppose l'OM à Lille, ressemble à du foot, du vrai. « Notre envie, c'est d'aller au bout », a affirmé le défenseur marseillais Laurent Bonnart. La preuve ? Deschamps aligne sa meilleure formation. Et son alter ego Rudi Garcia l'imite.
Le Lillois De Melo ouvre très vite le score (5e). L'OM revient tout aussi vite à hauteur grâce à Lucho (9e). L'affrontement est superbe. Le poteau repousse une frappe de Ben Arfa (52e). Le Nordiste Cabaye est expulsé, et c'est finalement Valbuena qui offre la victoire aux siens (83e).
Garcia se dit « fier » de son équipe « qui a disputé un grand match ». Deschamps trouve que la sienne « a exprimé beaucoup de maîtrise dans le jeu ». « On est de mieux en mieux », affirme Valbuena. Ce n'est pas forcément le cas de Bordeaux. Mais profitant d'un tirage clément qui leur offre en pâture Sedan à domicile, les Girondins, sans Chamakh, Gourcuff, Wendel, Chalmé et Planus, gravissent une marche grâce à un tir en pivot victorieux de Gouffran (50e).
« Sans trop trembler, ni bien jouer, on a obtenu le principal », affirme Blanc. « Pourquoi ne pas tout gagner ? interroge Gouffran. Dans une carrière, ça peut arriver une fois. »

L'indispensable Brandao

Avec Toulouse-OM et Lorient-Bordeaux en demi-finales, le président de la Ligue Frédéric Thiriez mesure sa chance. Son rêve peut devenir réalité. Au moment de se rendre en Haute-Garonne, l'OM finit à peine de digérer une défaite en Ligue 1 à Montpellier (2-0) qui semble lui enlever ses derniers espoirs de décrocher le titre de champion. « J'ai connu des situations bien plus critiques », estime toutefois Deschamps. Et José Anigo, le directeur sportif, rappelle que « la Coupe de la Ligue est très clairement un objectif ».
C'est au fin fond du temps réglementaire puis de la prolongation que l'OM arrache son ticket pour Saint-Denis. Gignac ouvre le score à bout portant sur un centre d'Ebondo (59e). Brandao, l'homme au bandeau (le pied de Capoue lui a ouvert une arcade), égalise de la tête (86e), puis donne la victoire aux siens d'un tir croisé du gauche qui fige le gardien adverse Valverde sur sa ligne (105e).
« Malgré tout ce que l'on a affirmé sur Brandao, c'est un joueur indispensable. Je l'ai dit et je le redis », martèle Deschamps, qui ajoute : « On va mettre cette finale dans un casier bien au chaud. Mais ce n'est pas un parcours très simple. »

Malgré le carton rouge direct délivré par Tony Chapron à Mustapha Diallo, Guingamp élimine le PSG (à gauche, en haut).
Gameiro, buteur lorientais, félicité par Sakuwaha, Amalfitano et Diarra (à droite, en haut).

Celui de Bordeaux l'est un peu plus, même si à Lorient, une décision arbitrale pèse sur l'issue d'un match dont le score (4-1) est trompeur.

Blanc n'est pas dupe

« Aller au Stade de France représente beaucoup plus pour Lorient que pour Bordeaux ou l'OM », a dit Christian Gourcuff avant la rencontre.

Et il y croit quand Koscielny ouvre le score (12e). Ce même Koscielny qui déséquilibre ensuite Chamakh aux abords de la surface de réparation. Dedans ? Dehors ? Dedans, décide l'arbitre qui désigne le point de penalty et brandit le carton rouge au nez du Lorientais. Wendel transforme (24e). Chamakh donne l'avantage aux Bordelais (29e) qui assomment les Bretons sur le tard par Wendel (81e) et Gouffran (89e). Gourcuff père l'a mauvaise : « Cette 24e minute change tout. L'arbitrage est une question de bon sens et d'intelligence et là, visiblement, il y a une injustice. Être éliminé ainsi laisse un goût amer. »

Laurent Blanc n'est pas dupe : « On retient la victoire, dit-il. Elle ne gomme pas toutes nos faiblesses. » Si Bordeaux gagne, tous les ingrédients de sa future période noire sont déjà en place. En attendant, comme le dit l'entraîneur girondin : « Avec Bordeaux-OM en finale, tout le monde est content. » Du côté de la Ligue, c'est une évidence.

Comme rien n'est jamais simple, Bordeaux est contraint de disputer la finale trois jours seulement avant son quart de finale européen contre Lyon. « Pas besoin de rappeler à mes joueurs qu'une finale ça se joue et ça se gagne », affirme Laurent Blanc qui aligne son équipe type, mais ajoute prudemment : « Nous ferons en fonction des échéances à venir, notamment celle de mardi prochain. »

« Je ne vois pas Bordeaux venir faire du tourisme », réplique Deschamps qui, lui aussi, prend bien soin de préciser qu'une finale « ça se gagne ». Depuis 1993, l'OM a perdu quatre finales : deux en Coupe de France et deux dans l'antique Coupe d'Europe de l'UEFA.

Cette double volonté débouche sur une entame musclée. Jaune pour Sané (11e), jaune pour Diarra (15e), jaune pour Brandao (18e). L'OM domine la première période sans concrétiser. En début de seconde période, Niang se blesse. Valbuena le remplace (52e) à un moment où Bordeaux semble reprendre le contrôle du jeu. Fausse impression. Sur un corner de Lucho, l'ex-Bordelais Diawara devance Diarra de la tête et trompe Ramé (61e). Soudain les hommes de Blanc semblent avoir la tête ailleurs. Sur un centre en retrait de Ben Arfa, Valbuena trouve la lucarne (67e). Jetant délibérément l'éponge, Blanc sort alors Gourcuff et Chamakh (70e). Sur un coup franc de Valbuena, Chalmé marque contre son camp (77e). Le but de Sané (84e) est un sparadrap sur une jambe de bois. L'OM met fin à un écart de dix-sept ans.

Valbuena et le néant

« Cette victoire, qui n'est pas imméritée, ne peut être qu'un booster formidable, dit Deschamps. Je pense à tous ceux qui suivent l'OM depuis des années. »

Blanc reconnaît très sportivement la défaite des siens : « Il nous manquait beaucoup de choses. Nous n'avons répondu que dans le domaine physique. Il y a eu un énorme déchet technique. On a peu joué. »

Dans le camp olympien, l'euphorie est absolue. « J'ai rarement marqué un but d'une telle importance, jubile Valbuena. J'en avais marre de voir inscrit " néant " sur mon palmarès. J'espère que cette victoire va nous permettre de nous lâcher encore plus. »

Même discours chez Diawara : « Il ne faut pas s'arrêter là. »

Après dix-sept années de disette, l'OM se découvre soudain un appétit formidable. Et ses supporters également, qui le lendemain réservent aux vainqueurs un accueil monumental. « Sur le bus, en voyant cette foule, je me suis demandé ce qui arriverait si on gagnait le titre », raconte Abriel.

Sa curiosité sera bientôt récompensée.

Louis-Dreyfus, vainqueur posthume

« D'un côté, j'étais vraiment heureuse pour le club. De l'autre, il y avait un peu de tristesse. J'aurais tant aimé que Robert voie cette grande fête. » Dans la foulée de la victoire en finale contre Bordeaux (3-1), Margarita Louis-Dreyfus, qui a assisté au match en compagnie de ses enfants, évoque la mémoire de son défunt mari, disparu quelques mois plus tôt sans avoir connu ce grand bonheur. Les supporters marseillais, qui ont si souvent sifflé celui qui a financé le club de ses propres deniers durant de longues années, ont scandé son nom avant la rencontre. Et après celle-ci, le président Jean-Claude Dassier, nommé par une ultime décision de Louis-Dreyfus, n'a pas la mémoire courte : « J'ai écrasé une larme en pensant à Robert Louis-Dreyfus », déclare-t-il.

Rami, tête bandée, devancé par Mandanda (à gauche).

Le Lorientais Koscielny, héros malheureux, buteur puis expulsé par Clément Turpin sous les yeux des Bordelais Fernando et Chalmé (à droite, en haut).

Avec un doublé au Stadium de Toulouse : Brandao superstar (à droite, au milieu).

Valbuena (hors cadre) crucifie Ramé du gauche (à droite, en bas).

RESPECT
19
78

COUPES
MARSEILLE BORDEAUX LYON
LILLE TOULOUSE
D'EUROPE

2010, ANNÉE FASTE POUR LES CLUBS FRANÇAIS SUR LA SCÈNE EUROPÉENNE : BORDEAUX SURVOLE LA PHASE DE POULE ET SE HEURTE EN QUART DE FINALE À... L'OLYMPIQUE LYONNAIS. AUTEURS D'EXPLOITS À LIVERPOOL ET FACE AUX GALACTIQUES DU REAL, LES PROTÉGÉS DE PUEL CHUTENT EN DEMI-FINALE CONTRE LE BAYERN. EN LIGUE EUROPA, LE BILAN EST PLUS TERNE, SEUL LILLE TIENT SON RANG.

Gourcuff et Toulalan au coude à coude : duel franco-français en quart de finale de la Ligue des champions.

Le verger des regrets

L'OM est le seul club français ayant remporté une Ligue des champions. Depuis 1993, les supporters marseillais ne se lassent pas de le répéter. Cette vérité historique ne saurait souffrir aucune contestation.

Mais en appeler à l'histoire peut se révéler dangereux. Parce que l'OM, depuis seize ans, n'a rien gagné en dehors d'une Coupe Intertoto ? Non, ça, c'est de l'histoire, certes, mais surtout du mauvais esprit.
Dangereux parce que l'histoire, parfois, surgit face à vous. Elle se sait incontestable et, donc, possède ce droit de vous toiser que vous n'aurez jamais sur elle. Oui, le seul trophée français en C1, la France le doit à Marseille, mais en voilà seize qui se dressent face à lui.
Et la pétanque n'étant qu'un très lointain cousin du bowling, il ne semble pas opportun de jouer les mariolles au moment où, des boules de l'UEFA, jaillissent les noms du Real Madrid (recordman du nombre de succès en C1 avec neuf trophées) et du Milan AC (sept victoires). Marseille est simplement tombé dans le groupe des deux institutions les plus titrées de l'histoire de cette prestigieuse compétition.

Une course contre Milan

Aïe ! Vite, on pressent qu'il lui faudra surtout écarter les Suisses du FC Zurich de la troisième place, celle qui envoie en seizièmes de finale de la Coupe UEFA. Défaitisme? Méchanceté? Fatalisme? Réalisme? Sens de l'histoire? Une seule chose semble sûre au pays de l'analyse facile : le premier match, celui qui amène le Milan AC au Vélodrome, sera capital. Pas seulement parce que c'est le premier et qu'il est à domicile, mais aussi parce que le club lombard n'a pas entamé sa saison très sereinement (4 points en trois journées, dont une gifle à domicile dans le derby face à l'Inter, 0-4). « J'ai vu leurs trois rencontres et ils pouvaient obtenir plus de points, tempère Didier Deschamps. Milan reste Milan, avec des joueurs très expérimentés et ils auront une motivation très supérieure à celle qu'ils ont en championnat d'Italie. »
Pas de la langue de bois, juste du langage d'entraîneur souhaitant garder l'adversaire sur son piédestal. Pour autant, Leonardo, l'ancien Parisien devenu entraîneur du Milan AC, est convaincu que « l'OM voudra prouver qu'il mérite sa place dans cette Ligue des champions ». Et le match commence par un coup de froid. À gauche, le Néerlandais Seedorf efface Mbia et centre du droit. Inzaghi, légèrement hors jeu au second poteau, marque de près de l'intérieur du droit (0-1, 28e). Le score est figé jusqu'au repos et vous savez ce qu'on dit dans ces cas-là : une bonne phrase du genre « Face à des Italiens, tu ne reviens pas ». Sauf que l'OM revient. Un coup franc de Cheyrou et Heinze qui devance Oddo pour placer sa tête entre les jambes de Sturari (1-1, 49e). Il reste quarante minutes et vous savez ce qu'on dit dans ces cas-là : une fulgurance du genre « Face à des Italiens, ne te découvre pas trop, sinon tu perds le match ».

Inzaghi, le poison éternel

Vingt-cinq minutes passent. Elles amènent tranquillement chacun à se satisfaire de ce résultat. Mais un coup franc joué rapidement conduit Seedorf sur le côté gauche. Encore une fois, il centre, de l'extérieur du pied droit cette fois. Encore une fois, Inzaghi est dans les parages. Aux 6 mètres, il devance Taiwo et marque d'un pointu du droit (1-2, 74e). « On savait qu'il fallait être attentifs à tous les détails », regrette Mamadou Niang. « Il y a eu un manque de concentration qu'on a payé cash, peste Diawara. On savait qu'ils jouaient leurs coups francs vite et qu'il ne fallait pas laisser Inzaghi tout seul… »
Résumé synthétique de la situation et de cinquante ans d'histoire signé Didier Deschamps : « Je n'ai pas le souvenir que Mandanda ait eu un arrêt à faire, mais au final, on prend deux buts. Il suffit d'une demi-seconde d'inattention. Le réalisme italien a parlé. » Comment réagir maintenant, alors que cette entame semble déjà condamner l'OM à se battre pour la Coupe UEFA ? « C'est la pire des situations, reconnaît le capitaine des Bleus champions du monde en 1998, mais si on a encore une chance, on la jouera à fond. » « Il reste 15 points à prendre, enchaîne Niang. Ça reste jouable, mais il faut hisser notre niveau de jeu. » Le plus optimiste, c'est Brandao : « Le prochain match est à Madrid face au Real. Nous avons nos chances. »

Inzaghi exulte, Mandanda encaisse.

DIAWARA : « JE NE SUIS PAS VENU À BERNABEU POUR ÉCHANGER MON MAILLOT. »

Deux semaines plus tard, avec « ses chances », l'OM atterrit dans la capitale espagnole. Il vient d'être défait en Ligue 1 à Valenciennes (2-3), mais le Real, c'est une autre affaire que VA. « Un succès en championnat nous aurait donné un peu plus de confiance, mais il n'y a jamais de bon moment pour venir à Madrid, analyse Deschamps. En face, le talent et la qualité sont toujours les mêmes. » Une bonne nouvelle ? Le forfait du Français Lassana Diarra.

Une moins bonne ? Le Real a remporté les six rencontres qu'il a disputées depuis le début de sa saison. « Je m'en fiche et je ne dis pas ça pour me la jouer, dit Souleymane Diawara dans un entretien accordé à Hervé Penot, de *L'Équipe*. Attention, c'est un honneur, on est excités de rencontrer des Ballons d'Or, mais je ne me casse pas la tête. D'accord, le stade, le club le plus riche du monde, mais tous ces baratins-là, je m'en moque. On n'arrête pas de me dire : "Vous allez jouer contre Cristiano Ronaldo, Kaka, Raul…" Et alors ? Je ne suis pas venu pour échanger mon maillot. On vient à Bernabeu pour prendre au moins un point. »

Pour y parvenir, Didier Deschamps veut voir, selon son latéral droit Laurent Bonnart, « un groupe bouillonnant, qui mette un peu de piment ». La première période ne manque pas de sel et l'OM y livre une prestation encourageante (0-0). Deux fois, Mandanda a repoussé des frappes de Ronaldo (33e, 35e). Marseille semble avoir retrouvé sa « force collective » tant souhaitée par Bonnart et Deschamps. Et puis. Et puis, comme le soulignera le gardien marseillais : « On croit que ça va aller, on est bien, on réalise des bonnes choses et au final, il n'y a rien. » 58e minute : ouverture de Pepe dans le dos de Diawara où Ronaldo a plongé. Le Ballon d'Or 2008 glisse la balle à gauche de Mandanda (1-0).

Le pire est à venir. Trois minutes seulement après l'ouverture du score, Diawara exécute un tacle spectaculaire, dans sa surface, face à Ronaldo. L'ancien défenseur bordelais a touché le ballon, mais

BENZEMA : « L'OM NE MÉRITAIT PAS DE PRENDRE 3-0. »

l'arbitre, le Suédois Martin Hansson, estime le geste dangereux. Déjà averti pour jeu dur sur Benzema (47e), Diawara est expulsé. Kaka frappe le penalty à ras de terre, sur la droite de Mandanda, pris à contre-pied (2-0, 61e). « Je n'aime pas parler de l'arbitre, mais je crois que c'est une décision très sévère, dira Deschamps. D'abord le penalty, mais également le carton rouge. » « Il n'y avait pas penalty », assurera Niang. « Je ne pense pas que ce penalty et l'expulsion soient injustes, répondra Manuel Pellegrini, l'entraîneur du Real. J'en prends pour preuve l'état de la cheville de Cristiano Ronaldo, qui l'a forcé à quitter le terrain prématurément. »

Avant cela, le Portugais a tout de même pris le temps d'inscrire un doublé, habilement servi au deuxième poteau par Benzema (3-0, 64e). « Pendant une heure, on avait réalisé un bon match, soufflera Deschamps. Ce qui a changé le visage de la partie, c'est le long ballon en profondeur de Pepe, avec un rebond un peu bizarre et une hésitation entre Mandanda et Diawara. Ce n'est pas une réelle occasion, mais à l'arrivée, c'est un but. Ce score est très sévère, je dirais même injuste. » « L'OM ne méritait pas de prendre 3-0, concède Benzema, mais l'expulsion de Diawara a tout changé. »

Confirmation de son entraîneur : « Marseille a été difficile à manœuvrer et la première période a été très équilibrée, mais après le repos, nous avons été supérieurs techniquement et tactiquement. » Finalement, le jugement le plus sévère est celui de Hatem Ben Arfa : « Le Real nous a montré ce qu'était vraiment une grande équipe. On est passés à côté. »

Le FC Zurich ayant battu Milan, le classement s'est resserré derrière le Real, seul club comptant deux victoires dans ce groupe. Et si Marseille pointe à zéro point, il n'a que trois longueurs de retard sur les Suisses et les Italiens et peut donc espérer se qualifier. À condition de ne laisser aucun point sur le chemin des deux confrontations

face au FC Zurich, dont le budget ne dépasse pas les 12 millions d'euros. Le 21 octobre 2009, l'OM se présente dans le lieu de résidence de son ancien président, Robert Louis-Dreyfus, décédé trois mois et demi plus tôt. « Un nul donnerait 4 points à Zurich et ce ne serait pas la situation idéale », annonce Deschamps. En gros, il faut donc gagner. C'est acquis grâce à un but 100 % argentin : centre de Lucho, reprise du droit de Heinze (0-1, 61e). « Marseille n'a pourtant pas eu beaucoup d'occasions, constate l'entraîneur du FCZ, Bernard Challandes. On les sentait un peu fébriles derrière et il y avait mieux à réaliser. »

Du coup, Marseille sort la tête de l'eau, même si le succès du Milan sur le Real (3-2) n'arrange pas sa situation. « Ce n'est pas forcément une bonne chose, reconnaît Deschamps. Mais nous sommes dans l'obligation de battre Zurich chez nous et après, on verra. » Les mêmes se retrouvent donc deux semaines plus tard. Mais là où Deschamps se souvenait de « densité et d'impact », il trouve cette fois du beurre fondu. Aegerter dévie dans son but un coup franc d'Abriel au bout de trois minutes (1-0, 3e). Le même Abriel frappe un coup franc que ni Niang, ni Brandao, ni Mbia, qui sont tous hors jeu, ne touchent. Le ballon finit dans la cage de Leoni (2-0, 11e). « Il y a des hors-jeu indiscutables sur les deux premiers buts, pestera Challandes. Si on fait ça et que Marseille perd le match, l'arbitre est mort. C'est inadmissible ! »

Alphonse réduit le score peu après la demi-heure de jeu (2-1, 31e), mais une fois la mi-temps passée, Niang, servi dans la surface par Koné, lobe le gardien de la formation suisse et met les siens définitivement à l'abri (3-1, 52e). Hilton, du droit (4-1, 80e), puis Cheyrou, d'une frappe de 20 mètres, corsent l'addition (5-1, 87e) avant que Brandao, à la réception d'un centre de Niang, ne conclue la rencontre (6-1, 90e). « C'est un score fleuve, qu'on voit très rarement en Ligue des champions, se félicite Deschamps. Il faut apprécier, même si tout ne fut pas si simple dans le détail. On a en grande partie assuré la qualification pour la Ligue Europa. »

Ronaldo fauché par Diawara : penalty et carton rouge (à gauche). Brandao en rupture d'équilibre (ci-dessous).

« Même les huitièmes de finale de C1 sont encore envisageables », martèle Mathieu Valbuena. « Sauf que le nul entre Milan et le Real (1-1) nous oblige à prendre 4 points pour nous qualifier », prédit son entraîneur.

Le 25 novembre, à Milan, Marseille doit donc l'emporter pour dépasser son adversaire du jour au classement. « Aujourd'hui, je préférerais prendre le Real parce que depuis sa défaite contre Zurich, le 30 septembre, le Milan a enchaîné neuf rencontres sans défaite », explique Mamadou Niang. Remplaçant à l'aller, Ronaldinho s'est relancé et revient en forme. Mais si Milan semble s'installer sans concession dans la rencontre, avec une ouverture du score signée Marco Borriello dès la 10e minute (1-0, 10e), Marseille sait, cette fois, répliquer sans s'essouffler : un centre de Niang, côté gauche, est repoussé dans l'axe par Dida. Lucho reprend du droit (18e, 1-1). Le score ne bouge plus et pourtant… En seconde période, Brandao, seul face au but vide, se jette pour reprendre un ballon à 4 mètres de la ligne. Barre transversale (65e). « Le plus dur dans le foot, c'est de marquer des buts, alors on ne peut pas en vouloir à Brandao et il est hors de question de le pointer du doigt », dira Diawara après le match. « Comment lui en vouloir ? interroge Deschamps. Je ne lui en voudrai jamais quand je vois tout ce qu'il donne à l'équipe. »

> **DESCHAMPS : « JE N'EN VOUDRAI JAMAIS À BRANDAO QUAND JE VOIS TOUT CE QU'IL DONNE À L'ÉQUIPE. »**

L'OM aura même une deuxième chance grâce à une tête très compliquée de Diawara qui s'écrasera sur le poteau (86e). De quoi arracher ce commentaire à Deschamps : « Par rapport à ce que mes joueurs ont réalisé, il y avait la place. » Leonardo dit la même chose : « Marseille s'est créé les occasions les plus nettes et nous a mis en difficulté sur le plan du rythme, de la vitesse et de la prise du ballon. » Désormais, « pour espérer se qualifier, il faut battre le Real 3-0, alors on n'est pas morts, mais on n'en est pas loin », constate Deschamps.

La barre barre la route à Marseille

3-0 ? « C'est difficile, mais si je n'y croyais pas, je resterais chez moi », annonce le défenseur Gabriel Heinze. Son comparse Souleymane Diawara revient sur le match aller (0-3) et son expulsion. « Je l'ai évacué, martèle-t-il. Sur le coup, j'ai vraiment eu les boules de prendre ce carton rouge. Je ne le mérite pas, on le voit sur la vidéo. J'arrive fort, mais bon… Je suis allé prendre ma douche et je n'ai pas vu les deux autres buts, j'ai juste entendu le public crier pour le troisième. Tout cela a fait beaucoup parler parce que c'était contre Cristiano Ronaldo, le joueur le plus cher du monde. J'assume. S'il faut le tacler, je le taclerai, évidemment. »

Si Milan est tenu en échec par Zurich, l'OM a juste besoin de s'imposer en fait et, justement, les Suisses obtiennent le nul à San Siro (1-1). Mais loin du 3-0 qui lui aurait alors offert la première place du groupe, Marseille achève sa Ligue des champions sur une défaite. Ronaldo, sur coup franc, ouvre le score (0-1, 5e). « Voilà comment commencer par la plus mauvaise des manières », dira Deschamps. Rapidement, Lucho remet son équipe dans le bon sens (1-1, 11e) et la partie alors s'enflamme. Mandanda est décisif devant Marcelo (58e), juste avant que Raul Albiol ne reprenne un ballon qui traînait là où il n'aurait pas dû (1-2, 60e). Mais Casillas, quelques instants plus tard, fauche Niang dans sa surface. L'attaquant sénégalais est contraint de sortir. « Il est touché à la clavicule et Casillas n'a pas été expulsé, regrettera l'entraîneur olympien. C'est une question d'uniformité de l'arbitrage qui n'existe pas. Quand on est du mauvais côté, on peut crier au scandale parce qu'il n'y a pas eu double sanction. » Lucho s'élance pour frapper le penalty qui pourrait redonner le fol espoir aux Marseillais. Le ballon termine sa course sur la transversale (66e). « Peut-être que ça aurait pu être différent, analysera Deschamps. C'est le tournant du match, parce qu'après, le Real a été bien meilleur que nous. En ne transformant pas ce penalty, mes joueurs ont pris un coup sur la tête. »

Sur une sortie bizarre de Mandanda en fin de rencontre, Ronaldo inscrit son deuxième doublé en deux matches face aux Marseillais (1-3, 80e). Le maître mot, c'est dommage. « De ce parcours, il ne reste que des regrets », confirme Mbia. « C'était un match un peu fou, confie Abriel. On veut mettre beaucoup de folie d'entrée, mais on prend un but. On revient et on réussit une bonne première période, et puis ils marquent le deuxième. Ils ont fini plus fort que nous physiquement. Mais on a commencé par deux défaites et on a passé notre temps à courir après les points qui nous manquaient. »

Benoît Cheyrou semble partager l'avis de l'ancien Lorientais, mais se montre plus précis : « Nous avons perdu la qualification pour les huitièmes de finale lors des deux matches contre Milan (1-2, 1-1). » D'ailleurs, « la course, on la disputait contre le Milan à qui on n'a pris qu'un point, soulèvera Deschamps. Il faut être réaliste : il y a beaucoup d'écart entre le Real et nous. Et on peut dire ce qu'on veut, il y a une forme de logique respectée dans le classement final du groupe ». Dont acte.

Casillas remporte son duel face à Niang.

CASILLAS
1
DIRECT
energie
adidas
11

Bordeaux digne des géants

Peu réceptive, par nature ou par accident, aux ambitions des Girondins de Bordeaux, la Ligue des champions 2009-2010 ne s'est pas montrée plus conciliante que naguère. Bref, la morosité européenne règne toujours sur les bords de la Gironde…

Un cauchemar, d'encombrants fantômes et des plaies à vif. Bordeaux en Ligue des champions, ça ressemblait en 2008 à un film d'horreur de série B. Au moment de repartir pour un tour, un an plus tard, les Girondins n'ont pas oublié avec quel talent ils ont tenu un second rôle qui les a menés des mauvaises surprises (0-4 à Chelsea, 1-3 face à l'AS Rome) à la cruelle élimination. Ils ne sont pas vraiment chauds pour retrouver leur personnage, à savoir le club de jeunes content d'être là et promis à devenir le souffre-douleur de camarades sans pitié.

CHAMAKH : « ON PEUT ET ON DOIT FRANCHIR UN CAP ENSEMBLE. »

Pour éviter un remake bien pourri, rien de tel qu'une analyse critique du premier volet. « Cette claque nous a servi de leçon, annonce Marouane Chamakh. On doit absolument mieux entamer la compétition cette saison. » Facile, évident, enfilage de perles. Sauf lorsque la porte d'entrée est rayée noir et blanc. Mauvaise réception sur les téléviseurs ? Non, mon bon monsieur, juste une réception organisée de l'autre côté des Alpes, par la Juventus Turin. La Vieille Dame en noir et blanc avait peut-être disparu des écrans suite à sa relégation administrative en série B, en 2006, mais elle fait toujours peur. Parce qu'elle est vieille ? Sans doute. Parce que c'est une dame dans un monde de brutes à cram-

pons? Certainement pas. La Vieille Dame est un gang de mecs depuis toujours. Elle défend une certaine idée de la virilité dans le monde du ballon, et d'ailleurs il était lui aussi noir et blanc lorsqu'elle régnait au milieu des années 1980.

FERRARA : « HEUREUSEMENT QUE BUFFON A ÉTÉ PHÉNOMÉNAL. »

La Juve est un nom qui ne peut inspirer autre chose que la crainte, surtout à un club français. Surtout aux Girondins de Bordeaux dont les espoirs de finale européenne se sont fracassés contre son réalisme et son Michel Platini en 1985. Alors oui, le temps a passé. Le Michel Platini du moment s'appelle Diego. Il vient du Werder Brême et ne sera sans doute jamais triple Ballon d'Or. Il ne sera même jamais Ballon d'Or une seule fois. Et on s'en moquerait presque car il n'est pas là, ce « sacré joueur », comme dit Laurent Blanc.

Blessé à la cuisse, le technicien brésilien est une menace de moins pour les Français, mais ça ne suffit pas à rassurer leur entraîneur. « La Juventus, ce n'est pas qu'un seul joueur sinon on pourrait sauter au plafond en apprenant son forfait. La valeur collective sera la même. Voir Trezeguet sur le banc prouve la valeur de l'effectif. »

Et Bordeaux dans tout ça ? À quoi s'attendre ? Qu'espérer dans ce groupe où figure un autre géant du continent, le Bayern Munich ? « On sent qu'on peut et qu'on doit franchir un cap ensemble cette année », annonce Chamakh. Dès ce soir de septembre, à Turin ? « Au tirage, la Juve faisait moins peur que Chelsea, répond-il. Mais depuis que je l'ai observée contre la Roma (victoire 3-1), j'ai un peu changé d'avis : c'est vraiment très costaud. »

Le réalisme italien, ce n'est plus ce que c'était

C'est la Juve, quoi. Pas de place au rêve pour l'adversaire : pour exister, il faudra être fort et courageux. Bordeaux l'est. Fernando bute d'entrée sur Buffon (2e). Après la pause, le gardien champion du monde est décisif face à Wendel puis Gourcuff. Dans un duel avec Iaquinta, Carrasso se blesse et cède sa place à Ramé (55e). Rapidement, l'ancien international rassure en sortant un coup franc de l'ex-Lyonnais Grosso (60e). « Pour entrer en cours de match, il faut être prêt psychologiquement, racontera-t-il. Il y a un peu de stress, mais une fois sur le terrain, il faut être simplement le plus efficace possible. » Mais il ne peut pas faire grand-chose face à Iaquinta, lancé en profondeur par Cannavaro, et qui prend Planus de vitesse pour marquer du droit (63e, 1-0).

Esseulé au second poteau, Plasil égalise de près (à gauche).
Prise de balle rassurante pour Buffon en grande forme (à droite).

Ça crépite déjà partout, ça cancane ici et là, ça murmure à droite et à gauche : le moment est venu d'évoquer le réalisme italien. Surtout qu'à peine dix minutes plus tard, Amauri place une tête dangereuse sortie par Ramé (72e). Un grand classique se joue : l'équipe française bien en place, maîtrisant son sujet, se créant plusieurs occasions nettes, mais finissant par céder et par retourner bredouille chez elle. 75e minute : coup franc à 25 mètres, côté droit, frappé par Gourcuff. Au premier poteau, Fernando prolonge. Au second, Plasil surprend les défenseurs italiens dans leur dos et surgit devant Grosso pour marquer du droit (75e, 1-1). « On a su se remobiliser après l'ouverture du score, dit Gourcuff. On avait l'impression que c'était un peu injuste, surtout par rapport à ce qu'on avait montré en première période. »

Ça fera donc un point. Suffisant pour chasser les fantômes et se mettre à l'aise dans la compétition, même si, à en croire les deux entraîneurs, l'affaire aurait pu se terminer encore mieux pour les Girondins. « Heureusement que Buffon a été phénoménal », constate

Ciro Ferrara. « Sans un grand gardien, on pouvait gagner ce match », confirme Blanc, assez fier de ses joueurs : « Je me suis régalé à regarder mon équipe combattre et poser de nombreux problèmes à la Juve. Elle a non seulement réalisé le match que j'attendais d'elle, mais a retenu la leçon de Chelsea. » « On n'a pas eu peur, confirme Marc Planus. On n'est pas resté admiratifs comme la saison dernière face à Chelsea. »

L'idéal serait de confirmer ce lancement réussi deux semaines plus tard. La venue du Maccabi Haïfa est une occasion idéale. Tombeur du Paris SG en Coupe des Coupes en 1998 (1-1 ; 3-2) et victorieux d'Auxerre (3-1) en Coupe UEFA en 2006, le club israélien n'est pas un « petit » si facile à dompter. « Cette équipe est composée de joueurs vifs, habiles techniquement et elle joue en mouvement, annonce Blanc. Mais une chose est sûre : il faut prendre le maximum de points à domicile en Ligue des champions. » « Si on gagne, on frappe un grand coup », confirme Alou Diarra.

Bordeaux mettra du temps, mais gagnera. Meshuma a failli tromper Carrasso (14e), puis Masilela l'a imité, le gardien bordelais sortant le ballon du bras gauche (27e). Gauche, Bordeaux, avec seulement deux occasions (tête de Gourcuff, 12e, frappe non cadrée de Wendel, 18e), l'est assez dans cette partie que le Maccabi semble dominer. D'ailleurs, lorsque Rafaelov échappe à Ciani et Chalmé, on pense que les Israéliens vont finalement l'emporter, mais une fois de plus, Carrasso protège les siens (79e). Et puis, sur un corner de Sertic, côté gauche, Ciani, libre au point de penalty, place une tête décroisée puissante au ras du poteau (83e, 1-0). « Nous sommes punis sur une erreur d'inattention », regrettera Elisha Levi, le coach de Haïfa.

Les Bordelais ont le droit d'être heureux. Et même soulagés. « Je me suis demandé à un moment si le nul n'était pas un résultat positif », confesse Wendel. « On n'était pas au sommet de notre forme, reconnaît Blanc. On a laissé beaucoup d'énergie pour battre Rennes (1-0) en championnat et on l'a payé ce soir. On savait que Haïfa avait des difficultés dans le rythme à l'heure de jeu et ça s'est vérifié car on a fini un peu plus fort. Mon équipe était dans le dur, mais elle est restée concentrée sur son objectif : prendre les 3 points. »

BLANC : « COMME ON DIT AU RUGBY, ON A OUBLIÉ LES FONDAMENTAUX. »

Une bonne chose de faite avant « la double confrontation avec le Bayern très attendue » (Planus). Le club allemand débarque à Bordeaux alors que le champion de France vient de connaître deux défaites d'affilée, face à Saint-Étienne (1-3) et Auxerre (0-1). « Nous avons manqué d'humilité par rapport à nos adversaires, reconnaît Blanc. On a oublié les fondamentaux, comme on dit au rugby. Ces deux défaites nous font du bien car elles vont nous permettre de nous remettre sur les bons rails. » « On a discuté entre nous pour reprendre les bases qu'on a laissées de côté, confirme Carrasso. On apprend toujours plus dans la défaite que dans la victoire. » « Mais, précise Chamakh, on n'est pas sous tension. »

Bordeaux, roi du coup de pied arrêté

Contrairement au Bayern, qui n'a inscrit que 15 points en neuf journées de Bundesliga, le FCB n'a rien d'effrayant. Et comme il arrive sans Robben, Olic, Ribéry et Braafheid, quatre titulaires, il est surtout très abordable. « L'objectif sera de ramener un nul », prévient prudemment son entraîneur, Louis van Gaal, méfiant par rapport à la qualité bordelaise sur coups de pied arrêtés.

Chamakh : les yeux rivés sur le ballon, le bras droit pour garder ses distances (à gauche)…

Rôles inversés : Altintop défenseur, Planus buteur (à droite).

En la matière, le technicien néerlandais pourra dire qu'il est un véritable visionnaire. Hormis les deux cartons rouges, distribués aux Munichois Müller pour un tacle sur la cheville de Chalmé (30e) et Van Buyten pour une faute sur Chamakh en position de dernier défenseur (87e), les faits du match sont cinq coups de pied arrêtés.

Fait n° 1 : corner de Badstuber côté droit. Ciani reprend dans le mauvais but, le sien (6e, 0-1).

Fait n° 2 : corner de Wendel côté droit. Devançant Toni, Ciani reprend d'une « Madjer » dans le bon but, celui de Butt (29e, 1-1).

Fait n° 3 : coup franc de Wendel dévié par Schweinsteiger. Altintop essaie de dégager, mais Planus le contre et la balle achève sa course dans le but (40e, 2-1).

Fait n° 4 : penalty de Gourcuff qui tente une Panenka tranquillement maîtrisée par le gardien allemand (66e). « Il y a un peu de manque d'humilité de sa part, dira son entraîneur. Mais s'il l'avait réussie, on aurait dit : Quel talent !

Fait n° 5 : penalty de Jussiê. Raté (88e).

Bordeaux aurait donc pu l'emporter 4-1. « Notre mauvaise première période est le tournant du match, concède Van Gaal. Mais c'est bizarre parce que je ne suis pas mécontent de notre deuxième période et on aurait pu prendre trois buts… » « On est bien partis, mais rien n'est joué », tempère son collègue français. Avec 7 points et la première place du groupe à l'issue des matches aller, Bordeaux est tout de même en droit de se réjouir et de croire en une participation aux huitièmes de finale.

Van Gaal en grand danger

Il peut même l'assurer dès la rencontre suivante. Cela ne s'annonce pas si facile, parce qu'il faudra gagner à l'Allianz Arena. Et Van Gaal prévient : « Le Bayern a toujours relevé la tête dans les occasions importantes. » La situation des Allemands est critique. Avec seulement 4 points, ils risquent, en cas de défaite, de laisser filer Bordeaux, mais surtout la Juventus, qui affronte le Maccabi Haïfa. En Bavière, ça tangue sévèrement et le limogeage de l'entraîneur batave est annoncé quasiment tous les jours. « Ici, quand on gagne, c'est normal, souligne Van Bommel. Quand on fait match nul, c'est une catastrophe et quand on perd, c'est la fin du monde. »

Malgré les déclarations de circonstance de Van Gaal, Bordeaux serait presque le favori logique de cette rencontre. « Nos adversaires ne nous croyaient pas trop quand, dès le début, nous avons affirmé vouloir sortir du groupe, raconte Blanc. Aujourd'hui, ils nous croient davantage et Bordeaux sera pris très au sérieux. » Il est dans le vrai. Une illusion laisse penser brièvement que l'enceinte du Bayern va s'enflammer et consumer les Bordelais : un centre de Braafheid est dévié sur la barre par Carrasso (2e). Puis le même Carrasso sort de sa lucarne un coup franc de Schweinsteiger (32e). Une main de Ciani dans la surface est oubliée par l'arbitre sur une reprise de Klose (33e). Bordeaux subit. Le Bayern est un géant qui s'éveille. Non, en fait. Le Bayern retourne à sa niche, même grand format. Sur la première occasion bordelaise, un coup franc de Wendel, Gourcuff place une tête gagnante au deuxième poteau (37e). Juste avant la mi-temps, c'est idéal, disent les commentateurs, pensent les téléspectateurs, songent les observateurs. Idéale, la situation l'est jusqu'au bout, lorsqu'à la dernière minute, Fernando ouvre loin vers Chamakh. L'expérimenté Butt et le jeune Badstuber se gênent, ne se parlent pas, ou pas assez, et voilà l'attaquant bordelais lancé seul vers une cage vide où il glisse le ballon (90e, 0-2).

Avec 10 points, contre 8 à la Juve et 4 au Bayern, Bordeaux est officiellement qualifié pour le tour d'après. « Au regard du tirage au sort, c'est un exploit, clame Blanc. Pour tout vous dire, je m'attendais à être davantage inquiété, mais on a fait preuve de beaucoup de réalisme. » Deux fois, les Bordelais ont terrassé le Bayern. Anecdote d'automne, la performance ne sera pas regardée de la même manière au mois de mai, lorsque les Bavarois disputeront la finale de cette Ligue des champions…

Ils en sont loin et le pauvre Louis van Gaal s'en remet à quelques chiffres pour expliquer qu'il ne fait pas du si mauvais travail : « Toutes les statistiques plaident en notre faveur et contrairement à nous, Bordeaux ne s'est pas créé beaucoup d'occasions. » Oui, mais Bordeaux est qualifié alors que le Bayern, avec 4 points de retard sur la Juventus – où il se rendra pour le dernier match –, n'a jamais semblé si proche de la sortie.

Après le Bayern, Bordeaux enfonce la Juventus

En attendant, la Juve doit aller à Bordeaux. « Ce n'est que du plaisir », annonce Blanc. Et il a totalement raison. Les Italiens auraient sans doute dû écouter Louis van Gaal et son refrain bien ajusté sur les coups de pied arrêtés bordelais qui le sont tout autant. 54e minute : coup franc côté gauche de Plasil. Fernando devance Amauri de la tête (1-0). Dans les arrêts de jeu, un corner de Wendel est repris de la tête par Chamakh (90e+4, 2-0). « C'est formidable de terminer premiers à une journée de la fin, se réjouit l'international marocain. Les consignes ont été respectées à la lettre. » « On a été battus dans tous les domaines, confirme le Turinois Mohamed Sissoko. Bordeaux était plus costaud et mérite sa victoire. » « Mais cette défaite ne compromet pas nos chances de qualification », analyse Ciro Ferrara, dont l'équipe a besoin d'un nul à domicile face au Bayern pour rester devant le club allemand.

Pendant que le Bayern, justement, atomise la Juventus chez elle, Bordeaux se déplace avec une équipe bis en Israël. Cinq jours après, le champion de France se rend à Lyon pour un sommet de Ligue 1 plus important que cette ultime rencontre de Ligue des champions. Malgré cela, il fait le boulot et s'impose grâce à Jussiê, qui reprend un centre du jeune Abdou Traoré (0-1). « On attend maintenant impatiemment notre adversaire pour les huitièmes, dit Blanc. On sait très bien que notre aventure pourra se terminer là, mais avec 16 points sur 18 lors de cette première phase, notre parcours est exceptionnel. » Une fois encore, il est dans le vrai.

Deux succès face au Bayern, un face à la Juventus avec un nul ramené d'Italie : le bilan des Girondins après six rencontres les placerait presque parmi les favoris de la compétition. En tout cas, ils ont montré qu'ils pouvaient espérer mieux que les huitièmes de finale. C'est réjouissant, non ?

Gourcuff, un temps d'avance sur les Bavarois Badstuber et Demichelis (à gauche).

Chamakh résiste au retour du Turinois Caceres (ci-dessous).

Bordeaux trace sa route

« Sans langue de bois, c'est du 50-50. Aucune des deux équipes n'est déçue du tirage au sort. » Laurent Blanc résume parfaitement l'atmosphère enveloppant cet Olympiakos-Bordeaux. Les Girondins, premiers de leur poule, préservent leurs chances en tombant sur un adversaire grec peu effrayant. Et l'Olympiakos, qui évite le Real, Barcelone ou Manchester, a le droit d'y croire.

Pourtant, l'équipe du Pirée est arrivée là ballottée par des vents souvent contraires. Au bout de deux matches, Ketsbaia, le magicien de Famagouste (Chypre), a été limogé et remplacé par Zico. Le Pelé blanc qui n'a pas tenu longtemps, est viré en janvier malgré cette qualification pour les huitièmes. Son successeur, Bozidar Bandovic, ne voit pas plus loin que le match d'après : « On est à domicile, on a l'appui de nos supporters et on doit leur donner une bonne image. On connaît quelques problèmes physiques, mais on ne cherche pas d'excuse. »

Bordeaux pourrait se réjouir des malheurs de son hôte. Mais le champion de France, si dominateur en début d'hiver, s'est étiolé et ne présente plus tout à fait les mêmes garanties.

« Notre niveau n'est pas le même qu'en novembre-décembre, reconnaît Laurent Blanc. Mais il n'y a pas de panique à bord. On jouera avec des certitudes, mais aussi la boule au ventre. Le paradoxe, c'est qu'une élimination maintenant effacerait l'exploit de s'être qualifié... » L'ancien international sent ses joueurs au bord de la rupture. Au pire moment. Alors, il tente la remobilisation par le vécu. « J'ai attendu d'avoir 33 ou 34 ans pour disputer la Ligue des champions, dit-il. De super joueurs n'ont pas eu la chance de naître brésiliens mais gallois. Ryan Giggs ne sera jamais champion du monde, par exemple. C'est la même chose pour les clubs français en C1. L'exploit de l'OM en restera un, même si l'OL n'a pas été loin. Quand un club dispose de quatre fois plus de moyens, il a quatre fois plus de chances de gagner. »

Puisque Arsenal a perdu à Olympiakos en phase de poule, il y a tout lieu de se méfier de cette formation grecque, d'autant que l'ancien Turinois Mellberg, capitaine de la sélection suédoise, commence par placer une tête à ras du poteau (4e). Une tête de Stoltidis alerte ensuite Carrasso (30e), mais Bordeaux réussit une forme de hold-up dans les arrêts de jeu de la première période lorsque Ciani reprend de la tête un coup franc de Gourcuff (45e+2, 0-1). L'ancien défenseur de Lorient est proche du doublé après la reprise (52e). « Je m'en veux un

BANDOVIC : « ON N'A PAS À ÊTRE INQUIETS. »

peu d'avoir gâché ça», dira-t-il. Et Lua Lua manque d'égaliser mais tombe sur un élastique Carrasso (82e). Un tel succès à l'extérieur ouvre une voie royale vers les quarts de finale. «Nous avons un peu augmenté nos chances de qualification, concède Blanc. On a livré une bonne performance défensive et ça faisait longtemps que je n'avais pas vu mon équipe aussi bien organisée et concéder aussi peu d'occasions à l'adversaire.» «Tout le monde fournit des efforts défensifs», enchaîne Planus tandis que Bandovic veut toujours croire en l'exploit: «Si on réalise des matches comme ça, nos chances d'avoir de bons résultats augmenteront. On méritait d'ailleurs un meilleur score, surtout sur la fin. On ira donc à Bordeaux pour gagner et se qualifier, c'est très important pour nous.»

Quelques jours plus tard, en Gironde, l'entraîneur de l'Olympiakos n'a guère changé d'avis. «On n'a pas à être inquiets», estime-t-il. Pourtant, ce qui domine les débats, c'est l'évidence que les Français ont déjà tué le suspense et n'ont pas grand-chose à réaliser pour aller en quart de finale. «Bientôt, on va s'excuser d'avoir marqué là-bas, s'amuse Blanc. Au début du match, Bordeaux est qualifié. Ce but va obliger les Grecs à s'exposer. Il ne constitue pas une garantie, mais un avantage.» «Rien ne dit qu'on est déjà qualifié, confirme Fernando. Notre souci, ce sera de gérer le résultat. On ne pense pas aux quarts. L'Olympiakos est très performant sur coups de pied arrêtés et ça peut se jouer là-dessus.»

Gourcuff, cauchemar de Nikopolidis

Vrai. Un coup franc de Gourcuff lobe Nikopolidis dès l'entame de match (5e, 1-0). Olympiakos peut-il marquer deux fois? Juste avant le repos, Gourcuff remet le même coup franc, mais sur le poteau (44e). Juste après l'exclusion de Derbyshire (60e), Mitroglou égalise en milieu de seconde période (65e, 1-1), juste avant l'expulsion d'Alou Diarra (68e). «Je trouve la sanction sévère, analysera le capitaine bordelais. Je m'engage, c'est mon style de jeu, mais je n'ai aucune intention de faire mal et je crois qu'il s'agit davantage d'une compensation par rapport au carton rouge précédent.»

Restent vingt-deux minutes à tenir aux Girondins. Raul Bravo est proche de libérer les siens lorsque Sané vient dévier sa reprise tout près de sa ligne (77e). «De la 65e à la 75e minute, quand Alou Diarra a été expulsé, on a eu un moment d'égarement et de flottement», résume Laurent Blanc. Bordeaux est proche de craquer. Il craquelle, en fait, mais une fois de plus, Chamakh va le sortir de là. Un centre de Trémoulinas s'envole au second poteau. Le

Chamakh accroché, Ciani buteur décisif de la tête (à gauche). Magistral coup de tête de Chamakh plus aérien que jamais (à droite).

Marocain y saute plus vite et plus haut que Raul Bravo et, d'une tête plongeante, trompe Nikopolidis (88e, 2-1). Olympiakos peut-il marquer deux fois?

Impossible. Bordeaux est en quarts de finale. «Dix ans de travail pour en arriver là: maintenant, Bordeaux est dans les grands d'Europe», s'enflamme Nicolas de Tavernost, patron de M6, actionnaire du club. «Là, on arrive dans le super lourd européen, annonce Laurent Blanc. Le championnat de France est bon, mais pour l'affirmer, il faudra voir sur la durée avec quelle régularité les clubs de Ligue 1 pourront se hisser jusqu'en quarts de finale de Ligue des champions.» Le propos n'est pas anodin, puisque Lyon est également qualifié dans une embellie tricolore qui vire à l'euphorie.

Surtout pas Barcelone, surtout pas Lyon!

Pour le tour suivant, d'ailleurs, Nicolas de Tavernost ne veut surtout pas de Lyon, ni de Barcelone. «J'aimerais éviter Barcelone, annonce Blanc. C'est l'épouvantail de cette compétition même si j'ai observé une super équipe mardi: l'Inter Milan.» «J'espère surtout qu'on ne prendra ni Barcelone ni Lyon», confirme Gourcuff. Pour leur plus grand déplaisir à tous, ce sera donc Lyon dans un inédit duel franco-français.

Lyon comme d'habitude

Entre les joutes de l'Hexagone et celles de l'Europe, l'Olympique Lyonnais ne renonce jamais. Habitués à se battre sur tous les fronts, les Lyonnais avaient débuté dans le tour préliminaire et rêvent, au moins, des demi-finales…

Même si le titre de champion lui a échappé, l'Olympique Lyonnais n'abandonne pas sa place en Ligue des champions. Il a fallu que les Lyonnais se débarrassent d'Anderlecht au tour préliminaire, mais les voilà sur la ligne de départ, candidats, comme d'habitude, à une accession aux huitièmes de finale.

Ça commence par la réception de la Fiorentina, un air de déjà-vu. Gilardino, l'attaquant italien, donne un coup de coude à Toulalan (43e) et son équipe continue la soirée à dix sur la pelouse de Gerland. « Injuste », commente l'entraîneur Cesare Prandelli. Ce n'est pas palpitant, mais Lyon va l'emporter à la manière d'une équipe qui sait que ce genre de rencontre ne doit pas lui échapper. Un centre de Källström est repoussé par Frey, Pjanic surgit aux 6 mètres (76e, 1-0). « Il faut reconnaître que l'expulsion nous a aidés, reconnaîtra Bafetimbi Gomis. Le chemin est encore long pour se qualifier… »

Avec Jérémy Toulalan en défense centrale, Lyon a paru solide. « Toulalan pourrait jouer partout, même attaquant et il serait peut-être bon », se félicite son entraîneur Claude Puel, surtout satisfait des 3 points récoltés : « On est parvenus à nos fins. C'était un match indécis, on a eu une grosse opposition avec de la qualité technique et de la densité physique. On a pris le temps de les faire courir en seconde période pour qu'ils craquent. »

Promenade en Hongrie

Il faudrait réussir aussi bien en Hongrie, face à Debrecen, l'équipe la plus faible du groupe. « Sauf qu'ils n'ont pas embêté Liverpool (défaite 0-1 à Anfield) par hasard, prévient Hugo Lloris. Il faudra d'abord répondre au défi physique avant de songer à jouer. » L'OL répond au défi. Il aurait même réponse à tout en cette soirée d'automne. À la 3e minute : corner de Pjanic, reprise du gauche de Källström à l'entrée de la surface (0-1). Dix minutes plus tard, Pjanic inscrit un deuxième but sur coup franc (13e, 0-2). Le Bosniaque est encore dans le coup du troisième but, auteur d'un corner repris de la tête par Govou (24e, 0-3).

Partie pliée. En quatre, lorsque Gomis, lancé par Källström, élimine Poleksic, sorti à sa rencontre, avant de lober Fedor, revenu défendre devant son but (51e, 0-4). « On a rendu ce match facile parce qu'on l'a pris par le bon bout en étant performants tout de suite sur coups de pied arrêtés », dira Puel. « Ce but après seulement trois minutes nous a cassés, résume Adama Coulibaly, joueur de Debrecen. Je n'ai pas trouvé Lyon meilleur que Liverpool. C'est nous qui n'avons pas fourni un bon match. » Les Lyonnais apprécieront l'hommage.

Ils apprécient modérément la soirée, en tout cas. La raison : la Fiorentina a battu Liverpool (2-0) et les positions sont donc très serrées au classement. « J'aurais préféré que la Fiorentina laisse des points à domicile, regrette Puel. Cela montre la qualité de cette équipe et confirme que notre poule sera disputée jusqu'au bout. » Avec 6 points en deux journées, Lyon domine les débats, mais la Fiorentina et Liverpool suivent avec 3 points chacun. D'où l'importance du déplacement en Angleterre, fin octobre 2009.

En onze rencontres, un seul club français est parvenu à s'imposer à Anfield : Marseille, en 2007, grâce à un but de Valbuena (1-0). Lyon vient de perdre contre Sochaux en championnat (0-2), mais les Reds restent sur trois défaites d'affilée. Torres, touché aux adducteurs, est absent. « Et cela change forcément notre jeu », admet l'entraîneur Rafael Benitez. Malgré cela, Claude Puel sait user d'une rhétorique qui ne trompe personne, mais que les entraîneurs persistent à employer : « J'aurais préféré qu'ils soient dans une meilleure passe, auquel cas on aurait rencontré une équipe plus sereine, moins dans l'obligation d'obtenir un résultat. On peut s'attendre à affronter un adversaire déterminé. » Évidemment, comme souvent, l'entraîneur de football qui prend l'auditoire pour une bande d'imbéciles heureux, ne tient pas la distance. Et finit par se contredire : « L'opportunité se présente de réussir un vrai bon coup à Liverpool. »

Malgré un genou en sang, Pjanic s'illustre contre la Fiorentina (à gauche).
Källström félicité par les siens, Cris, Clerc et Makoun (à droite).

Bon, en vérité, Liverpool est en crise ouverte. A perdu son jeu et se traîne. Pourtant, les Reds ouvrent le score. Un centre-tir de Fabio Aurelio est dévié par Cris et profite à Benayoun, qui marque du droit (41ᵉ, 1-0). L'OL ne se démonte pas. Un corner de Källström, côté droit, est mal repoussé par Reina. Toulalan, au deuxième poteau, frappe du droit sur le gardien espagnol qui remet vers Makoun. La volée du Camerounais échoue également sur le pied droit de Reina, mais Gonalons (entré en jeu à la 43ᵉ minute à la place de Cris), d'une tête plongeante, marque (72ᵉ, 1-1). Souvenir du jeune milieu : « Il y a eu un cafouillage, je mets la tête, le ballon rentre… »

Les arrêts de jeu débutent, Lyon tient son point. « L'idée était de préserver le résultat, confiera Govou. Mais nous sommes des compétiteurs, alors quand j'ai vu qu'il y avait un décalage possible, je suis allé au bout de l'action. » Décalage donc, puis centre. Il est trop long pour Gomis, mais Delgado est seul au deuxième poteau et, du gauche, place la balle dans le but vide (90ᵉ+1, 1-2). « On savait être capables de venir l'emporter ici car il leur manquait des joueurs très importants », avouera Gonalons. « Ce n'est pas un exploit, affirme Gomis. C'est une grosse performance dans un stade où il n'est pas facile de gagner. »

Lloris est exceptionnel

Claude Puel trouve presque le moyen de râler : « J'aurais préféré qu'on n'encaisse pas de but. Liverpool a profité de quelques atermoiements de notre part. On a laissé passer l'orage, et on a fini plus fort. » Confirmation de Benitez : « Ce fut une soirée difficile pour Liverpool. On a mené au score et eu trois occasions de marquer un deuxième but… Maintenant, on est obligé de gagner les trois derniers matches. » À commencer par celui de Gerland, deux semaines plus tard. Torres est de retour, mais Gerrard est manquant. Un nul suffit au club français pour se qualifier. « Mais jouer le nul, c'est très, très compliqué, explique Källström. Si tu te mets cette réflexion dans la tête, tu te pénalises beaucoup. »

Jusqu'à la 83ᵉ minute, c'est nul. Puis, une frappe lumineuse de Babel, à

PUEL : « L'OPPORTUNITÉ SE PRÉSENTE DE FAIRE UN VRAI BON COUP À LIVERPOOL. »

30 mètres, offre l'avantage aux Reds (83e, 0-1). Mais Lisandro, aidé par Cris, trouve l'ouverture pour lober Reina à la dernière minute (90e, 1-1). Dès lors, c'est nul. Merci Lloris, auteur de quatre arrêts décisifs : il repousse avec les jambes un tir de Torres (12e), dévie sur la barre une reprise de Kuyt (17e), gagne un duel face à Voronine (28e) et s'offre un réflexe sur une frappe de Lucas (69e). « Il faut savoir que quand on joue un grand d'Europe, le gardien est mis à contribution, commente le portier de l'équipe de France. J'ai eu la chance d'avoir la réussite avec moi. Tant mieux si ça a préservé nos chances avant que le but ne nous libère pour de bon. »

Pour la septième fois d'affilée, Lyon se qualifie pour les huitièmes de finale de la Ligue des champions. Et joue la première place lors du match suivant, à Florence. « Vous doutez qu'on soit motivés ? » demande Puel. « On sait ce que représente la première place, répond Makoun. Mais il faudra bien entrer dans le match car si on est rapidement sous pression et qu'on encaisse un but, il y a un risque de ne plus consentir les efforts parce qu'on se sait déjà qualifiés. » Un penalty provoqué par Cissokho, qui déséquilibre Marchionni dans la surface, est transformé par Vargas (28e, 1-0). « Dommage, on a fait le match qu'il fallait », regrette Puel. La Fiorentina compte alors 2 points d'avance sur l'OL qui doit espérer qu'elle perde à Liverpool pour lui repasser devant.

Huitième qualification d'affilée pour les huitièmes de finale

Pendant ce temps, Lyon doit disposer de Debrecen. Comme à l'aller, les Lyonnais s'imposent 4-0. Buts de Gomis (25e), Bastos (44e), Pjanic (59e) et Cissokho (76e). Insuffisant puisque la Fiorentina a battu Liverpool. Mais « on a quand même pris 13 points, ce n'est pas anodin », se réjouit Puel. Peu importe, désormais, qui l'OL affrontera en huitièmes de finale. « On est allés gagner à Liverpool, alors qui que ce soit, notre adversaire ne pourra pas nous prendre à la légère », annonce l'entraîneur lyonnais. Pjanic espérait le FC Séville. Pas loin. Un peu plus au nord, en réalité : Lyon tombe sur le Real Madrid.

Delgado, buteur historique à Anfield Road (à gauche).
Lloris : concentration maximale (au milieu).
Lisandro Lopez en position préférentielle (à droite).

Lyon tient enfin son exploit

A priori, le Real Madrid, ça fait peur. Le Real, ce sont des stars, un palmarès (9 succès en Ligue des champions, un record), une histoire et, donc, un statut. Sauf que le club espagnol a échoué en huitièmes de finale de la C1 cinq fois d'affilée. Et lors de ses trois dernières confrontations avec une équipe française en matches aller-retour, il a été éliminé : Monaco en Ligue des champions en 2004 (2-4, 3-1) ; Paris SG en Coupe des Coupes en 1994 (1-0, 1-1) et en Coupe UEFA en 1993 (1-3, 4-1).

Ça serait presque rassurant, tout ça, mais Lyon rame depuis le mois de décembre et à la mi-février, il ne semble pas en mesure d'inquiéter la seule équipe capable d'empêcher Barcelone de conserver son titre de champion d'Espagne. Honnêtement, personne ou presque ne voit Lyon en quart de finale. Le Real, c'est Cristiano Ronaldo, Kaka, Higuain et une ribambelle de champions d'Europe espagnols. « On sait que personne n'a confiance en nous et qu'on est les seuls à y croire, concède Jérémy Toulalan. Les conséquences ne peuvent être dramatiques puisque tout le monde nous voit perdre… Nous sommes entre nous dans cette situation puisque personne n'est avec nous. Mais on n'est pas aussi lamentables qu'en décembre, même si on est moins bons qu'au début de la saison. »

Paranoïa et syndrome de persécution, les armes de l'Olympique Lyonnais

Le ressort lyonnais s'appelle l'orgueil. Entretenus dans un syndrome de persécution par leur président, Jean-Michel Aulas, grand spécialiste en la matière, les joueurs de l'OL se sont convaincus que c'était pire que ce qu'ils croyaient : non seulement personne ne les voit sortir le Real, mais surtout, il est quasiment souhaité qu'ils tombent, voire soient ridicules.

Et ils ont raison : ridicules, ils arrivent à l'être en se persuadant d'évoluer dans un contexte qui n'existe pas. « On nous criti-

GUTI : « LYON N'EST PAS UNE GRANDE ÉQUIPE. »

que tellement que ce serait vraiment une belle chose de passer, dit Toulalan. On ne doit pas avoir le sentiment d'atteindre notre objectif parce qu'on est en huitièmes. »

Le Real arrive à Gerland relativement confiant, il en ressort perdant. Les Merengue ont peu existé. Un tir de Ronaldo (61e) et une sortie de Lloris devant Higuain (63e) ont signalé leurs quelques intentions offensives. Mais la vérité est qu'ils s'en sortent bien en ne concédant qu'un but (0-1). Govou a tenté deux volées non cadrées (10e, 12e), puis Boumsong a placé une tête dangereuse (19e). Et juste après le repos, Makoun, devant la surface, décoche une frappe du droit qui termine dans la lucarne de Casillas (47e, 1-0).

On est loin du but de raccroc, d'autant que l'OL continue à dominer. Lisandro essaie une frappe croisée, à côté (58e), Cissokho tire sur Casillas (58e), puis Lisandro, encore, manque sa reprise sur un centre de Govou devant le but (63e). Finalement, le Real s'en sort bien et préserve toutes ses chances d'accéder aux quarts de finale.

D'où la relative déception lyonnaise sous le vernis d'un discours restant dans la thématique paranoïaque : « Cette victoire ne peut être inattendue que pour ceux qui ne croient pas en nous, analyse Claude Puel. Le petit regret, c'est de ne pas avoir réussi à marquer un deuxième but car il y avait la place. »

Le technicien lyonnais a parfaitement raison et Zinedine Zidane, conseiller du président madrilène Florentino Perez, confirme : « Voici longtemps qu'on n'avait pas vu le Real jouer comme ça. Quand on recule, on se met toujours en danger. Le talent, quelquefois, ne suffit pas. » Face à celui-ci, l'OL a su répondre avec ses meilleures armes, notamment un collectif très efficace. « On a livré un très gros match, bien structuré, avec beaucoup de densité physique, estime Puel. Il a fallu élever notre niveau de jeu, mais il ne s'agit que de la première manche. Ce succès sera-t-il suffisant ? »

Cristiano Ronaldo n'a pas l'air de le penser. « Je ne suis pas inquiet, dit le Portugais. Ça peut arriver de perdre. Je reste confiant, on peut gagner le retour et se qualifier, on a assez d'expérience pour ça. C'est vrai, le Real a été éliminé lors des cinq derniers huitièmes, mais ça peut changer… » C'est ce qu'on verra.

Les Madrilènes abordent avec grande sérénité le match retour. « Ce match contre Lyon tombe à un excellent moment, se réjouit l'entraîneur Manuel Pellegrini. Nous sommes très sereins et je ne pense pas

Coup de canon de Makoun dans la lucarne de Casillas (à gauche). Ronaldo : le monsieur-but du Real Madrid (ci-dessous).

RÉVEILLÈRE : « C'EST UN JOLI PIED DE NEZ. »

que nous aurons besoin d'un match épique pour aller en quarts de finale. Le résultat de l'aller est tout à fait rattrapable. »
« Nous allons connaître une autre nuit magique », prédit Casillas tandis que Guti assène : « Lyon n'est pas une grande équipe. » Et que Sergio Ramos pronostique : « Nous allons gagner 3-0. »
L'OL fait davantage profil bas. Cris : « On ne peut pas dire qu'on va éliminer le Real, il faut les respecter. Ils n'ont pas réalisé un grand match à Gerland alors qu'on était vraiment bien. La réalité, c'est ça et ce sera différent chez eux. On est passé de 80 % de chances de qualification pour eux avant l'aller à 60 %, toujours en leur faveur. Mais même si les gens y croient un peu plus, on continue à penser qu'on est les seuls à croire que c'est possible. » Puel : « OK, on mène 1-0 au coup d'envoi, mais on connaît le potentiel de cette équipe. Il faudra surtout jouer pour marquer car je pense que pour se qualifier à Bernabeu, il faut inscrire au moins un but. »
Ça commence assez mal. Ronaldo, servi par Guti, ouvre le score dès la 6e minute (1-0). Normalement, la suite devrait être un cauchemar, une déferlante sur le but de Lloris pour une fessée mémorable renvoyant Lyon dans son chez-lui. D'autant que lorsque Higuain dribble Lloris et frappe dans le but vide, l'affaire semble entendue. Sauf que le tir de l'Argentin termine sur la base du poteau (26e). À la pause, Boumsong et Makoun, blessés, laissent leur place. Gonalons entre au milieu, Toulalan passe en défense centrale.

Pjanic, l'homme de Madrid

En seconde période, Govou (52e), puis Lisandro (55e) tentent leur chance. On se dit que, finalement, Lyon va réussir au moins à arracher la prolongation. Puis survient la 75e minute. Delgado donne au centre de la surface un ballon à Lisandro, très entouré. L'Argentin, dos au but, redonne dans la course de Pjanic qui contrôle de la cuisse droite et frappe de volée du gauche (75e, 1-1). « Quand je vois le centre de Delgado, racontera le Bosniaque, je me suis dit qu'il faut être près de Licha (Lisandro) car il peut rater son contrôle. Le ballon monte un peu, mais je me l'amène bien et je marque. Lisandro m'a

dit que je méritais ce but car je m'étais accroché sans baisser la tête. » Après cela, plus rien.
Sauf l'immense exploit lyonnais. Et la colère intérieure de Pellegrini, qui sait alors qu'il perdra son poste en fin de saison. « En première période, nous avons développé un jeu de qualité, mais qui s'est un peu étiolé, constate le coach uruguayen. Mon grand regret est de ne pas être parvenu à marquer ce deuxième but quand nous en avions l'occasion en première période. Nous n'avons pas cherché ce deuxième but de manière collective et cela nous a coûté cher. En seconde période, le problème a éclaté : l'individualisme a pris le pas sur le collectif et c'est ainsi que nous avons sombré. »
La tonalité est logiquement différente côté lyonnais. « On a livré une très bonne deuxième période, analyse Puel. On a résisté tant bien que mal en première période où on a été un peu chanceux avec le poteau de Higuain. » Le plus heureux est sans doute le président Jean-Michel Aulas : « C'est génial. C'est la plus belle performance pour moi avec Lyon. Quand on a tiré le Real, on pensait que ce serait aussi dur que Manchester United ou Barcelone. C'est une année où l'on a connu des moments difficiles. Où la critique a été forte, parfois excessive. Ce qui me rend encore plus heureux pour Claude (Puel) et les joueurs. Moi, j'ai le cuir épais, je sais résister aux critiques, mais il a fallu forcer les joueurs à résister aussi et à les convaincre qu'ils avaient des qualités. C'est un juste retour des choses. Mon bonheur est indescriptible. Je ne devrais pas le dire, mais j'ai versé une petite larme du fond du cœur, ce qui me rendra peut-être sympathique puisqu'on aime bien les gens qui pleurent. »
Avant de s'éloigner de Madrid en espérant y revenir pour la finale, les Lyonnais ont le droit d'être un peu revanchards. « Ils ont beaucoup parlé avant et nous ont pas mal chambrés, résume Pjanic. On a entendu, mais on n'a jamais rien dit. J'étais furieux. Nous, on les a respectés. À la fin, ils sont rentrés fâchés car ils n'auront pas leur finale ici. » « C'est vrai, ça nous a piqués, reconnaît Réveillère. C'est donc un joli pied de nez. Maintenant qu'on est qualifiés, on s'en tape. » Voilà, c'est ça.

Devant Lloris et Boumsong : Higuain en extension mais pas en réussite (à gauche).

But de Pjanic à Santiago-Bernabeu : le plus important de l'histoire de l'OL en Coupe d'Europe (à droite).

Il ne peut en rester qu'un

Inédit. Deux clubs français s'affrontant en quart de finale de la Ligue des champions, en voilà un événement. La bonne nouvelle, c'est l'assurance pour la France de compter un représentant en demi-finale. Sinon, la perspective de ce Bordeaux-Lyon est plus étrange qu'excitante. Sans doute le manque d'habitude d'être concerné encore à ce niveau de la compétition. À moins que, club français ou pas, on cherche où est vraiment le parfum de l'Europe.

Les entraîneurs ne s'y trompent pas et cherchent à recentrer le débat, conscients que l'affaire ressemble à un sommet de Ligue 1 en pleine semaine européenne… « C'est un match de C1, martèle Laurent Blanc. C'est plus important que le nom de l'adversaire. À la clé, il y a une demi-finale de Ligue des champions, ça n'a rien à voir avec du championnat de France ! » Au passage, le champion du monde 1998 pose toute la pression sur les épaules de son adversaire : « Au nom des huit ou neuf dernières saisons de suprématie lyonnaise, l'OL est supérieur à Bordeaux », et donc favori. « Blanc pense tout le contraire de ce qu'il déclare, répond Claude Puel. C'est un match très équilibré et Bordeaux aura l'avantage de jouer le match retour chez lui. »

Toujours en difficulté en championnat, les Girondins seraient presque en crise, mais Chamakh affirme que « l'équipe va mieux qu'on ne le croit ». De son côté, le défenseur lyonnais Réveillère est convaincu que « l'OL a les joueurs pour les contrer ». On va voir ça, à Gerland donc. Dès la 10e minute, Lyon enflamme le match. Un coup franc de Pjanic est repoussé par le mur, Cissokho adresse alors un ballon en cloche vers la surface adverse où Ciani, de la tête, dégage sur la droite. Bodmer récupère et centre fort devant le but. Lisandro, du bout du pied, devance Ciani (10e, 1-0).

La joie lyonnaise est de courte durée. Sur un centre de Gourcuff, du gauche au deuxième poteau, où Chamakh s'impose devant Cris (14e, 1-1). Cette fois, c'est Bordeaux qui a réalisé le plus dur. Le fameux but à l'extérieur. Sauf que l'OL a un peu l'expérience de ces choses-là et, surtout, en a ras le bol de sortir de la Ligue des champions en huitièmes ou en quarts. Alors, les Lyonnais vont repasser devant. Pjanic, côté gauche, envoie un centre lobé sur lequel Trémoulinas ne saute pas assez haut. Derrière lui, Bastos attend et enroule son ballon parfaitement (32e, 2-1). Le match est emballé, cette fois, et lorsque Wendel reprend de volée sur la barre (70e), le message porte plus que les Girondins ne l'auraient espéré. Car Lyon réagit

encore. Un tir de Cissokho est touché de la main par Chalmé. Penalty, transformé par Lisandro (77e, 3-1). L'Argentin, averti quelques instants plus tard (80e), se retrouve suspendu pour le match retour.

BOUMSONG : « LES BORDELAIS ONT L'AIR CONFIANT... »

« Il ne méritait pas ce carton jaune, peste Claude Puel. Sans lui et sans Govou, ça reste du 50-50. » Bizarrement, le perdant a l'air plus satisfait. « Ça fait longtemps que je n'avais pas vu Bordeaux jouer comme ça, se réjouit Laurent Blanc. Le temps est passé vite, avec des occasions, des buts, beaucoup de joueurs talentueux. Avant le penalty, il y a eu la barre de Wendel : nous avions une bonne emprise sur le match et nous étions plus proches du 2-2 que du 3-1. En revanche, on est encore jeunes en défense, et je crois qu'on a pu le constater... Disons que la pression a sûrement joué sur le comportement de nos défenseurs. Pour aller en demi-finale, il faut réussir des exploits mais si on défend comme ce soir, ce sera difficile. » Son milieu de terrain Fernando ne partage pas cet avis visiblement : « Si on produit le même match à Bordeaux, on peut passer. »

Difficile, une semaine plus tard, de s'y retrouver tant les discours évoluent. « À travers certaines déclarations, notamment de Blanc, les Bordelais ont l'air confiant... » remarque Jean-Alain Boumsong. Pourtant, selon le capitaine Alou Diarra, on est loin de l'être en fait chez les Girondins : « Je n'ai pas dit qu'on était en plein doute, mais qu'on était fébrile. » Quant à Laurent Blanc, il a l'air un peu agacé : « À force de parler en bien de Bordeaux, on se languissait d'en parler en mal, même si c'est à juste titre. C'est donc le moment pour les joueurs de clarifier les choses, d'abord vis-à-vis d'eux-mêmes. »

Lyon semble déjà qualifié, ce qui agace le gardien bordelais Cédric Carrasso : « Qui peut dire que Bordeaux n'est pas capable de gagner 2-0 ? On a quoi à perdre ? On est dos au mur. »

Pendant le match, c'est Lyon qui a eu l'air littéralement dos au mur. 66 % de possession de balle pour les Girondins, aucun tir cadré pour l'OL. Diarra touche la barre juste avant le repos (44e), puis Chamakh ouvre le score suite à un centre en retrait de Trémoulinas dévié par Plasil (45e, 1-0). L'OL, ensuite, résiste. Et plutôt bien. Sur une tête à bout portant de Wendel, Lloris préserve son but et, donc, la qualification des siens, au prix d'un superbe réflexe (87e). « C'est une balle de match pour Bordeaux que sauve Hugo », constate Puel. « Ça fait partie du jeu, dit le gardien de l'équipe de France. Je m'attendais à un arrêt difficile dans les dernières minutes. »

Les Bordelais l'ont légèrement mauvaise, comme on dit. « On peut s'en vouloir car on est responsables des boulettes », regrette le président Jean-Louis Triaud. « Il y a la satisfaction du match accompli, mais la déception d'être éliminé », souffle Trémoulinas. « La différence s'est surtout creusée à l'aller, analyse Laurent Blanc. Mais je répète que l'expérience ne s'achète pas au supermarché. » Claude Puel est plus stoïque : « On s'était mis en tête de jouer comme si on était à 0-0, mais on pensait quand même un peu à notre avantage. Les joueurs se sont montrés très courageux, solidaires, sans jamais lâcher. »

Voilà donc Lyon dans l'histoire. Dans la sienne, d'abord, puisque le club atteint pour la première fois la demi-finale de la Ligue des champions. Dans celle du football français aussi, puisqu'il n'est pas si fréquent de retrouver un club de l'Hexagone dans le dernier carré de la C1. La dernière fois, c'était Monaco, en 2004. Il reste donc une marche à franchir pour se retrouver à Madrid, rêve absolu des Lyonnais.

Pour cela, il faut passer sur le Bayern Munich, que Bordeaux a dominé deux fois en phase de poules. « Mais si le Bayern a éliminé Manchester à Manchester (2-1, 2-3), c'est qu'il est très costaud, prévient Puel. Le foot allemand, en club ou en équipe nationale, est toujours là. » Il ne se doute alors pas à quel point il a raison.

Impeccable conduite de balle de Lisandro Lopez entre Gourcuff et Sané (à gauche).

Lloris : profession voltigeur (à droite) !

Le Bayern briseur de rêves

Un volcan islandais transforme le voyage des Lyonnais vers Munich en expédition à l'ancienne. Minibus, autoroute. Une escort-girl des Champs-Élysées donne à cette demi-finale aller de la Ligue des champions un petit air canaille. Adultère, scandale. Franck Ribéry, le Munichois, et Sidney Govou, le Lyonnais, entendus comme témoins dans ce qui sera brièvement célèbre sous le nom d'« affaire Zahia », goûtent avec moins d'humour d'être embringués dans une enquête où il est question de proxénétisme et d'acte tarifé avec une mineure.

Les clubs ont d'ailleurs décidé de s'unir. Lyon, par la voix de son président, Jean-Michel Aulas, qui envoie la patate chaude vers Ribéry, estimant que son joueur n'est que de très loin associé à cette aventure. Au Bayern, on est clair avec les médias, la veille du match : « Pas de questions extrasportives. » Comme peu de monde se pose vraiment des questions sportives, les débats ne traînent pas en longueur.

Sur la pelouse, pourtant, difficile de dire que Ribéry n'est pas nerveux. À la 37e minute, il saute quasiment à pieds joints sur la cheville de Lisandro et s'en va donc méditer sur sa condition de star surexposée au vestiaire (37e). Même si les Allemands ne sont plus que dix, Lyon subit. Jamais dangereux, avec 33 % de possession de balle et seulement huit tirs contre dix-neuf, l'OL se retrouve à son tour à dix, suite à l'expulsion de Toulalan (54e). Un quart d'heure plus tard, le Bayern a ouvert le score, sur une frappe puissante de Robben, effleurée de la tête par Müller (69e, 1-0).

Malgré cette défaite, Lyon s'en tirerait presque à bon compte. « Nous sommes très déçus, mais nous aurions aussi bien pu nous incliner plus largement », estime ainsi Réveillère. « Même en infériorité numérique, le Bayern était bien organisé tactiquement, reconnaît Cissokho. À la fin, c'était dur de tenir. » « Malheureusement, nous n'avons inscrit qu'un seul but, regrette l'entraîneur des champions d'Allemagne, Louis van Gaal. Mais si nous marquons un but à Lyon, il en faudra trois à l'OL pour passer… » Finalement, seul Cris, le défenseur lyonnais, semble très frustré : « Je suis triste. On a laissé passer une opportunité de réussir un bon résultat. Il fallait donner plus ! On n'a pas été bons. Je ne veux pas entendre parler d'excuse à cause du voyage. Si des joueurs disent ça, c'est qu'ils ne sont pas prêts à disputer un match de Coupe d'Europe. »

CRIS : « IL FALLAIT DONNER PLUS ! »

Une semaine plus tard, le Brésilien n'a pas vraiment décoléré. « On n'a pas mon-

tré notre visage européen, dit-il. On s'est contentés d'être là. Ça a bougé mentalement entre nous, on va être costauds d'entrée pour faire le pressing. Ce n'est pas forcément la peine de prendre des risques. On a le temps de marquer : 1-0, prolongation, tirs au but. » Parler de tirs au but contre des Allemands, c'est gonflé quand même…
D'autant que le Bayern se présente assez à l'aise, comme en témoigne cette analyse du capitaine, Mark van Bommel : « Des buts, on en a encaissé à chaque fois à l'extérieur en Ligue des champions et à chaque fois, on s'est qualifiés. » « Ils ont toutes les raisons d'être confiants, lâche Claude Puel. Il faut les laisser à leur assurance. » Un match plus tard, elle semble totalement justifiée. L'OL a pris une leçon et une correction en même temps. Sur un centre de Müller, Olic a marqué en pivot, du droit (26e, 0-1). Juste avant l'heure de jeu, pour avoir moqué l'arbitre, Cris se retrouve expulsé (59e). Quelques instants plus tard, Altintop lance Olic qui trompe Lloris d'une frappe croisée du gauche (67e, 0-2). Le Croate s'offre ensuite un triplé en reprenant de la tête un centre de Lahm (77e, 0-3).

Comment battre le Bayern quand il joue comme ça

« Quand nous jouons comme ça, c'est difficile de nous battre », analyse Van Gaal. « Ils étaient supérieurs dans l'impact et dans la qualité de jeu, concède Puel. Dans la maîtrise, ils ont été impressionnants et il aurait fallu un match parfait pour se qualifier. » « Le Bayern mérite d'aller en finale », confirme Michel Bastos. « Contrairement à eux, qui ont été à la hauteur à l'aller comme au retour, on n'a pas su jouer en équipe », souffle Cesar Delgado.
Heureusement, le président Aulas est là pour recadrer les choses positivement. « Lyon est une grande équipe, affirme-t-il. On l'a vu ce soir, malgré la défaite et la supériorité du Bayern. » Surtout, avec cette ultime déroute à domicile, Lyon a raté sa sortie de la Ligue des champions. D'où l'injuste impression que l'OL n'a fait que traverser les demi-finales sans vraiment y participer. Très injuste, car Lyon n'a volé sa place à personne et, jusqu'à cette déconvenue à domicile, a toujours tenu son rang et jamais dévié de sa ligne en C1.
Sans doute, la frustration de voir l'OL manquer une belle opportunité d'aller en finale guide-t-elle l'acidité des commentaires et la partialité des jugements. Mais, au-delà de la déception du moment, il restera quelques faits d'armes non négligeables : une victoire à Anfield contre Liverpool et l'élimination du Real Madrid. À prendre comme des briques de plus dans la construction lente et patiente de l'histoire européenne du club.

Ribéry : semaine noire et carton rouge (à gauche).
Olic : démarche empruntée mais redoutable d'efficacité (à droite).

L'Inter galactique

Finale inattendue, Bayern Munich-Inter Milan oppose deux équipes qui, six mois plus tôt, n'émargeaient pas vraiment dans la catégorie des favoris.

Le Bayern, à la traîne en Bundesliga, était dominé par Bordeaux en poule de Ligue des champions et n'avait quasiment aucune chance de passer en huitièmes, à moins d'un miracle contre la Juventus Turin. Quant à l'Inter, la Roma et le Milan AC semblaient tellement mieux armés pour lui causer des misères en championnat…

Finalement, ce 22 mai, à Madrid, se retrouvent deux formations qui ont assuré le doublé Coupe-championnat dans leur pays et qui sont donc en lice pour un triplé retentissant. Évidemment, pour qui aime le FC Barcelone et l'érige en équipe universelle indispensable à la bonne tenue d'une finale de très haut niveau, ce duel germano-italien interpelle. Bien sûr, pour qui ne jure que par la Premier League anglaise, l'absence d'un club d'outre-Manche, pour la première fois depuis 2004 (Porto-Monaco : 3-0), est incompréhensible. Naturellement, pour qui collectionne les vignettes autocollantes de stars, cette finale manque un peu de clinquant.

Milito, c'est quelque chose !

Pourtant, entre le Bayern, quatre fois vainqueur (1974, 1975, 1976, 2001) et l'Inter, qui a gagné deux C1 (1964, 1965), il y a de quoi monter une belle affiche. Des vedettes, il y en a des deux côtés, notamment sur les bancs de touche. José Mourinho, devenu à Chelsea le « Special One », est un numéro à lui tout seul. Et Louis van Gaal, qui sourit lorsqu'il se brûle, ne manque pas de piquant. L'un et l'autre ont déjà remporté la Ligue des champions, le Néerlandais avec l'Ajax Amsterdam en 1995, le Portugais en 2004 avec Porto.

L'un d'eux rejoindra donc Ernst Happel (Feyenoord 1970 et Hambourg 1983) et Ottmar Hitzfeld (Dortmund 1997, Bayern 2001), les deux seuls entraîneurs vainqueurs de la C1 avec deux clubs différents.

Milito double la mise : net et précis (ci-dessous).
Devant Demichelis, Milito en parfait équilibre (à droite).

PIRELLI

Ancien assistant de Van Gaal à Barcelone à la fin des années 1990, Mourinho a-t-il les moyens de dépasser celui qui fut son maître? Normalement, oui. L'Inter a affiché une solidité phénoménale, notamment en demi-finale contre Barcelone (3-1, 0-1) et le Bayern, hormis contre Lyon, a toujours encaissé un, voire deux buts lors des matches à élimination directe. « Mais les Allemands sont portés par la chance », assène Alex Ferguson, manager de Manchester United sorti par le FCB en quarts de finale et qui, débordant d'aigreur, semble ne pas l'avoir encore digéré.

La recette de Mourinho

Le Bayern aurait pu avoir la chance, effectivement, que la main de Maicon, dans la surface, soit transformée en penalty, mais l'arbitre ne l'a pas vue (16e). Tant pis pour les Allemands, qui vont plier quasiment sur la première occasion italienne. Un dégagement de Julio Cesar, une déviation de Diego Milito de la tête vers Wesley Sneijder qui redonne dans la course de l'Argentin. Feinte de tir, puis balle piquée au-dessus de Hans-Jörg Butt (34e, 1-0). Les coéquipiers de Franck Ribéry, suspendu, ne le savent pas encore, mais c'est déjà fini.

En seconde période, alors que le Bayern a essayé, a joué, Eto'o glisse la balle à Milito qui crochète Van Buyten avant d'ajuster Butt de l'intérieur du droit (70e, 2-0). L'Argentin symbolise la mainmise de l'Inter sur cette finale. « On était absents en première période, expliquera Van Buyten. On a pris des risques en un contre un ensuite et l'Inter est resté à neuf derrière pour jouer le contre… Mais Milito, c'est la grande classe. Il ne lui faut pas beaucoup de ballons pour marquer. » L'international argentin fuit modestement les éloges : « Le Bayern aussi est une grande équipe et la part de Mourinho dans ce succès est énorme. »

L'ancien entraîneur de Chelsea a rendu sa grandeur à l'Inter. Il est en droit de livrer ses clés de réussite : « Pour être champion d'Europe, vous avez besoin de deux solides défenseurs centraux, d'un tireur de coups de pied arrêtés et d'un grand attaquant. Pas quelqu'un

qui a besoin de quinze occasions pour marquer trois buts, mais un joueur qui marque toutes les deux occasions.»

Désormais, le Portugais peut se consacrer à sa prochaine œuvre: redonner du lustre au Real Madrid, qui va l'enrôler quelques jours plus tard. «Je veux être le premier entraîneur à remporter la Ligue des champions avec trois clubs différents», annonce-t-il. Comme ça, c'est clair.

Mourinho, la fierté du maître tacticien (à gauche).

Réunie autour de Zanetti (le capitaine qui brandit la Coupe) et de Materazzi, la famille nerazzurri en pleine euphorie (ci-dessous).

Le deuil des illusions

Longtemps après, on ne se rappelle plus. On ne sait plus trop pourquoi, finalement, Toulouse a joué cette Coupe de l'UEFA. Longtemps après, on se rend compte qu'un sprint engagé entre Bordeaux et Marseille a occulté celui que le TFC a remporté pour devancer Lille et le Paris SG.

Longtemps après, on se souvient qu'on a complètement oublié la quatrième place du championnat des Toulousains.

Pourtant, trois mois plus tard, le 20 août 2009 exactement, elle a transporté toute la troupe d'Alain Casanova vers Trabzon. Et face à son Trabzonspor, rendu célèbre pour avoir éliminé Lyon de la Coupe UEFA au début des années 1990. Là-bas, en Turquie, évoluent l'ancien Lillois Tony Sylva et l'ex-Messin Rigobert Song. Le Camerounais est d'ailleurs le seul buteur turc du match aller du premier tour, remporté par le TFC (3-1) : un doublé d'André-Pierre Gignac (12e, 59e) et un but de Fodé Mansaré (90e+1). Si, une semaine plus tard, Toulouse s'incline (0-1, but peu avant l'heure de jeu de Gülselam), cela ne l'empêche nullement d'intégrer la poule J de ce que l'on nomme désormais Europa League ou Ligue Europa.

À l'intérieur, le champion de Serbie. Partizan Belgrade est un fruit dangereux. Vénéneux, en plus. Oh, il reste comestible et n'a pas de noyau caché, mais son écorce est pleine de pièges : elle est pourrie à certains endroits. Autour de ce club, des supporters qui n'en sont pas vraiment. Plutôt des gens avides de bagarres et de débats sur l'identité nationale. L'après-midi du match, dans l'ancienne capitale de la Yougoslavie, des affrontements violents éclatent entre fans des deux équipes. L'un des supporters toulousains, grièvement blessé, est évacué vers l'hôpital dans un état très grave.

Et le football dans tout ça ? Ah oui, un match se déroule. Au début, Toulouse est mené. Corner de Lomic, tête de Krstajic (1-0, 23e). Et puis, Pantxi Sirieix égalise après s'être joué de deux défenseurs (1-1, 30e). Et puis, Pantxi Sirieix donne l'avantage au TFC d'une frappe de 20 mètres (1-2, 38e). Juste après le repos, Devaux trompe une nouvelle fois le gardien serbe Bozovic (1-3, 48e). La réduction du score de Cleo (2-3, 67e) n'empêche pas les Français de repartir avec 3 points. « C'est mon premier doublé en pro, se réjouissait Sirieix. Nous avions envie de démontrer que nous avons de la qualité. Mais on a aussi eu la chance de marquer rapidement, ce qui a annihilé l'ambiance. » L'ambiance, justement, prend un sérieux coup douze jours plus tard lorsque est déclaré décédé le supporter toulousain.

Le TFC s'apprête alors à recevoir le FC Bruges. À l'initiative du groupe des Indians, un grand tifo rend hommage au supporter qui vient de mourir. Le club propose des places gratuites en échange d'un don à sa famille. L'UEFA, pour plus de 5 000 euros, offre des places à des enfants de la région. « La douleur ne connaît pas de couleur », clame la banderole déployée par les supporters belges. « La minute de silence a été un moment très fort », dira Alain Casanova.

Une fessée en Ukraine

Et après tout ça, the show must go on, alors le match commence. Une frappe d'Akpala, de 25 mètres (52e), donne un avantage aux Belges de courte durée puisque Sissoko égalise deux minutes plus tard (1-1, 54e). « L'ouverture du score par notre adversaire nous a piqués au vif, dira l'entraîneur toulousain. Après, nous avons eu la maîtrise totale et Bruges quasiment aucune situation chaude. » Suite à un renvoi maladroit du gardien Stijnen, Gignac inscrit de l'épaule un but qui ressemble fort, dans ce contexte, à celui de la victoire (2-1, 84e). Seulement, une sortie approximative de Pelé profite à Perisic qui, dans le temps additionnel, égalise de la tête (2-2, 90e+3). « C'est rageant, dur à accepter, peste Casanova. C'est la cruauté de ce sport, qui est magnifique, mais parfois ne pardonne pas. »

Finalement, Toulouse a annulé l'effet de son succès en Serbie en concédant le nul dans son stade. Et ce n'est pas une bonne idée parce que, trois semaines plus tard, il faut se déplacer à Donetsk. « C'est un gros calibre, admet Yohann Pelé, l'ancien gardien du Mans. Mais si je suis venu à Toulouse, c'est pour disputer ce genre de match. »

Sirieix, pièce majeure de l'entrejeu toulousain.

« LA DOULEUR NE CONNAÎT PAS DE COULEUR », CLAME LA BANDEROLE DÉPLOYÉE PAR LES SUPPORTERS BELGES.

Le Chakhtior étant tout simplement tenant du titre, l'affaire s'annonce compliquée et elle l'est sans doute plus que ça sur la pelouse où le TFC reçoit une véritable correction. Un penalty de Fernandinho suite à une main de Congré dans sa surface (8e), un premier but de Luiz Adriano (24e), une frappe de Rat déviée par Hübschman (39e) et un second but de Luiz Adriano d'une folle talonnade (56e), cela fait quatre. 4-0. « La dernière fois qu'on a pris 4-0, c'était à Liverpool (tour préliminaire de la Ligue des champions), se souvient Sirieix. Et je trouve qu'on avait moins souffert. C'est simple : on a pris une leçon de football et de simplicité dans le jeu. » Constat dépité de son entraîneur : « Cette équipe est intouchable. Elle appartient aux dix meilleures d'Europe en comptant tous les grands qui jouent la Ligue des champions. »

Le problème, c'est que deux semaines à peine s'écoulent et voilà que l'équipe en question débarque à Toulouse. « À partir du moment où nous sommes bien organisés, que l'état d'esprit est là, nous sommes capables de réussir un très bon résultat contre n'importe quelle bonne équipe », martèle Casanova. Sauf que, comme l'indique Moussa Sissoko, « il ne faudra pas être timide comme à l'aller, mais jouer à fond sans pression : les joueurs de Donetsk sont habiles balle au pied, mais pas impressionnants physiquement. Si on joue dur sur eux, ils auront du mal à bouger notre bloc ».

PAULO MACHADO : « ON PEUT RÉALISER QUELQUE CHOSE DE GRAND ET PEUT-ÊTRE AVOIR UN TIRAGE DE FOLIE ENSUITE. »

Bon, y a plus qu'à… Ça a l'air de marcher en première période, même si Toulouse ne réussit pas beaucoup à porter le danger devant la cage adverse. « On a commis des erreurs incroyables pendant les quarante-cinq premières minutes », regrettera de son côté Mircea Lucescu, le coach roumain des Ukrainiens. Le début de la seconde période est plus favorable à son équipe. « On s'expose alors à un football de mouvement de très grande qualité, avec de la maîtrise technique et des automatismes », constatera son collègue français.

Luiz Adriano élimine Congré d'un contrôle orienté avant de marquer du droit (0-1, 50e). Puis Gai ternit la soirée toulousaine définitivement à la 63e minute (0-2). « Je pensais que Bruges allait battre Partizan (4-2, effectivement) et il nous faut donc désormais gagner contre le Partizan et Bruges, annonce Casanova après le match. Nous ne sommes ni optimistes ni pessimistes, mais seulement réalistes : il faudra prendre 6 points pour passer. » Totalement vrai : Toulouse domine Partizan (1-0, but de Braaten à la 54e minute), mais Bruges ayant tenu Donetsk en échec, les Français sont dans l'obligation de gagner en Belgique s'ils veulent arracher la deuxième place du groupe.

« Ce sera une finale, annonce Paulo Machado. Si nous avons consenti autant d'efforts la saison passée, c'est pour aller le plus loin possible en Coupe d'Europe et on a la possibilité de réaliser quelque chose de grand et, peut-être, d'avoir un tirage de folie ensuite. » La folie attendra. C'est un cauchemar qui donne rendez-vous au Toulousain et c'est nettement moins festif. Comme à l'aller (2-2), Bruges marque dans les arrêts de jeu (1-0, 90e+2). Comme à l'aller, Perisic est le buteur fatal. Avec seulement 7 points en six rencontres, le TFC échoue à la troisième place, 4 points derrière les Belges, 6 derrière le Chakhtior Donetsk. « C'est une énorme déception, une très grande frustration, dit Casanova. On avait déjà hypothéqué nos chances à l'aller en concédant l'égalisation et ce soir, il nous aura manqué la finition. »

Longtemps après, on ne se rappelle plus. On ne sait plus trop pourquoi Toulouse ne s'est pas qualifié pour les seizièmes de finale de la Coupe UEFA. Longtemps après, on se souvient avoir complètement oublié qu'à Bruges, le 16 décembre 2009, le TFC a été le seul club français à ne pas continuer son aventure européenne.

« Brice à jamais dans nos cœurs » : l'hommage des Toulousains (ci-dessous).

Même ceinturé, le Toulousain Fofana prend le dessus face au Partizan (en haut à droite).

L'« autre » Adriano trompe Pelé et marque pour le Chakhtior Donetsk (en bas à droite).

DEXIA
SISSOKO
22
18

L.ADRIANO
17
3

Lille a passé un cap

Le championnat de France n'a pas encore démarré quand Lille entre dans sa saison européenne. En Serbie, face au FK Sevojno, lors du dernier tour préliminaire.

Un succès 2-0 (buts de Vittek et Hazard en première période) à l'extérieur, le même à domicile (2-0, buts de Cabaye et De Melo), et voilà le LOSC au premier tour de la Ligue Europa.

Ils ont juste à passer la frontière belge pour se rendre à Genk où ils s'imposent 2-1. Dumont (48e) et Vittek (56e) ont marqué avant que Tozser réduise le score (58e). Au retour, De Melo (10e, 73e), Dumont (59e) et Hazard (78e) sont les buteurs lillois auxquels répondent Barda sur penalty (24e) et Tözser (86e). 4-2, 6-3 sur l'ensemble des deux matches. La phase de poule attend Lille dont le premier adversaire est un nom européen : le FC Valence, vainqueur de l'épreuve en 2004 face à l'OM.

Criblé de dettes (550 millions d'euros), le club espagnol, où évolue l'ancien Toulousain Jérémy Mathieu, n'a vendu qu'un joueur pendant l'été : Raul Albiol (contre 15 millions d'euros versés par le Real Madrid). Et si son attaquant Silva est absent, si Villa et Marchena sont sur le banc, Valence reste le favori de cette poule, notamment pour le coach lillois, Rudi Garcia : « Pas besoin d'insister sur la motivation pendant la causerie. » « On veut aller le plus loin possible dans chaque compétition que nous disputons, annonce de son côté l'entraîneur Unai Emery. Mais on respecte Lille car on connaît le niveau de la Ligue 1. »

Frustration contre Valence

Le LOSC, justement, n'y est pas très bien parti, mais l'Europe lui permet de montrer un autre visage. Le premier quart d'heure est valencien avec un sauvetage de Butelle face à Zigic (4e), puis une frappe de Joaquin sur la barre (11e). Ensuite, Vittek (22e), Hazard (25e) et Dumont (26e) alertent Cesar avant un but du même Dumont refusé pour hors-jeu (30e). Ces occasions manquées tireront cette analyse au coach lillois : « On n'a pas profité des temps forts de notre première période. Il faut nous améliorer dans la dernière passe. »

En seconde période, Mata, entré à la place de Jordi Alba, profite d'une remise de Zigic pour ouvrir le score (0-1, 78e). Mais sur un dégagement de l'arrière droit Bruno qui finit dans le visage de Hazard, le ballon rebondit vers Gervinho qui ne laisse pas passer l'opportunité de tromper l'ancien gardien du Real, Cesar (1-1, 87e). « Prendre un point ici me satisfait, dit Emery. Ce résultat est logique. » Davantage de regrets dans les propos d'Adil Rami : « On avait du respect pour cette équipe qui dispute régulièrement la Ligue des champions, mais quand on analyse la physionomie de la rencontre, on aurait peut-être pu obtenir mieux. » « On est frustrés de ne pas l'emporter », enchaîne Florent Balmont.

Victime d'une blessure au mollet, Balmont n'est pas du déplacement à Prague, deux semaines plus tard. Obraniak, malade, est également absent. « Ils auraient pu être là, mais on a assez de pépins en ce moment et on n'a pas envie de prendre des risques supplémentaires. » Face au Slavia, l'affaire démarre très mal, avec un penalty concédé par Butelle et transformé par Belaïd (1-0, 6e).

Au repos, les Tchèques virent en tête, mais ça ne va pas durer. Un centre de Hazard est dévié dans son but par Suchy (1-1, 47e). Frau trouve le poteau à la 68e, puis enroule parfaitement son ballon trois minutes plus tard (1-2, 71e). « En seconde période, on a essayé de reprendre l'avantage en laissant beaucoup trop d'espaces à Lille », regrettera l'entraîneur praguois, Karel Jarolim. Un centre de Hazard est bien repris par Gervinho (1-3, 86e), puis Souquet corse l'addition (1-4, 88e) avant que Gervinho ne la conclue (1-5, 90e+1). « On s'attendait à être pressés, avec une défense physique et on avait prévu de contrer ça, mais on n'a pas été performants au début, dit Garcia. Notre grande qualité fut de ne pas nous désunir et d'attendre que le pressing adverse baisse pour imposer notre jeu. »

Idéalement parti, le LOSC reçoit ensuite le Genoa au Stadium de Villeneuve-d'Ascq. Le club italien a perdu Diego Milito et Thiago Motta, partis à l'Inter pour 40 millions d'euros. L'Argentin Crespo, touché au dos, n'est pas du voyage. En revanche, Mickaël Landreau, opéré d'une rupture de ligament intérieur du genou droit le 5 juillet, est sur le banc lillois. En s'imposant 3-0, Lille, qui enchaîne son huitième match sans revers, prend la tête de cette poule B avec 2 points d'avance sur Valence, tenu en échec par le Slavia Prague (1-1).

Gervinho, un plat du pied d'artiste.

LOSC
27

RAMI : « QUE LES ARBITRES ARRÊTENT LEURS CONNERIES ! »

Le premier but est signé Obraniak, de la tête (1-0, 38e). « Jusque-là, on était assez bien en place, résume Gian Piero Gasperini, mais le deuxième but nous a donné un coup sur la tête. » Vittek l'inscrit (2-0, 63e) et Hazard, après avoir éliminé quatre défenseurs, marque le troisième (3-0, 84e). « Tout le monde est content, dit le jeune Belge. On prend la tête du groupe et on va tenter de la garder jusqu'au bout. » « Depuis longtemps, on était en recherche d'un match référence, se réjouit son entraîneur. On poursuit une série positive. »

Quinze jours plus tard, le 5 novembre, déjà le match retour. « On s'attend à une chaude réception car le Genoa est une des meilleures attaques de Serie A », prédit Rudi Garcia, privé de Mavuba et Hazard. « Cela ne change rien pour moi, dit Gasperini. On a les moyens de l'emporter. » L'ouverture du score par Palacio (1-0, 14e) semble lui donner raison, tout comme le but de Crespo vers l'heure de jeu (2-0, 58e). Seulement, Lille va revenir. Grâce à Frau (2-1, 76e), puis Gervinho (2-2, 84e). Dans les arrêts de jeu, le point précieux échappe aux Nordistes sur un centre de Palladino repris par Sculli (3-2, 90e+3). Sur le coup, les Lillois estiment que Moretti, en tirant sur le maillot du défenseur Emerson, l'a empêché d'intervenir sur le buteur. « C'était discret et bien fait », décrit Landreau. « Ce n'est pas la peine d'avoir cinq arbitres s'ils ne sifflent pas ce genre de faute, peste le président Michel Seydoux. Espérons que cela ne soit pas pénalisant pour la suite. » Adil Rami, lui, est très remonté : « Qu'ils arrêtent leurs conneries ! J'en ai ras le bol des bêtises arbitrales. Cinq sur le terrain, c'est cinq fois plus d'erreurs. »

Plus mesuré, Rudi Garcia estime que son « équipe aurait dû être plus hermétique ». Quant à son homologue italien, il juge que « le nul n'aurait pas récompensé les efforts du Genoa : tout est relancé ». Avec 7 points, Lille mène toujours cette poule, mais avec un point d'avance sur Valence et son adversaire du jour. Le déplacement en Espagne est donc périlleux le 2 décembre 2009, même si manquent les deux attaquants Silva et Villa.

Rendez-vous en Turquie

Au bout d'à peine une demi-heure, Lille est mené de deux buts. Joaquin (3e et 32e) a causé des misères à Emerson. Après le repos, Mata inscrit le troisième but valencien (3-0, 53e) et la réduction du score par Chedjou (3-1, 90e+1) n'est qu'anecdotique. « On a perdu contre une équipe de niveau C1, analyse Rudi Garcia. On a été cueillis à froid. » « On est passés à côté de notre début de rencontre, complète Debuchy. Il reste un match contre le Slavia et on va tout donner. »

À Villeneuve-d'Ascq, les Tchèques sont d'abord balayés. Cabaye (1-0, 25e), puis Gervinho (2-0, 39e) mettent provisoirement le LOSC à l'abri. Mais un but de Vlcek (2-1, 56e) plonge Lille dans le doute. « On a paniqué », reconnaît Hazard. Soulagement à dix minutes de la fin sur une frappe d'Obraniak dans la lucarne droite (3-1, 80e). Deuxième du groupe derrière Valence, le club nordiste est qualifié pour les seizièmes de finale. « C'est le succès à l'aller (5-1) qui nous qualifie, assure Garcia. C'était déjà une grosse performance. » « Tout est possible maintenant, mais gardons les pieds sur terre sinon, un jour ou l'autre, on va s'en prendre une, prévient Rami. On est des petits, mais on entre dans la cour des grands. » Michel Seydoux, lui, pense que « toutes les équipes sont prenables et (est) impatient de connaître le tirage ». Il faudra aller en Turquie. Lille tombe sur Fenerbahçe.

Encerclé par trois Génois, Dumont parvient à s'exfiltrer (à gauche). La belle pyramide de la joie lilloise (ci-dessous).

Lille s'arrête au rouge

Riche de onze succès à domicile depuis le 22 octobre 2009, Lille s'apprête à recevoir Fenerbahçe, le 18 février 2010, en pleine confiance. « C'est un adversaire aux performances redoutables, presque la meilleure formation de France », souligne Christoph Daum, l'entraîneur du club turc.

5 000 supporters stamboulìotes sont attendus à Villeneuve-d'Ascq, histoire de laisser imaginer aux Lillois ce qui les attend au match retour. « Rien ne sera fait après ce match aller, indique Rudi Garcia. Mais on peut prendre une option face à une équipe qui est, selon moi, du même niveau que Valence ou le Genoa. »

Dès la 3e minute, Balmont sollicite un une-deux avec Frau et entre dans la surface. Sa frappe du gauche touche le poteau gauche avant d'entrer dans la cage de Volkan (1-0, 3e). Pas le temps pour le LOSC de savourer car deux minutes à peine après l'ouverture du score, Vederson décoche un tir lointain, de près de 35 mètres, qui lobe Landreau (1-1, 5e). Lille finit tout de même par l'emporter, suite à une ouverture de Balmont mal prolongée de la tête vers son gardien par Baris. Frau est plus rapide pour voler le ballon et tromper Volkan du droit (2-1, 52e).

A priori, cette victoire n'est pas le meilleur résultat, comme le sous-entend Franck Béria : « Ce but encaissé est un peu ennuyeux. Il y avait la place pour les "tuer", mais on a les cartes en main, tout en sachant que ce sera bouillant à Istanbul. » Christoph Daum, l'ancien entraîneur de Leverkusen, semble appuyer ce propos : « C'est rageant de n'avoir pu égaliser, mais je suis convaincu que nous avons les moyens de nous qualifier. » « On sait quelle ambiance nous attend au retour, mais un public n'a jamais marqué de but », insiste toutefois Rudi Garcia.

Une semaine plus tard, l'excitation dans les rangs nordistes est palpable. « On est plutôt heureux de vivre une telle rencontre dans une ambiance aussi impressionnante », annonce Landreau. « On n'a qu'un léger avantage et on ne fera pas n'importe quoi, dit Mavuba. On ne va pas s'affoler et c'est à Fenerbahçe de proposer du jeu. » Les Turcs se jettent logiquement vers l'avant et, dès la 20e minute,

Rami, une tête rageuse et le LOSC qualifié (à gauche).
Malgré la meute de joueurs, aucun ne touche le ballon frappé par Hazard (hors cadre) ; même Reina, le gardien de Liverpool, s'incline (à droite).

l'Espagnol Güiza marque un but refusé pour hors-jeu. Ce n'est que partie remise. Un quart d'heure plus tard, un corner est renvoyé dans l'axe par Rami. Emre tente la volée qui rebondit juste devant Landreau et le trompe (1-0, 35e).

Le grand jour de Rami

Les Turcs, à ce moment, sont qualifiés. Juste avant le repos, Landreau sauve une tête à bout portant d'Alex (44e). Aubameyang pense avoir remis les siens dans le bon sens, mais l'arbitre refuse de valider son but en raison d'une position de hors-jeu (64e). Il reste quelques minutes à jouer lorsqu'un coup franc d'Obraniak est déposé sur la tête d'Adil Rami. Le défenseur, convoqué en équipe de France dans l'après-midi, égalise (1-1, 86e). Fenerbahçe ne reviendra pas, Lille est en route vers les huitièmes de finale. « On savait qu'il fallait marquer un but, se réjouit Garcia. Et il nous fallait rester calme, jouer notre jeu. » Pour Landreau, cette qualification « est méritée : on met un but parfait au bon moment. On est une équipe relativement jeune, on prend de l'expérience au niveau européen et ce soir, on n'a pas paniqué, on a eu la maîtrise ».

Il s'agira de continuer dans cette voie. Lille aura besoin de maîtrise au prochain tour où l'attend Liverpool. Pour la rencontre au Stadium de Villeneuve-d'Ascq, le club nordiste avance qu'il aurait pu vendre 80 000 billets. Finalement, pour la réception du quintuple vainqueur de la Ligue des champions, ils seront 17 000 en tribunes. Pour l'entraîneur espagnol Rafael Benitez, dont l'équipe peine à rester au contact des quatre premiers de la Premier League, ce déplacement en France est « l'occasion de remettre les choses dans l'ordre ».
Raté. Landreau est vigilant, avec son pied droit, devant le Néerlandais Babel, puis repousse un coup franc de Gerrard que Torres reprend de la tête, tombant lui aussi sur Landreau (42e). À l'heure de jeu, Babel échoue de nouveau sur l'ancien gardien de Nantes et du Paris SG (60e). Et comme à Fenerbahçe, Lille trouve l'ouverture en fin de rencontre. Un coup franc de Hazard, à 25 mètres, qui rebondit dans la surface et que personne ne touche (1-0, 84e). Court succès, mais prestigieux. « On a le droit de rêver à une finale », s'emporte Rami. Son coach a du mal à masquer sa fierté : « On a évolué sans complexes. Le contenu m'a plu. Liverpool avait mis

beaucoup de densité défensive. Il fallait se méfier de leurs contres et les annihiler à la source, ce qu'on a réussi, même s'ils ont eu des situations dangereuses. Mais on avait un grand gardien. » « Le 1-0 nous convient bien, dit Mavuba. Ce sera chaud à Anfield, mais on a prouvé à Fenerbahçe qu'on savait voyager. »

BENITEZ : « COMMENT STOPPER LILLE ? EN ÉVITANT LES COUPS FRANCS. »

Cela n'a pas échappé à Rafael Benitez. « Comment stopper Lille ? interroge-t-il. En évitant les coups francs... Cette équipe a de la qualité et l'a prouvé à l'aller, mais n'oublions pas un facteur important : ce retour se dispute à Anfield. » Ressortant qu'un « public n'a jamais marqué de but », Rudi Garcia annonce la couleur : « On va jouer pour marquer, ce sera plus simple pour se qualifier. »

En moins de dix minutes, pourtant, les Reds ont comblé leur retard. Une faute de Rami sur Lucas et voilà Gerrard qui transforme le penalty (1-0, 9e). « Il y a penalty, reconnaîtra Rami. Cette sanction nous fait mal. » Reina dévie un tir de Hazard (33e), mais juste après le repos, c'est encore Liverpool qui trouve la faille. Une longue ouverture de Babel lobe Rami. Torres, à 20 mètres, résiste à Chedjou et pique son ballon pour tromper Landreau (2-0, 49e). Un seul but suffirait alors au LOSC pour se qualifier, mais ce n'est pas si simple.

Au contraire, en fin de rencontre, cette fois, les Lillois vont craquer. Landreau repousse une frappe de Gerrard que récupère Torres. L'Espagnol contrôle devant Béria et marque du droit (3-0, 89e). « Ça fait une grande différence dans l'équipe quand Torres est en forme », constate Benitez.

Pour Obraniak subsiste « le sentiment de ne pas avoir donné le maximum et beaucoup de frustration ». « Le résultat me paraît sévère, poursuit Garcia. Mais on n'a pas à rougir de cette défaite. On n'a pas été assez tranchants offensivement. » Sans langue de bois, Rami décrit la situation : « On a pris une belle gifle et il faut l'accepter. » Le défenseur lillois craignait, lors de la phase de poule, un brutal retour sur terre. Il s'est produit, le 18 mars 2010. Ce jour-là, face à un grand d'Europe, Lille a abandonné ses rêves d'accéder à un quart de finale européen pour la première fois de son histoire.

Torres désappointé (ci-dessous) et Gerrard (à droite) à la lutte avec Béria sont les buteurs du match retour.

adidas
Carlsberg
L.F.C.
LOSC

Au bon souvenir de Benfica

Transiter de la Ligue des champions vers la Ligue Europa n'est pas une punition. Une consolation, sans doute pour l'OM, mais aussi et surtout le sentier d'une nouvelle ambition.

Moins relevée que la grande Coupe d'Europe, sa petite sœur reste une compétition de très haut niveau dont le troisième d'une poule de C1 dominée par le Real Madrid et le Milan AC, a le droit de rêver.

Comme le résume parfaitement Édouard Cissé juste avant les seizièmes de finale, « l'appétit viendra en mangeant ». Et Marseille, logiquement, doit manger son adversaire, le club danois du FC Copenhague, dont on rappellera qu'il avait accueilli William Prunier (ex-OM, ex-Auxerre) au début des années 2000. « Copenhague n'a pas la réputation du Real ou de Milan, mais il faut passer par là, annonce Didier Deschamps. Si les joueurs ne sont pas motivés, c'est regrettable. On n'est pas là juste pour participer. »

Promenade à Copenhague

De la capitale danoise, l'OM repart en compagnie d'un score flatteur (3-1). Mandanda a été impeccable sur une frappe de N'Doye, empêchant l'ouverture du score dans une première période peu passionnante. L'ouverture du score, signée Niang, d'une frappe croisée qui touche le poteau (71e), n'agit pas vraiment sur l'allant marseillais. Au contraire. Niang touche le ballon dans sa surface suite à un corner :

Gronkjaer le transforme d'un tir puissant dans le petit filet droit (79e).

Cela reste un bon résultat pour l'OM qui va tout de même trouver le moyen de faire mieux que ça. Côté gauche, Ben Arfa entre dans la surface et, dans un angle fermé, donne l'avantage aux siens (84e). Les Danois s'écroulent alors et Kaboré, lancé par une louche de Lucho, lobe Wiland pour élargir le score. « 3-1, c'est un très, très bon résultat, se réjouit Deschamps. Ce fut un match fermé en première période et Copenhague, une équipe de qualité, a eu une chance d'ouvrir le score… Nous ne sommes pas encore qualifiés, mais nous avons pris une belle option. »

Plus radical, son homologue, Stale Solbakken, estime : « C'est la fin de l'aventure européenne du FC Copenhague : nos chances s'évaluent en millièmes. Pourtant, on a été la meilleure équipe pendant quatre-vingt-deux minutes. L'OM a eu trois occasions et a marqué trois fois. » Difficile d'imaginer une issue défavorable aux Français lors du match retour avec l'effectif qui tourne. Peu avant le repos, Bonnart, décalé par Abriel côté droit, centre au second poteau où Ben Arfa ne manque pas sa demi-volée du gauche (1-0, 43e).

Rondement menée, l'affaire est conclue par un doublé de Koné. D'abord, l'Ivoirien profite d'une ouverture de Taiwo pour se présenter seul face au gardien et le dribbler (2-0, 62e) avant de le tromper sur une balle piquée, du pied droit (3-0, 78e). La réduction du score en fin de partie par Almeida (3-1, 86e) est une anecdote dans le champ des satisfactions de Didier Deschamps. « C'est une bonne soirée, se réjouit-il. J'ai pu économiser des joueurs ou en laisser au chaud et on termine sans blessé. Notre rôle, maintenant, c'est de se garder de l'euphorie qui peut s'installer rapidement ici. »

Benfica est un excellent remède. À Marseille, l'évocation du club portugais sonne comme un cauchemar. Pire que la finale de Coupe des champions perdue en 1991 aux tirs au but face à l'Étoile rouge de Belgrade, la demi-finale de 1990, qui vit les Portugais se qualifier sur un but inscrit de la main par Vata (1-0), est une plaie ouverte. À Marseille, Benfica, c'est Vata, et Vata, c'est une main.

DESCHAMPS : « GARDONS-NOUS DE L'EUPHORIE QUI PEUT RAPIDEMENT S'INSTALLER ICI. »

Koné efface le gardien danois et va marquer dans le but vide (à gauche).

Ben Arfa : une attitude familière (à droite).

Vata au passé, Aimar et Saviola au présent

Vingt années n'ont rien effacé. Et voilà donc l'air de la revanche, le souffle de l'histoire dont on n'inversera pas le cours, mais dont on peut enfin changer la couleur. Benfica, géant portugais, n'est plus un grand de l'Europe et Vata l'Angolais dispose, pour héritiers, des Argentins Saviola et Aimar. Deux anciennes stars du championnat espagnol venues au Portugal se régénérer le moral.

Ils ne sont pas pour autant les éléments les plus dangereux de la formation lisboète. Poison infernal, Di Maria, côté gauche, trouve Cardozo dont la déviation n'est que repoussée par Mandanda. Du gauche, Maxi Pereira ouvre le score (1-0, 76e). Il faut du cœur pour revenir dans cette partie-là. L'OM n'en manque pas : centre Bonnart côté droit, tête de Ben Arfa, au point de penalty, dans le petit filet de Julio Cesar (1-0, 90e). À la dernière minute, Marseille s'est offert un score qui le place en situation très favorable.

CHEYROU : « ON DOIT TERMINER LE BOULOT CONTRE BENFICA. »

L'heure de la revanche a sonné, la route des quarts de finale est ouverte. « Nous sommes ambitieux dans cette Ligue Europa, confirme Benoît Cheyrou. Comme tous les clubs, on veut la gagner, mais au final, il y aura quinze menteurs. Mais on ne se trompe pas : on doit d'abord éliminer Benfica, nous avons bien bossé là-bas et il faut terminer le boulot. Après, seulement, on verra la suite. » La suite n'est pas qu'européenne. Cette manche retour des huitièmes de finale intervient trois jours avant la réception de l'Olympique Lyonnais en Ligue 1, dix jours avant la finale de la Coupe de la Ligue au Stade de France face aux Girondins de Bordeaux.

« Ces trois matches de rang sont peut-être les plus importants de notre saison », concède Cheyrou, tandis qu'Édouard Cissé opte pour la métaphore cycliste : « J'ai l'impression d'être dans un sprint, le nez dans le guidon. On n'a pas le temps de souffler et on ne se relèvera qu'à la fin pour voir où on est. » Benfica ne s'est pas déplacé dans

les Bouches-du-Rhône pour un tour en vélo. Cardozo le rappelle rapidement en tirant sur le poteau de Mandanda (24e). Au repos, l'OM est toujours qualifié malgré la qualité d'un adversaire qui lui laisse peu de répit.

La dernière minute, un vrai terminus

Alors qu'il ne reste que vingt minutes à tenir, la délivrance provient de Niang. Un coup franc de Cheyrou est repoussé de la tête par Cardozo. Le ballon revient vers Brandao qui sert immédiatement son capitaine aux 6 mètres (1-0, 70e). Position idéale, score idéal, timing idéal. Sauf que cinq minutes plus tard, Maxi Pereira, plein axe, à 30 mètres, reprend sans contrôle un ballon dégagé par Diawara. Cheyrou dévie légèrement la course de la balle que Mandanda ne peut qu'effleurer (1-1, 75e).

Il reste quinze minutes pour aller en prolongation, mais Benfica n'en aura nul besoin. À l'aller, Ben Arfa avait marqué à la dernière minute. Au retour, les Portugais assurent le rendu monnaie, comme disent les automates de parking. Coup franc de Pablo Aimar touché par Cissé : le ballon roule vers Kardec, dont la frappe croisée achève sa course dans la lucarne de Mandanda (1-2, 90e). Fin de l'histoire. « On est déçus parce qu'on espérait aller beaucoup plus loin dans cette Ligue Europa, dit le gardien de l'OM. Mais c'est vrai qu'après l'ouverture du score, on n'a pas mal reculé et ils ont eu des occasions… »

« Même menés au score, nous avons su jouer intelligemment, poursuit l'entraîneur de Benfica, Jorge Jesus. Nous étions supérieurs. »

« C'est une équipe très solide, qui a fourni un très gros match, admet Deschamps. Ils nous ont obligés à reculer. Le résultat fait mal. »

Il n'y a pas eu de revanche. D'Australie, où il est devenu entraîneur, Vata a suivi de loin l'élimination de l'OM. En continuant à affirmer qu'il n'avait pas touché le ballon de la main, il y a vingt ans. L'histoire suit son cours, elle n'a pas vraiment changé de couleur et chacun s'en tient à sa version : pas de main pour Vata, la qualification pour Benfica.

À peine entré en jeu, Ben Arfa égalise de la tête (à gauche).
Émotions contrastées : la joie affichée de Ramires et la consternation de Mandanda, Diawara et Cissé (ci-dessous).

Le triomphe de l'autre Madrid

En Espagne, on les surnomme « les Colchoneros » (les matelassiers). Mais aussi « los Sufridores » (ceux qui souffrent). Ils souffrent surtout de vivre à l'ombre d'un géant, le Real Madrid. Ils souffrent de ne pouvoir lutter à armes égales avec cet encombrant voisin.

Pourtant, le palmarès de l'Atletico Madrid n'est pas ridicule. Neuf titres de champion de 1940 à 1996. Neuf Coupes de 1960 à 1996. 1996, la grande année. Celle du doublé. Depuis, le calme plat. Jusqu'à la conquête paradoxale de la première Ligue Europa (ex-Coupe de l'UEFA).

Paradoxale, parce que le club a connu un début de saison poisseux qui l'a entraîné dans les bas-fonds de la Liga. Fin octobre, Quique Sanchez Flores a pris les choses en main. Sanchez Flores est le neveu d'une célèbre chanteuse de flamenco andalouse. C'est surtout un ancien international (15 sélections au poste de défenseur) et un entraîneur expérimenté en dépit de son jeune âge (45 ans). Après avoir débuté à Getafe, il a exercé à Valence (où il a joué dix ans, avant de passer deux saisons au Real), puis à Benfica.

Quand il arrive à l'Atletico, le club dispute encore les poules de la Ligue des champions. Classé troisième, il est reversé en Ligue Europa. Il y retrouve notamment la Juventus, l'Ajax d'Amsterdam, Liverpool, Benfica, le PSV Eindhoven, Hambourg et l'OM, tous anciens vainqueurs de la C1. Il franchit pourtant tous les obstacles, écarte Valence en quarts de finale et surtout Liverpool en demi.

L'homme qui éteint ce premier rêve anglais s'appelle Diego Forlan, un Uruguayen de 31 ans dont le grand-père a entraîné l'équipe d'Uruguay lors du Mondial 1962. Cet enfant de la balle inscrit l'unique but du match aller (1-0). Au match retour, à Anfield, Liverpool mène 2-0 et la prolongation tire à sa fin quand Forlan surgit pour abattre le grand favori de l'épreuve (2-1, a.p.).

C'est un autre rêve anglais qu'il faut maintenant détruire pour achever la conquête. Fulham n'est que douzième de la Premier League, mais l'Europe le sublime et le neuvième de la Liga ne peut pas l'effrayer. Son entraîneur, Roy Hodgson, 62 ans, réussit des miracles avec une mosaïque de joueurs venus de tous les horizons. Fulham a sorti Donetsk le tenant du titre, la Juventus, Wolfsburg le champion d'Allemagne, et un Hambourg excité par la perspective d'une finale à domicile.

Forlan brise Fulham

Il joue ce soir-là le match le plus important de son histoire. Le plus triste aussi car Forlan est en état de grâce. Le duo d'attaque qu'il forme avec l'Argentin Sergio Agüero, 21 ans, et gendre de Diego Maradona, cause des étincelles.

Forlan récupère d'abord une reprise de volée ratée d'Agüero pour ouvrir le score à bout portant (32e). L'égalisation de Davies (37e) rend au match un équilibre qui ne sera rompu qu'au bout de la prolongation. Reprenant au premier poteau de l'extérieur du droit un centre d'Agüero venu de la gauche, Forlan assomme Fulham (116e) et offre à Madrid son seul titre de la saison, joli pied de nez à son grand voisin.

« Forlan est un très grand buteur et il a creusé la différence », commente Hodgson. Un buteur qui déclare : « Des buts, j'en ai marqué des plus beaux, mais ceux-là sont les plus importants de ma carrière. » Celui qui ne parvint jamais à s'imposer à Manchester United (2001 à 2004), avant d'être sacré meilleur buteur de la Liga en 2005 avec Villarreal (25 buts) puis en 2009 avec l'Atletico (32 buts), peut alors se lancer un nouveau défi : la Coupe du monde.

Agüero, Simão, Ujfalusi : unis dans la victoire (à gauche).
Forlan ou l'art du contre-pied (à droite).

KIA
LG

L'Égypte dans l'histoire

La Coupe d'Afrique des Nations 2010 restera dans l'histoire pour un motif sportif (le troisième succès d'affilée de l'Égypte), mais surtout pour l'attentat dont la sélection togolaise fut victime quelques jours avant le début du tournoi.

Dans l'enclave de Cabinda, située entre le Congo et la République démocratique du Congo, le bus qui transporte l'équipe du Togo est mitraillé par des rebelles. Trois morts, neuf blessés. Traumatisés, les Togolais souhaitent déclarer forfait et se retirer. Ils rentrent dans leur pays pour y observer une période de deuil. Souhaitant revenir dans le tournoi avec un aménagement de calendrier, ils se heurtent alors à l'intransigeance de la Confédération africaine (CAF) qui les disqualifie pour ne pas s'être présentés face au Ghana. Finalement, le gouvernement togolais exige que son équipe nationale renonce à la compétition. La CAF, de manière incompréhensible, finira par sanctionner le Togo de son absence : une suspension pour les deux prochaines CAN, en 2012 et en 2014.

La compétition a donc commencé comme si de rien n'était. La première surprise est à mettre à l'actif de l'Algérie, étrillée par une des plus modestes sélections africaines, le Malawi (0-3). « On a pris une gifle, tout simplement, reconnaît Yazid Mansouri, le défenseur algérien. Nous devons remettre les pieds sur terre. Il faut de l'hu-

milité, respecter ses adversaires. Maintenant, nous n'avons plus le droit à l'erreur. » Le même jour, la Côte d'Ivoire peine face au Burkina Faso (0-0).

Le Gabon de Giresse bat le Cameroun de Le Guen

Tandis que le Gabon d'Alain Giresse a battu le Cameroun de Paul Le Guen (1-0), l'Algérie se rattrape face au Mali, qu'elle domine (1-0) grâce à un but de Halliche (43e). « Dans la difficulté, on se ressoude », constate le sélectionneur, Rabah Saâdane. Dans le même stade, à Luanda, trois jours plus tard, le Cameroun joue une rencontre décisive contre la Zambie. Menés 0-1 dès la 8e minute, les Lions indomptables reprennent le contrôle de la partie en seconde période. Geremi (68e), puis Eto'o (72e) semblent assurer le succès à leur équipe, mais un penalty réussi par Katongo (81e) replace la Zambie à leur hauteur (2-2).
Le spectre d'une élimination retentissante rôde pendant cinq minutes car Idrissou délivre les Camerounais (3-2, 86e) et les place, après deux rencontres, à la deuxième place du groupe D, une longueur seulement derrière le Gabon. « Le Cameroun, c'est aussi le mental et je suis fier aujourd'hui car on a gagné grâce à ça », se réjouit Samuel Eto'o, l'attaquant de l'Inter Milan.
Tandis que la dernière journée s'annonce, la situation n'est claire que pour l'Égypte, dominatrice dans le groupe C devant le Nigeria, et pour la Côte d'Ivoire, qui, dans le groupe B, devance largement le Burkina Faso et le Ghana. Dans le groupe A, dominé par l'Angola, l'Algérie, le Malawi et le Mali peuvent encore se qualifier. Mais le nul (0-0) entre Angolais et Algériens permet aux deux équipes de passer en quarts de finale. Le nul des Camerounais face à la Tunisie (2-2) leur donne la deuxième place du groupe, derrière la Zambie qui élimine le Gabon lors de l'ultime journée.

La Côte d'Ivoire n'est pas une équipe

Tous les quarts de finale sont extrêmement serrés. Match fermé, Angola-Ghana est enlevé par les jeunes Ghanéens (1-0). Le Nigeria écarte la Zambie aux tirs au but (0-0, 5 tirs au but à 4). Et la surprise de ce tour est pour l'Algérie, qui élimine la Côte d'Ivoire au terme d'un match plein de rebondissements (3-2, a.p.). À la 90e minute, Kader Keita, d'une frappe splendide, donne un avantage aux Ivoiriens que tout le monde pense définitif (2-1). Mais dans la minute qui suit, juste avant la fin du temps additionnel, Bougherra arrache l'égalisation (2-2, 90e+1). Et Bouazza, en tout début de prolongation, offre le succès aux Fennecs (3-2).

Le spectacle se situe également en tribunes (à gauche).
Le capitaine Eto'o coincé par les Pharaons égyptiens (en haut).
Yahia et Mansouri dépités par l'arbitrage d'Algérie-Égypte (en bas).

YAHIA : « QUAND VOUS JOUEZ AVEC UN ARBITRE QUI PORTE UN MAILLOT ÉGYPTIEN, CE N'EST PAS FACILE. »

« On a fait taire les critiques », clame Bougherra. « Je croyais que c'était fini, mais il y avait cette force mentale et morale de l'équipe, se félicite Rabah Saâdane. Seule une grande équipe peut réagir comme ça. »

Grande équipe, la Côte d'Ivoire n'en est définitivement pas une. Agrégat d'individualités évoluant souvent dans des grands clubs (Drogba, Kalou, Kolo Touré, Koné...), elle quitte une fois de plus la CAN sans trophée.

Son entraîneur, le Bosniaque Vahid Halilhodzic, tenu responsable de cet échec, est démis de ses fonctions quelques semaines plus tard. Hassan Shehata n'a pas ce type de problèmes. Double tenant du titre, le sélectionneur égyptien dispute face au Cameroun un quart de finale dont son équipe est favorite. Paradoxalement, l'Égypte, qui ne s'est pas qualifiée pour une Coupe du monde depuis 1990, est considérée comme un monstre par toutes les sélections africaines. Une fois de plus, elle domine le Cameroun, victime notamment de ses errances défensives grossières (3-1, a.p.).

Elle retrouve en demi-finale l'Algérie, qui n'est plus entrée dans le dernier carré africain depuis la seule CAN qu'elle a remportée, en 1990. Mais, avant ce sulfureux derby arabe, il y a le duel des géants anglophones, Ghana et Nigeria, à Luanda. Le Rennais Asamoah Gyan est l'unique buteur de cette rencontre soporifique (1-0, 21e) qui envoie les Ghanéens en finale.

Ils doivent donc y affronter le vainqueur d'Égypte-Algérie. À Benguela, ce n'est pas seulement une demi-finale de Coupe d'Afrique qui s'annonce, mais aussi la revanche du barrage pour la Coupe du monde, finalement remporté sur terrain neutre, au Soudan, par les Algériens trois mois plus tôt (1-0). « Mais c'est un autre match, nous on veut juste aller en finale », assure Anthar Yahia.

En fin de première période, un penalty discutable provoque l'expulsion d'Halliche et l'ouverture du score par Hosni (38e, 1-0). À dix, les Algériens n'existent plus. Zidan double la mise peu après l'heure de jeu (2-0, 65e). Pour un tacle très dangereux sur El Mohamady,

Nadir Belhadj reçoit à son tour un carton rouge (71e). Abdel Shafi marque un troisième but pour les Pharaons (3-0, 81e), Chaouchi est le troisième Algérien expulsé (88e) et Geddo, dans le temps additionnel, clôt le triomphe égyptien face aux huit Algériens encore sur la pelouse (4-0, 90e+4). Et toute une délégation crie au scandale. « On ne voulait pas qu'on passe ! » tempête Rabah Saâdane.

« On a compris, souffle, amer, Anthar Yahia. Quand vous jouez avec un arbitre qui a le maillot de l'Égypte, ce n'est pas facile. Chaque fois que nous les avons rencontrés dans un match à enjeu, nous avons été lésés. Il n'y avait pas penalty, il n'y avait pas expulsion. C'est grave : l'arbitre nous a fait perdre. » Face à ce torrent de ressentiment, Chaouki Gharib, l'entraîneur-adjoint de la sélection égyptienne, a beau jeu de prendre de la hauteur : « On a joué cinq matches, dont trois face à des équipes qualifiées pour la Coupe du monde en Afrique du Sud. On a gagné ces matches en marquant dix buts. Bonne chance à l'Algérie en Coupe du monde où elle représentera le monde arabe. »

Quelques heures avant la finale, Mohamed Zidan, l'attaquant du Borussia Dortmund, remet les Algériens à 20 mètres : « Je me fous de ce qu'ils disent. Ils étaient tellement agressifs. Ils ne connaissent que ça. Nous sommes simplement meilleurs qu'eux. Nous, au moins, on joue au football. » À cet instant, les Pharaons ne sont tendus que vers un seul objectif : « Ce serait énorme de remporter trois CAN de suite, dit Zidan. Ce serait un honneur incroyable et je crois que personne ne pourrait nous dépasser, sauf nous dans deux ans… Notre expérience par rapport au Ghana, une équipe jeune, doit creuser la différence. »

Cette finale est fermée, décevante, comme la plupart des rencontres du tournoi, qui n'ont pas démontré un très haut niveau. Gedso, entré à la 70e minute à la place de Meteeb, devient meilleur buteur du tournoi avec cinq réalisations en marquant le seul but de la finale, cinq minutes avant son terme (1-0, 85e). « On est la meilleure équipe africaine d'aujourd'hui », tonne El-Hadary, rappelant que les Pharaons ont battu tous les Africains participant au Mondial, à l'exception de l'Afrique du Sud, non qualifiée. « Je suis surtout fier de montrer qu'on peut faire confiance à un entraîneur local », se contente de lâcher Hassan Shehata.

Instant décisif : Gedo ajuste sa frappe du plat du pied entre deux Ghanéens (à gauche).
Liesse collective pour la délégation égyptienne (ci-dessous) !

Planète football

La saison de football 2009-2010 c'est encore tout ce qui suit, c'est-à-dire une multitude de résultats et d'informations qui font tourner la tête. L'infatigable planète du ballon rond est toujours en mouvement souvent pour le meilleur, parfois pour le pire, mais toujours pour alimenter la passion.

07/2009

★ Karim Benzema quitte Lyon pour le Real Madrid en échange de 35 millions d'euros, montant record pour un joueur de Ligue 1.

★ Arrivé à Monaco en provenance de Caen, l'attaquant international (1 sélection) Steve Savidan, 31 ans, est contraint de mettre un terme à sa carrière en raison d'une malformation cardiaque.

★ L'attaquant bordelais Gabriel Obertan, 20 ans, est transféré à Manchester United pour 3 millions d'euros.

★ L'ancien entraîneur de l'équipe de France Roger Lemerre est limogé de son poste de sélectionneur de l'équipe du Maroc.

★ Paul Le Guen est nommé sélectionneur de l'équipe du Cameroun.

★ L'Inter Milan et Barcelone échangent leurs attaquants vedettes Zlatan Ibrahimovic et Samuel Eto'o. Dans le cadre de la transaction, Barcelone verse en outre 45 millions d'euros à l'Inter.

★ Bordeaux remporte le Trophée des champions en battant Guingamp (2-0, buts de Cavenaghi et Fernando) à Montréal (Canada).

★ Le Bayern Munich refuse une proposition du Real Madrid pour transférer Franck Ribéry en échange de 80 millions d'euros.

★ L'ancien sélectionneur de l'équipe d'Angleterre et de Barcelone Bobby Robson s'éteint à l'âge de 76 ans.

★ Le milieu de terrain français d'Arsenal Samir Nasri se fracture le péroné à l'entraînement.

08/2009

★ Daniel Jarque, 26 ans, défenseur et capitaine de l'Espanyol Barcelone, meurt d'une crise cardiaque dans une chambre d'hôtel.

★ Petit-fils d'un grand-père polonais, le Lillois Ludovic Obraniak obtient la double nationalité et se rend pour la première fois de sa vie en Pologne, pour évoluer en sélection nationale lors d'un match Pologne-Grèce.

★ Décès à 83 ans de Lazare Gianessi, ancien défenseur de Lens, Roubaix et Monaco, sélectionné à quatorze reprises en équipe de France.

★ Un mois après son arrivée, Gilbert Gress, 67 ans, est licencié de son poste d'entraîneur de Strasbourg. Le président du club, l'ancien international Léonard Specht, démissionne.

★ L'attaquant du Havre Amadou Alassane, 26 ans, meilleur buteur

du club la saison précédente en Ligue 1 (10 buts), doit interrompre sa carrière en raison d'une malformation cardiaque.

★ En match amical disputé à Biarritz, la France et la Pologne espoirs font match nul (2-2, buts de Modeste et Dervite).

09/2009

★ À Tampere (Finlande), l'équipe de France féminine est éliminée en quarts de finale de son championnat d'Europe par les Pays-Bas (0-0, 5-4 aux t.a.b.). L'Allemagne remporte la compétition.

★ En match qualificatif pour l'Euro espoirs 2011, la France s'impose en Slovénie (3-1, buts de Modeste, Bakar et Skarabot contre son camp).

★ En match qualificatif pour l'Euro espoirs 2011, disputé à Gueugnon, la France et l'Ukraine font match nul (2-2, buts de Modeste et Sakho).

★ Chelsea est interdit de recrutement par la FIFA jusqu'en janvier 2011, pour avoir fait signer illégalement le jeune attaquant (16 ans) de Lens Gaël Kakuta, lui-même suspendu quatre mois. La sanction sera levée en février 2010.

★ Le défenseur nantais Rémi Maréval inscrit le premier but du match Nantes-Nîmes à la 8e seconde, nouveau record de la Ligue 2. L'ancien record appartenait à Grégory Thil, buteur au bout de 14 secondes avec Beauvais contre Caen en 2002.

★ Décès à 81 ans de Léon Glovacki, ancien attaquant de Reims, Monaco et Saint-Étienne. Il avait disputé en 1956 la première finale de la Coupe d'Europe des clubs champions, perdue par Reims contre le Real Madrid (4-3) et porté 11 fois le maillot de l'équipe de France.

★ Maurice Cohen cède la présidence de l'OGC Nice à Gilbert Stellardo.

10/2009

★ En match qualificatif pour l'Euro espoirs 2011, l'équipe de France s'impose à Malte (2-0, buts de Modeste et Aït-Fana).

★ En match qualificatif pour l'Euro espoirs 2011, la France obtient le nul (0-0) en Belgique.

★ L'entraîneur de l'Argentine Diego Maradona s'illustre en tenant des propos particulièrement vulgaires à l'égard des journalistes, après la victoire en Uruguay (1-0) qui qualifie son équipe pour le Mondial. Il sera suspendu deux mois.

★ Le Brésilien Carlos Parreira, sélectionneur du Brésil champion du monde 1994, est nommé à la tête de l'Afrique du Sud.

★ Sandrine Soubeyrand porte le maillot bleu pour la 143e fois lors d'un match contre l'Estonie (12-0) qualificatif pour le Mondial 2011. Elle dépasse Lilian Thuram, recordman en équipe de France masculine avec 142 sélections.

11/2009

★ Entraîné par le Français Diego Garzitto, le TP Mazembe (République du Congo) remporte la Ligue des champions africaine en battant en finale les Nigérians de Heartland FC (1-2, 1-0).

★ Le gardien de but international de Hanovre (8 sélections) Robert Enke, 32 ans, se suicide.

★ Le Real Madrid est éliminé de la Coupe d'Espagne par l'équipe de division 3 d'Alarcón (0-4, 1-0), dont le budget annuel est de 1 million d'euros contre 442 millions au Real.

★ Le bus des Algériens, venus au Caire pour disputer un match qualificatif pour le Mondial 2010, est caillassé par la foule. Quatre joueurs sont blessés. Battue 2-0, l'Algérie se qualifiera lors d'un match d'appui joué au Soudan (1-0).

★ En match amical, à Tours, la France et la Tunisie espoirs font match nul (1-1, but de Sankharé).

12/2009

★ L'Argentin de Barcelone Lionel Messi, 22 ans, reçoit le Ballon d'Or *France Football* 2009 décerné par un jury mondial de journalistes. Avec 473 points, il devance le Portugais du Real Madrid Ronaldo (233 points) et l'Espagnol de Barcelone Xavi (170 points). Premier Français, Thierry Henry termine 15e (9 points).

★ Faruk Hadzibegic remplace Philippe Anziani au poste d'entraîneur de Bastia.

★ Jean-Marc Furlan remplace Gernot Rohr au poste d'entraîneur du FC Nantes.

★ Laurent Blanc est élu meilleur entraîneur français 2009 par le jury de *France Football*. Yoann Gourcuff est sacré meilleur joueur.

★ À Abu Dhabi, Barcelone remporte la Coupe du monde des clubs en battant en finale les Argentins d'Estudiantes (2-1 a.p., buts de Pedro et Messi). C'est le sixième titre conquis par les Catalans en 2009.

★ Jean-Pierre Papin remplace Dominique Bijotat au poste d'entraîneur de Châteauroux.

01/2010

★ Chelsea écrase Sunderland (7-2) pour le compte de la 22e journée du championnat d'Angleterre.

★ Le Brésilien Ronaldinho inscrit 3 buts lors de la victoire de Milan sur Sienne (4-0), à l'occasion de la 20e journée du championnat d'Italie. C'est son premier triplé sous le maillot milanais et son premier depuis septembre 2005.

★ Barcelone est éliminé par Séville en huitièmes de finale de la Coupe d'Espagne (0-2, 1-0). Après six succès, c'est la première compétition perdue par Pepe Guardiola qui entraîne le club depuis dix-huit mois.

★ Patrick Vieira, 33 ans, quitte l'Inter Milan pour Manchester City où il signe pour 18 mois. Blessé à un mollet, il n'effectuera ses débuts que le 6 février.

★ Décès à 66 ans du président de la Cour des comptes et ancien ministre Philippe Séguin. En 1972, il avait rédigé la charte du football professionnel.

★ Wayne Rooney inscrit les 4 buts de la victoire (4-0) de Manchester United sur Hull à l'occasion de la 23e journée du championnat d'Angleterre.

★ Absent trois mois et demi pour cause de blessures à répétition, Franck Ribéry effectue sa rentrée en championnat d'Allemagne lors d'un match Brême-Bayern Munich.

★ Meilleur buteur de Ligue 2, l'attaquant de Tours Olivier Giroud signe à Montpellier un contrat qui prendra effet à l'été 2010.

★ Alberto Zaccheroni remplace Ciro Ferrara au poste d'entraîneur de la Juventus de Turin.

★ Chômeur depuis le début de saison, l'international Sylvain Wiltord (35 ans, 92 sélections) signe à Metz en Ligue 2.

02/2010

★ La révélation d'une aventure extraconjugale entre le capitaine de Chelsea, John Terry, et l'ex-petite amie d'un coéquipier, incite le sélectionneur Fabio Capello à lui retirer le brassard en équipe d'Angleterre.

★ Alain Giresse est écarté de son poste de sélectionneur du Gabon.

★ Alessandro Del Piero inscrit deux buts contre la Genoa (3-2 pour la Juventus) à l'occasion de son 445e match de championnat sous le maillot turinois, nouveau record du club.

★ Baptiste Gentili remplace Jean-Marc Furlan au poste d'entraîneur de Nantes.

★ Vahid Halilhodzic est viré de son poste de sélectionneur de l'équipe de Côte d'Ivoire.

★ En match amical disputé à Reims, l'équipe de France espoirs bat la Croatie (3-1, buts de Roux à deux reprises et Modeste).

03/2010

★ Jean-Claude Plessis, ancien président de Sochaux, devient président de Strasbourg.

★ Décès à 85 ans de l'ancien attaquant de Bordeaux (105 buts en 208 matches de 1947 à 1958) Édouard Kargu. Il avait été sélectionné en équipe de France à onze reprises (3 buts).

★ Victime d'une rupture du tendon d'Achille lors d'un match de championnat d'Italie entre Milan et Vérone, David Beckham est contraint de déclarer forfait pour la Coupe du monde.

★ Chelsea écrase Aston Villa (7-1 dont 4 buts de Frank Lampard) pour le compte de la 32e journée du championnat d'Angleterre.

★ Luis Fernandez est nommé sélectionneur de l'équipe d'Israël.

04/2010

★ Patrick Vieira inscrit son premier but sous son nouveau maillot lors de la victoire de Manchester City contre Burnley (6-1).

★ L'Assemblée nationale adopte le projet de loi sur l'ouverture des paris sportifs en ligne.

★ Djibril Cissé est sacré champion de Grèce avec le Panathinaïkos qui décroche son 20e titre. Il termine meilleur buteur de la compétition avec 23 buts.

★ Franck Ribéry et Sidney Govou sont entendus par la police dans le cadre d'une affaire de proxénétisme sur mineure.

★ Joël Muller, directeur technique du club, remplace Yvon Pouliquen au poste d'entraîneur de Metz (Ligue 2) qu'il a déjà occupé par le passé durant 448 matches de Ligue 1.

★ Anderlecht est sacré champion de Belgique pour la 30e fois.

★ Alain Giresse est nommé sélectionneur du Mali.

★ Chelsea écrase Stoke (7-0) pour le compte de la 36e journée du championnat d'Angleterre, inscrivant 7 buts pour la 3e fois de la saison.

★ Les Glasgow Rangers sont sacrés champions d'Écosse pour la 53e fois depuis 1891.

05/2010

★ Patrick Le Lay, ancien patron de TF1, remplace Frédéric de Saint-Sernin au poste de président du Stade Rennais.

★ Entraîné par Steve McLaren, ancien sélectionneur de l'Angleterre, le FC Twente est sacré pour la première fois champion des Pays-Bas.

★ Metz remporte la Coupe Gambardella en battant Sochaux en finale (1-1, 4-3 aux t.a.b.).

★ Victorieux de Wigan (8-0) lors de la dernière journée, Chelsea est sacré champion d'Angleterre pour la 4e fois. Didier Drogba termine meilleur buteur avec 29 buts.

★ Lisandro (Lyon) et Jean Fernandez (Auxerre) sont élus par leurs pairs meilleur joueur et meilleur entraîneur de la saison.

★ Le Benfica Lisbonne est sacré champion du Portugal pour la 32e fois.

★ Le Bayern Munich est sacré champion d'Allemagne pour la 22e fois.

★ Troisième de Ligue 2, Arles-Avignon accompagne Caen et Brest en Ligue 1. C'est la quatrième montée en cinq ans pour le club entraîné par Michel Estevan.

★ Chelsea remporte la Coupe d'Angleterre en battant Portsmouth (1-0, but de Drogba), décrochant ainsi le premier doublé de son histoire.

★ Barcelone est sacré champion d'Espagne pour la 20e fois avec 99 points (31 victoires, 6 nuls, 1 défaite), record absolu de la Liga. Lionel Messi termine meilleur buteur avec 34 buts.

★ L'Inter de Milan est sacré champion d'Italie pour la 18e fois et la 5e fois d'affilée.

★ En match amical à Buenos Aires, la France et l'Argentine espoirs font match nul (3-3, buts de Biabiany, Martin et Rivière).

★ En match amical disputé à Ezeiza (Argentine), la France et l'Argentine espoirs font match nul (2-2, buts de Modeste et Biabiany).

★ Au Liechtenstein, l'équipe de France des moins de 17 ans est éliminée (2-1) en demi-finales de son championnat d'Europe par l'Angleterre, futur vainqueur de l'épreuve.

★ À Getafe (Espagne), l'OL s'incline en finale de la Ligue des champions féminine face aux Allemandes de Postdam (0-0, 7-6 aux t.a.b.).

★ L'attaquant international David Villa est transféré de Valence à Barcelone pour 40 millions d'euros.

★ Jean Tigana, 54 ans, ancien joueur du club (1981-1989), succède à Laurent Blanc au poste d'entraîneur de Bordeaux.

★ L'attaquant de Nancy Youssouf Hadji est suspendu six mois pour avoir bousculé l'arbitre lors du match Nancy-Valenciennes comptant pour la dernière journée de L1.

★ La France obtient l'organisation de l'Euro 2016 en devançant la Turquie (7 voix à 6).

★ José Mourinho quitte l'Inter Milan pour devenir entraîneur du Real Madrid pour un salaire net annuel estimé à 10 millions d'euros.

06/2010

★ L'ancien sélectionneur de l'équipe de France Jacques Santini signe à Lens comme premier adjoint de l'entraîneur Jean-Guy Wallemme.

★ Dominique Bijotat est nommé entraîneur de Metz.

★ Bertrand Marchand devient sélectionneur de l'équipe de Tunisie.

★ L'entraîneur espagnol Rafael Benitez quitte Liverpool pour prendre en charge l'Inter Milan.

★ L'attaquant Jimmy Briand est transféré de Rennes à Lyon pour 6 millions d'euros.

★ Laurent Fournier est nommé entraîneur de Strasbourg.

★ En matches qualificatifs pour le Mondial 2011, l'équipe de France féminine bat la Croatie (3-0) à Besançon, avant de s'imposer en Estonie (6-0).

★ Le défenseur de Lorient Laurent Koscielny est transféré à Arsenal en échange de 12,5 millions d'euros.

★ Dominique Rocheteau est promu vice-président de l'AS Saint-Étienne.

★ Dans l'affaire des transferts du PSG, les anciens présidents Laurent Perpère et Francis Graille sont condamnés respectivement à douze et huit mois de prison avec sursis.

Les résultats

CHAMPIONNAT DE FRANCE DE LIGUE 1

Classement final	Pts	J	G	N	P	bp	bc	dif
1. Marseille	78	38	23	9	6	69	36	33
2. Lyon	72	38	20	12	6	64	38	26
3. Auxerre	71	38	20	11	7	42	29	13
4. Lille	70	38	21	7	10	72	40	32
5. Montpellier	69	38	20	9	9	50	40	10
6. Bordeaux	64	38	19	7	12	58	40	18
7. Lorient	58	38	16	10	12	54	42	12
8. Monaco	55	38	15	10	13	39	45	– 6
9. Rennes	53	38	14	11	13	52	41	11
10. Valenciennes	52	38	14	10	14	50	50	0
11. Lens	48	38	12	12	14	40	44	– 4
12. Nancy	48	38	13	9	16	46	53	– 7
13. Paris SG	47	38	12	11	15	50	46	4
14. Toulouse	47	38	12	11	15	36	36	0
15. Nice	44	38	11	11	16	41	57	– 16
16. Sochaux	41	38	11	8	19	28	52	– 24
17. Saint-Étienne	40	38	10	10	18	27	45	– 18
18. Le Mans	32	38	8	8	22	36	59	– 23
19. Boulogne	31	38	7	10	21	31	62	– 31
20. Grenoble	23	38	5	8	25	31	61	– 30

Marseille et Lyon qualifiés directement pour la Ligue des champions, Auxerre disputera le tour préliminaire.
Lille, Montpellier et Paris SG (vainqueur de la Coupe de France) qualifiés pour l'Europa League.
Le Mans, Boulogne et Grenoble relégués en Ligue 2.

CLASSEMENT DES BUTEURS

18 buts : Niang (Marseille)
17 buts : Gameiro (Lorient)
15 buts : Erding (Paris SG), Lisandro Lopez (Lyon)
14 buts : Jelen (Auxerre), Nenê (Monaco), L. Rémy (Nice)
13 buts : Cabaye, Frau, Gervinho, A. Gyan (Rennes)
11 buts : Hadji (Nancy), Montaño (Montpellier), Wendel (Bordeaux)
10 buts : Bastos, B. Gomis (Lyon), Chamakh (Bordeaux), Ljuboja (Grenoble), Maoulida (Lens), S. Marveaux (Rennes)
9 buts : S. Camara (Montpellier)
8 buts : Brandao (Marseille), I. Dia (Nancy), Gignac (Toulouse), A. Le Tallec (Le Mans), Park Chu-young (Monaco), Riviere (Saint-Étienne)
7 buts : Audel, Ben Khalfallah, Samassa (Valenciennes), Costa (Montpellier), Jemaa (Lens), Maïga (Le Mans), Sissoko (Toulouse), Vahirua (Lorient)
6 buts : Akrour (Grenoble), Amalfitano (Lorient), Is. Bangoura (Rennes), Ben Sâada (Nice), Blayac (Boulogne), De Melo (Lille), Gourcuff (Bordeaux), Hoarau, Luyindula (Paris SG), Maazou (Monaco), Pjanic (Lyon), Pujol (Valenciennes)
5 buts : Aït-Fana (Montpellier), Bergessio (Saint-Étienne), Briand, Leroy (Rennes), Be. Cheyrou, Lucho , Valbuena (Marseille), M. Dossevi (Le Mans), Eduardo (Lens), Féret (Nancy), Gouffran (Bordeaux), Hazard (Lille), Hengbart (Auxerre), Machado (Toulouse), C. Sanchez (Valenciennes)
4 buts : Alo'o Efoulou, Malonga (Nancy), Boukari, Monnet-Paquet (Lens), Braaten, Tabanou (Toulouse), Cris, Delgado, Källström (Lyon), Cuvillier, Thil (Boulogne), Dalmat (Sochaux), Si. Diarra, Monterrubio (Lorient), S. Diawara, Heinze, B. Koné (Marseille), Dieuze, Matsui (Grenoble), Dzodic, J. Marveaux (Montpellier), Faé (Nice), Helstad, Lamah (Le Mans), Jussiê (Bordeaux), Mangane (Rennes), D. Niculae, Oliech, Pedretti (Auxerre), Obraniak (Lille), Sessegnon (Paris SG)
3 buts : Andre Luiz Silva (Nancy), Bellion, Cavenaghi (Bordeaux), Ben Arfa, Taiwo (Marseille), Birsa, Contout (Auxerre), Boudebouz, Perquis (Sochaux), Clément, Giuly, Jallet (Paris SG), Compan, Dernis (Montpellier), Ducourtioux (Valenciennes), Haruna (Monaco), Koscielny, Sosa (Lorient), Rami (Lille), Roudet (Lens), M. Sow (Rennes)
2 buts : Akalé (Lens), Alonso, Puygrenier (Monaco), Armand, Chantôme, Kezman (Paris SG), Aubameyang, Balmont, Chedjou, Vittek (Lille), Bakar, Bérenguer, Brison (Nancy), Batlles, Ravet (Grenoble), Bisevac, Bong, Danic, Mater (Valenciennes), Bréchet, Davies, Ideye, Mar. Martin, Mikari, Privat, Sverkos (Sochaux), Ciani, Plasil, Trémoulinas (Bordeaux), Corchia, F. Thomas (Le Mans), Danzé (Rennes), Ducasse, Mvuemba (Lorient), Ederson, Govou (Lyon), Hellebuyck (Nice), Ilan, Payet, L. Perrin (Saint-Étienne), Kapo, Yatabaré (Boulogne), Kazim-Richards (Toulouse), Mbia (Marseille), Mouloungui, Mounier, Poté (Nice), Spahic (Montpellier)
1 but : Abriel, Ayew, E. Cissé, Hilton, Kaboré, Morientes (Marseille), Adefemi, Agouazi, Dembélé, Ducatel, Karuru, Marcq, Moreira, Moussilou, Perrinelle, Ramare, F. Robert (Boulogne), Angoua, Baldé, Cohade, Kadir (Valenciennes), Augusto, Benalouane, Diakhaté, Landrin, Matuidi, Sako, B. Sanogo, Varrault, Bagayoko, Civelli, K. Coulibaly, Digard, Echouafni, Gace, Mah. Traoré (Nice), Bedimo, Demont, Sartre, S. Sow (Lens), Belhanda (Montpellier), Béria, Debuchy, Dumont, Ricardo Costa, L. Touré (Lille), Bocanegra, Hansson, Kembo-Ekoko (Rennes), Bodmer, Boumsong, Gonalons, Makoun, Tafer (Lyon), Bourillon, Dubarbier, Fanchone, Jouffre, Marchal (Lorient), Butin, J. Faty, B. Gavanon (Sochaux), Cerdan, Ouali (Le Mans), Ad. Coulibaly, Lejeune, Mignot, Ndinga (Auxerre), Courtois, Juan (Grenoble), Coutadeur, Nimani, Pérez (Monaco), A. Diarra, Fernando, Henrique, Planus, Sané (Bordeaux), Didot, Dupuis, Ebondo, Fofana, Luan, Mbengue (Toulouse), Macaluso, Ouaddou, Sami, Bak. Traoré (Nancy), Makelele, Maurice, Sankharé (Paris SG), Schmitz, Sebo, Tiéné (Valenciennes)

LE CLUB PAR CLUB

AUXERRE

À domicile
Bat : Nice (2-0), Grenoble (2-0), Bordeaux (1-0), Lille (3-2), Montpellier (2-1), Monaco (2-0), Saint-Étienne (1-0), Rennes (1-0), Valenciennes (1-0), Le Mans (2-1), Lorient (4-1)
Nul avec : Tourlouse (1-1), Boulogne (0-0), Paris SG (1-1), Marseille (0-0), Lens (0-0)
Battu par : Sochaux (1-0), Lyon (3-0), Nancy (3-1)
À l'extérieur
Bat : Rennes (1-0), Le Mans (1-0), Marseille (2-0), Nice (1-0), Lille (2-1), Bordeaux (2-1), Nancy (1-0), Toulouse (3-0), Sochaux (2-1)
Nul avec : Boulogne (0-0), Saint-Étienne (1-1), Lorient (0-0), Valenciennes (0-0), Montpellier (1-1), Monaco (0-0)
Battu par : Lens (2-0), Paris SG (1-0), Grenoble (5-0), Lyon (2-1)

BORDEAUX

À domicile
Bat : Lens (4-1), Nice (4-0), Grenoble (1-0), Rennes (1-0), Le Mans (3-0), Monaco (1-0), Paris SG (1-0), Lorient (4-1), Saint-Étienne (3-1), Lille (3-1), Toulouse (1-0), Sochaux (2-0)
Nul avec : Marseille (1-1), Boulogne (0-0), Montpellier (1-1), Lyon (2-2)
Battu par : Valenciennes (1-0), Auxerre (2-1), Nancy (2-1)
À l'extérieur
Bat : Sochaux (3-2), Boulogne (2-0), Nancy (3-0), Lyon (1-0), Montpellier (1-0), Toulouse (2-1), Grenoble (3-1)
Nul avec : Marseille (0-0), Monaco (0-0), Nice (1-1)
Battu par : Saint-Étienne (3-1), Auxerre (1-0), Lille (2-0), Rennes (4-2), Paris SG (3-1), Le Mans (2-1), Lorient (1-0), Valenciennes (2-0), Lens (4-3)

BOULOGNE

À domicile
Bat : Grenoble (2-1), Lens (2-1), Lorient (2-0), Rennes (1-0)
Nul avec : Auxerre (0-0), Sochaux (0-0), Lyon (0-0), Toulouse (1-1), Nice (3-3)
Battu par : Bordeaux (2-0), Lille (3-2), Monaco (3-1), Nancy (2-1), Paris SG (5-2), Valenciennes (2-0), Montpellier (2-0), Le Mans (3-1), Marseille (2-1), Saint-Étienne (1-0)
À l'extérieur
Bat : Saint-Étienne (1-0), Nancy (3-1), Sochaux (3-0)
Nul avec : Valenciennes (1-1), Le Mans (1-1), Nice (2-2), Auxerre (0-0), Bordeaux (0-0)
Battu par : Rennes (3-0), Montpellier (1-0), Lorient (5-0), Toulouse (1-0), Marseille (2-0), Lyon (2-0), Lille (3-1), Monaco (1-0), Paris SG (3-0), Lens (3-0), Grenoble (2-0)

GRENOBLE

À domicile
Bat : Toulouse (1-0), Auxerre (5-0), Paris SG (4-0), Boulogne (2-0)
Nul avec : Lyon (1-1), Nice (1-1), Le Mans (1-1), Monaco (0-0), Sochaux (2-2)
Battu par : Marseille (2-0), Lens (2-1), Rennes (4-0), Montpellier (3-2), Nancy (2-1), Lille (2-0), Saint-Étienne (2-1), Bordeaux (3-1), Valenciennes (1-0), Lorient (2-1)
À l'extérieur
Bat : Nancy (2-0)
Nul avec : Monaco (0-0), Lorient (2-2), Lens (1-1)
Battu par : Boulogne (2-1), Saint-Étienne (1-0), Bordeaux (1-0), Auxerre (2-0), Valenciennes (2-0), Sochaux (1-0), Le Mans (1-0), Paris SG (4-0), Rennes (4-0), Montpellier (1-0), Lille (1-0), Lyon (2-0), Toulouse (4-0), Nice (2-1), Marseille (2-0)

LE MANS

À domicile

Bat: Nancy (2-1), Lens (3-0), Valenciennes (2-1), Grenoble (1-0), Bordeaux (2-1), Paris SG (1-0)
Nul avec: Lyon (2-2), Boulogne (1-1), Saint-Étienne (1-1), Monaco (1-1), Sochaux (0-0), Montpellier (2-2)
Battu par: Marseille (2-1), Auxerre (1-0), Lorient (3-0), Toulouse (3-1), Nice (1-0), Rennes (3-1), Lille (2-1)

À l'extérieur

Bat: Boulogne (3-1), Valenciennes (1-0)
Nul avec: Grenoble (1-1), Monaco (1-1)
Battu par: Paris SG (3-1), Lorient (1-0), Toulouse (2-0), Sochaux (1-0), Bordeaux (3-0), Nice (1-0), Rennes (2-1), Montpellier (2-1), Lille (3-0), Marseille (2-1), Lens (2-1), Auxerre (2-1), Saint-Étienne (2-0), Nancy (3-2), Lyon (2-0)

LENS

À domicile

Bat: Auxerre (2-0), Nancy (2-1), Marseille (1-0), Nice (2-0), Saint-Étienne (1-0), Le Mans (2-1), Monaco (3-0), Boulogne (3-0), Bordeaux 4-3)
Nul avec: Rennes (2-2), Lille (1-1), Lorient (1-1), Paris SG (1-1), Sochaux (0-0), Valenciennes (1-1), Grenoble (1-1)
Battu par: Lyon (2-0), Toulouse (2-0), Montpellier (1-0)

À l'extérieur

Bat: Grenoble (2-1), Sochaux (2-1), Saint-Étienne (4-1)
Nul avec: Paris SG (1-1), Valenciennes (0-0), Rennes (1-1), Nice (0-0), Auxerre (0-0)
Battu par: Bordeaux (4-1), Montpellier (1-0), Le Mans (3-0), Monaco (2-0), Boulogne (2-1), Lille (1-0), Lyon (1-0), Toulouse (1-0), Lorient (1-0), Nancy (5-1), Marseille (1-0)

LILLE

À domicile

Bat: Sochaux (1-0), Bordeaux (2-0), Valenciennes (4-0), Lyon (4-3), Saint-Étienne (4-0), Le Mans (3-0), Paris SG (3-1), Lens (1-0), Boulogne (3-1), Montpellier (4-1), Monaco (4-0), Grenoble (1-0), Nancy (3-1), Marseille (3-2)
Nul avec: Toulouse (1-1), Nice (1-1), Rennes (0-0)
Battu par: Lorient (2-1), Auxerre (2-1)

À l'extérieur

Bat: Boulogne (3-2), Grenoble (2-0), Monaco (4-0), Nancy (4-0), Rennes (2-1), Le Mans (2-1), Toulouse (2-0)
Nul avec: Lens (1-1), Nice (1-1), Saint-Étienne (1-1), Lyon (1-1)
Battu par: Marseille (1-0), Paris SG (3-0), Auxerre (3-2), Montpellier (2-0), Sochaux (2-1), Bordeaux (3-1), Valenciennes (1-0), Lorient (2-1)

LORIENT

À domicile

Bat: Le Mans (1-0), Nancy (3-1), Nice (4-1), Boulogne (5-0), Valenciennes (3-2), Sochaux (1-0), Lens (1-0), Saint-Étienne (4-0), Bordeaux (1-0), Lille (2-1)
Nul avec: Montpellier (2-2), Paris SG (1-1), Grenoble (2-2), Auxerre (0-0), Toulouse (1-1), Rennes (1-1), Monaco (2-2)
Battu par: Marseille (2-1), Lyon (3-1)

À l'extérieur

Bat: Lille (2-1), Toulouse (1-0), Saint-Étienne (2-0), Le Mans (3-0), Paris SG (3-0), Grenoble (2-1)
Nul avec: Lens (1-1), Marseille (1-1), Valenciennes (0-0)
Battu par: Monaco (2-0), Lyon (1-0), Sochaux (1-0), Rennes (1-0), Bordeaux (4-1), Nancy (1-0), Nice (1-0), Boulogne (2-0), Auxerre (4-1), Montpellier (2-1)

LYON

À domicile

Bat: Valenciennes (1-0), Nancy (3-1), Lorient (1-0), Toulouse (2-1), Boulogne (2-0), Paris SG (2-1), Lens (1-0), Grenoble (2-0), Nice (2-0), Auxerre (2-1), Monaco (3-0), Le Mans (2-0)
Nul avec: Marseille (5-5), Rennes (1-1), Saint-Étienne (1-1), Lille (1-1)
Battu par: Sochaux (2-0), Bordeaux (1-0), Montpellier (2-1)

À l'extérieur

Bat: Auxerre (3-0), Lens (2-0), Saint-Étienne (1-0), Nancy (2-0), Lorient (3-1), Sochaux (4-0), Rennes (2-1), Montpellier (1-0)
Nul avec: Le Mans (2-2), Paris SG (1-1), Grenoble (1-1), Monaco (1-1), Toulouse (0-0), Boulogne (0-0), Bordeaux (2-2), Valenciennes (2-2)
Battu par: Nice (4-1), Lille (4-3), Marseille (2-1)

MARSEILLE

À domicile

Bat: Lille (1-0), Montpellier (4-2), Paris SG (1-0), Boulogne (2-0), Le Mans (2-1), Valenciennes (5-1), Nancy (3-1), Lyon (2-1), Lens (1-0), Sochaux (3-0), Nice (4-1), Saint-Étienne (1-0), Rennes (3-1), Grenoble (2-0)
Nul avec: Bordeaux (0-0), Toulouse (1-1), Lorient (1-1)
Battu par: Monaco (2-1), Auxerre (2-0)

À l'extérieur

Bat: Grenoble (2-0), Le Mans (2-1), Nancy (3-0), Nice (3-1), Lorient (2-1), Monaco (2-1), Paris SG (3-0), Sochaux (1-0), Boulogne (2-1)
Nul avec: Rennes (1-1), Lyon (5-5), Saint-Étienne (0-0), Bordeaux (1-1), Toulouse (1-1), Auxerre (0-0)
Battu par: Valenciennes (3-2), Lens (1-0), Montpellier (2-0), Lille (3-2)

MONACO

À domicile

Bat: Toulouse (1-0), Lorient (2-0), Paris SG (2-0), Lens (2-0), Rennes (1-0), Montpellier (4-0), Sochaux (2-0), Nice (3-2), Boulogne (1-0), Valenciennes (2-1), Nancy (2-1)
Nul avec: Grenoble (0-0), Lyon (1-1), Bordeaux (0-0), Auxerre (0-0), Le Mans (1-1)
Battu par: Saint-Étienne (2-1), Lille (4-0), Marseille (2-1)

À l'extérieur

Bat: Nice (3-1), Marseille (2-1), Boulogne (3-1), Paris SG (1-0)
Nul avec: Le Mans (1-1), Grenoble (0-0), Montpellier (0-0), Lorient (2-2), Toulouse (0-0)
Battu par: Nancy (4-0), Sochaux (1-0), Bordeaux (1-0), Auxerre (2-0), Valenciennes (3-1), Saint-Étienne (3-0), Lens (3-0), Rennes (1-0), Lille (4-0), Lyon (3-0)

MONTPELLIER

À domicile

Bat: Sochaux (2-0), Lens (1-0), Boulogne (1-0), Saint-Étienne (2-1), Lille (2-0), Le Mans (2-1), Nice (1-0), Marseille (2-0), Grenoble (1-0), Rennes (3-1), Valenciennes (2-1), Lorient (2-1)
Nul avec: Auxerre (1-1), Monaco (0-0), Toulouse (1-1), Paris SG (1-1)
Battu par: Bordeaux (1-0), Nancy (2-0), Lyon (1-0)

À l'extérieur

Bat: Nice (3-0), Grenoble (3-2), Toulouse (1-0), Lyon (2-1), Lens (1-0), Boulogne (2-0), Sochaux (1-0), Paris SG (3-1)
Nul avec: Lorient (2-2), Valenciennes (1-1), Bordeaux (1-1), Le Mans (2-2), Nancy (0-0)
Battu par: Marseille (4-2), Rennes (3-0), Auxerre (2-1), Monaco (4-0), Saint-Étienne (1-0), Lille (4-1)

NANCY

À domicile

Bat: Monaco (4-0), Sochaux (2-1), Nice 2-0), Lorient (1-0), Lens (5-1), Le Mans (3-2)
Nul avec: Toulouse (0-0), Paris SG (0-0), Montpellier (0-0), Valenciennes (1-1)
Battu par: Marseille (3-0), Saint-Étienne (1-0), Bordeaux (3-0), Rennes (2-1), Lille (4-0), Lyon (2-0), Grenoble (2-0), Boulogne (3-1), Auxerre (1-0)

À l'extérieur

Bat: Valenciennes (3-1), Grenoble (2-1), Boulogne (2-1), Auxerre (3-1), Montpellier (2-0), Nice (3-2), Bordeaux (2-1)
Nul avec: Paris SG (1-1), Toulouse (0-0), Sochaux (1-1), Saint-Étienne (0-0), Rennes (0-0)
Battu par: Le Mans (2-1), Lyon (3-1), Lorient (3-1), Lens (2-1), Marseille (3-1), Lille (3-1), Monaco (2-1)

NICE

À domicile

Bat: Valenciennes (3-2), Lyon (4-1), Le Mans (1-0), Toulouse (1-0), Lorient (1-0), Paris SG (1-0), Grenoble (2-1)
Nul avec: Rennes (1-1), Boulogne (2-2), Lille (1-1), Sochaux (0-0), Lens (0-0), Bordeaux (1-1), Saint-Étienne (1-1)
Battu par: Montpellier (3-0), Monaco (3-1), Marseille (3-1), Auxerre (1-0), Nancy (3-2)

À l'extérieur

Bat: Saint-Étienne (2-0), Paris SG (1-0), Le Mans (1-0), Toulouse (2-0)
Nul avec: Lille (1-1), Grenoble (1-1), Boulogne (3-3), Rennes (2-2)
Battu par: Bordeaux (4-0), Auxerre (2-0), Lorient (4-1), Sochaux (1-0), Lens (2-0), Nancy (2-0), Montpellier (1-0), Monaco (3-2), Valenciennes (2-1), Lyon (2-0), Marseille (4-1)

PARIS SG

À domicile

Bat: Le Mans (3-1), Lille (3-0), Auxerre (1-0), Saint-Étienne (3-0), Grenoble (4-0), Toulouse (1-0), Sochaux (4-1), Boulogne (3-0), Bordeaux (3-1)
Nul avec: Lyon (1-1), Nancy (1-1), Lens (1-1), Rennes (1-1), Valenciennes (2-2)
Battu par: Nice (1-0), Monaco (1-0), Lorient (3-0), Marseille (3-0), Montpellier (3-1)

À l'extérieur

Bat: Valenciennes (3-2), Sochaux (4-1), Boulogne (5-2)
Nul avec: Montpellier (1-1), Lorient (1-1), Nancy (0-0), Lens (1-1), Auxerre (1-1), Saint-Étienne (0-0)
Battu par: Monaco (2-0), Toulouse (1-0), Marseille (1-0), Bordeaux (1-0), Rennes (1-0), Lille (3-1), Lyon (2-1), Nice (1-0), Grenoble (4-0), Le Mans (1-0)

RENNES

À domicile

Bat: Boulogne (3-0), Saint-Étienne (1-0), Montpellier (3-0), Le Mans (2-1), Lorient (1-0), Paris SG (1-0), Grenoble (4-0), Bordeaux (4-2), Monaco (1-0), Toulouse (4-1)
Nul avec: Marseille (1-1), Lens (1-1), Nancy (0-0), Nice (2-2)
Battu par: Auxerre (1-0), Valenciennes (3-0), Lille (2-1), Sochaux (2-1), Lyon (2-1)

À l'extérieur

Bat: Grenoble (4-0), Nancy (2-1), Valenciennes (2-0), Le Mans (3-1)
Nul avec: Nice (1-1), Lens (2-2), Lille (0-0), Lyon (1-1), Saint-Étienne (0-0), Lorient (1-1), Paris SG (1-1)
Battu par: Bordeaux (1-0), Toulouse (3-2), Monaco (1-0), Sochaux (2-0), Auxerre (1-0), Montpellier (3-1), Marseille (3-1), Boulogne (1-0)

SAINT-ÉTIENNE

À domicile

Bat: Grenoble (1-0), Bordeaux (3-1), Monaco (3-0), Montpellier (1-0), Le Mans (2-0)
Nul avec: Auxerre (1-1), Sochaux (0-0), Marseille (0-0), Rennes (0-0), Lille (1-1), Nancy (0-0), Paris SG (0-0)
Battu par: Nice (2-0), Boulogne (1-0), Valenciennes (2-0), Lyon (1-0), Lorient (2-0), Lens (4-1), Toulouse (1-0)

À l'extérieur

Bat: Monaco (2-1), Nancy (1-0), Grenoble (2-1), Sochaux (2-0), Boulogne (1-0)
Nul avec: Le Mans (1-1), Lyon (1-1), Nice (1-1)
Battu par: Toulouse (3-1), Rennes (1-0), Montpellier (2-1), Lille (4-0), Paris SG (3-0), Lens (1-0), Auxerre (1-0), Bordeaux (3-1), Valenciennes (1-0), Lorient (4-0), Marseille (1-0)

SOCHAUX

À domicile

Bat: Monaco (1-0), Le Mans (1-0), Lorient (1-0), Nice (1-0), Grenoble (1-0), Rennes (2-0), Lille (2-1), Toulouse (1-0)
Nul avec: Nancy (1-1)
Battu par: Bordeaux (3-2), Valenciennes (5-2), Paris SG (4-1), Lens (2-1), Lyon (4-0), Saint-Étienne (2-0), Marseille (1-0), Boulogne (3-0), Montpellier (1-0), Auxerre (2-1)

À l'extérieur

Bat: Auxerre (1-0), Lyon (2-0), Rennes (2-1)
Nul avec: Saint-Étienne (0-0), Boulogne (0-0), Valenciennes (1-1), Le Mans (0-0), Lens (0-0), Nice (0-0), Grenoble (2-2)
Battu par: Montpellier (2-0), Lille (1-0), Nancy (2-1), Toulouse (2-0), Monaco (2-0), Lorient (1-0), Paris SG (4-1), Marseille (3-0), Bordeaux (2-0)

TOULOUSE

À domicile

Bat: Saint-Étienne (3-1), Le Mans (2-0), Paris SG (1-0), Rennes (3-2), Boulogne (1-0), Sochaux (2-0), Lens (1-0), Grenoble (4-0)
Nul avec: Nancy (0-0), Lyon (0-0), Marseille (1-1), Monaco (0-0)
Battu par: Valenciennes (1-0), Lorient (1-0), Montpellier (1-0), Bordeaux (2-1), Nice (2-0), Auxerre (3-0)

À l'extérieur

Bat: Lens (2-0), Valenciennes (3-1), Le Mans (3-1), Saint-Étienne (1-0)
Nul avec: Lille (1-1), Nancy (0-0), Marseille (1-1), Auxerre (1-1), Lorient (1-1), Boulogne (1-1), Montpellier (1-1)
Battu par: Monaco (1-0), Lyon (2-1), Nice (1-0), Grenoble (1-0), Paris SG (1-0), Sochaux (1-0), Rennes (4-1), Bordeaux (1-0)

VALENCIENNES

À domicile

Bat: Marseille (3-2), Grenoble (2-0), Monaco (3-1), Nice (2-1), Saint-Étienne (1-0), Lille (1-0), Bordeaux (2-0)
Nul avec: Boulogne (1-1), Montpellier (1-1), Auxerre (0-0), Lens (0-0), Sochaux (1-1), Lorient (0-0), Lyon (2-2)
Battu par: Paris SG (3-2), Nancy (3-1), Toulouse (3-1), Rennes (2-0), Le Mans (1-0)

À l'extérieur

Bat: Toulouse (1-0), Sochaux (5-2), Saint-Étienne (2-0), Rennes (3-0), Bordeaux (1-0), Boulogne (2-0), Grenoble (1-0)
Nul avec: Lens (1-1), Paris SG (2-2), Nancy (1-1)
Battu par: Lyon (1-0), Nice (3-2), Lille (4-0), Le Mans (2-1), Lorient (3-2), Marseille (5-1), Auxerre (1-0), Montpellier (2-1), Monaco (2-1)

CHAMPIONNAT DE FRANCE DE LIGUE 2

Classement final	Pts	J	G	N	P	bp	bc	dif
1. Caen	69	38	18	15	5	52	30	22
2. Brest	67	38	20	7	11	53	34	19
3. Arles-Avignon	60	38	16	12	10	42	39	3
4. Metz	56	38	14	14	10	43	39	4
5. Angers	55	38	15	10	13	46	43	3
6. Clermont	54	38	15	9	14	48	41	7
7. Le Havre	52	38	14	10	14	45	50	– 5
8. Laval	51	38	11	18	9	49	40	9
9. Dijon	51	38	12	15	11	52	46	6
10. Nîmes	51	38	13	12	13	37	43	– 6
11. Tours	49	38	11	16	11	47	46	1
12. Sedan	49	38	11	16	11	46	46	0
13. Ajaccio	48	38	13	9	16	41	42	– 1
14. Vannes	46	38	11	13	14	40	49	– 9
15. Nantes	45	38	12	9	17	43	54	– 11
16. Châteauroux	44	38	10	14	14	50	54	– 4
17. Istres	44	38	11	11	16	34	52	– 18
18. Guingamp	43	38	9	16	13	35	40	– 5
19. Strasbourg	42	38	9	15	14	42	49	– 7
20. Bastia	39	38	10	9	19	40	48	– 8

Caen, Brest et Arles-Avignon promus en Ligue 2
Guingamp, Strasbourg et Bastia relégués en National

CHAMPIONNAT NATIONAL

1. Évian/Thonon, 85 pts; Reims, 71 pts; Troyes, 69 pts; Créteil, 63 pts; Pacy-sur-Eure, 60 pts; Paris FC, 58 pts; Beauvais, 56 pts; Fréjus/St-Raphaël, 54 pts; Cannes, 54 pts; Luzenac, 53 pts; Rouen, 50 pts; Amiens, 50 pts; Bayonne, 50 pts; Plabennec, 50 pts; Rodez, 45 pts; Gueugnon, 42 pts; Moulins, 38 pts; Hyères, 35 pts; Cassis/Carnoux, 33 pts; Louhans-Cuiseaux, 16 pts.

COUPE DE LA LIGUE

Tour préliminaire

Amiens bat Reims 2-1
Troyes bat Gueugnon 2-1
Laval bat Arles 5-0

1er tour

Dijon bat Brest 2-0
Tours bat Le Havre 2-1
Nîmes bat Angers 1-0
Metz bat Bastia 1-0
Istres bat Strasbourg 6-1
Clermont bat Châteauroux 1-0
Troyes bat Nantes 4-0
Ajaccio bat Laval 2-1
Amiens SC bat Vannes 1-1 a.p. (2 tab à 3)
Sedan bat Caen 2-0 a.p.

2e tour

Clermont bat Istres 1-0
Sedan bat Dijon 6-1
Nîmes bat Troyes 2-2 a.p. (3 tab à 0)
Vannes bat Ajaccio 0-0 a.p. (6 tab à 5)
Metz bat Tours 2-1

16e de finale

Clermont bat Vannes 3-1
Lorient bat Grenoble 1-0
Metz bat Valenciennes 2-0
Le Mans bat Nîmes 3-0
Paris SG bat Boulogne 1-0
Sedan bat Auxerre 3-1
Lens bat Montpellier 4-3 a.p.
Saint-Étienne bat Nice 4-1
Nancy bat Monaco 2-0
Rennes bat Sochaux 2-1

8e de finale

Sedan bat Clermont 1-0
Guingamp bat Paris SG 1-0
Lyon bat Metz 3-0
Lorient bat Lens 2-1
Toulouse bat Nancy 3-0
Lille bat Rennes 3-1 a.p
Marseille bat Saint-Étienne 3-2
Bordeaux bat Le Mans 3-2

Quarts de finale

Lorient bat Lyon 1-0
Toulouse bat Guingamp 1-0
Marseille bat Lille 2-1
Bordeaux bat Sedan 1-0

Demi-finales

Marseille bat Toulouse 2-1 a.p.
Bordeaux bat Lorient 4-1

FINALE

Le 25 avril, au Stade de France
Marseille bat Bordeaux 3-1 (0-0)
75 000 spectateurs
Arbitre : S. Lannoy
Buts : Diawara (61), Valbuena (67), Chalmé (77 c.s.c) pour Marseille, Sané (84) pour Bordeaux
Les équipes
Marseille : Mandanda - Bonnart, Diawara, Mbia, Taiwo - Lucho puis Abriel (74), E.Cissé, Kaboré - Ben Arfa puis Heinze (86), Brandao, Niang (cap.) puis Valbuena (52).
Bordeaux : Ramé - Chalmé, Sané, Ciani, Trémoulinas - Fernando puis Jussiê (66), A.Diarra (cap.) - Plasil, Gourcuff puis Gouffran (70), Wendel - Chamakh puis Cavenaghi (70).

COUPE DE FRANCE

32e de finale

Évian-Thonon-Gaillard bat Pau 2-0
Agen bat Chauray 1-0
Ajaccio bat Cannes 3-0
Vannes bat Troyes 1-1 a.p. (8 tab à 7)
Boulogne bat Seclin 4-1
Vesoul bat Laval 2-1 a.p.
Raon-l'Étape bat Saint-Dizier 4-0
Toulouse bat Les Herbiers 1-0
Monaco bat Tours 0-0 a.p. (4 tab à 3)
Lyon bat Strasbourg 3-1
Bordeaux bat Rodez 1-0
Rennes bat Caen 2-0
Le Mans bat Valenciennes 1-0
Angers bat Lattes 1-0
Beauvais bat Versailles 3-0
Guingamp bat Bompchamp-les-Laval 2-0
Plabennec bat Nice 2-1
Marseille bat Trélissac 2-0
Paris SG bat Aubervilliers 5-0
Colmar bat Lille 0-0 a.p. (10 bat à 9)
Grenoble bat Montpellier 3-2 a.p.
Sedan bat Saint-Ouen-l'Aumône 3-0
Lens bat Compiègne 1-0
Brest bat Pontivy 1-0 a.p.
Sochaux bat Saint-Louis Neuweg 1-0
Nancy bat Thiers 1-1 a.p. (3 tab à 2)
Saint-Étienne bat Lorient 4-1
Auxerre bat Amiens 1-0
Villefranche bat La Grande-Motte 3-0
Saumur bat Avranches 1-0
Quevilly bat Saint-Quentin 6-0
Mulhouse bat Marquette 2-1

16e de finale

Rennes bat Saumur 4-0
Beauvais bat Agen 3-0
Quevilly bat Angers 1-0
Bordeaux bat Ajaccio 5-1
Vesoul bat Raon-l'Étape 1-0
Guingamp bat Mulhouse 1-0
Paris SG bat Évian-Thonon-Gaillard 3-1
Monaco bat Lyon 2-1
Auxerre bat Sedan 1-1 a.p. (3 tab à 0)
Vannes bat Grenoble 4-3
Boulogne bat Colmar 2-1
Plabennec bat Nancy 2-0
Saint-Étienne bat Villefranche 2-2 a.p. (3 tab à 1)
Sochaux bat Le Mans 3-0
Lens bat Marseille 3-1
Brest bat Toulouse 2-0

8e de finale

Boulogne-sur-Mer bat Guingamp 1-0
Sochaux bat Beauvais 4-1
Quevilly bat Rennes 1-0
Paris SG bat Vesoul 1-0
Auxerre bat Plabennec 4-0
Saint-Étienne bat Vannes 2-0
Monaco bat Bordeaux 2-0
Lens bat Brest 2-1 a.p.

Quarts de finale

Quevilly bat Boulogne 3-1
Paris SG bat Auxerre 0-0 (6 tab à 5)
Monaco bat Sochaux 4-3
Lens bat Saint-Étienne 3-1

Demi-finales

Monaco bat Lens 1-0
Paris SG bat Quevilly 1-0

FINALE

Le 1er mai, au Stade de France
Paris SG bat Monaco 1-0 a.p. (0-0)
75 000 spectateurs
Arbitre: M. Jaffredo
But : Hoarau (105+1)
Les équipes
Paris SG: Edel - Jallet puis Traoré (115), Camara, Sakho, Armand - Giuly puis Luyindula (77), Makelele (cap.), Clément, Sessegnon - Erding puis Ceara (105), Hoarau
Monaco: Ruffier - Modesto, Mongongu, Puygrenier, Dj. Traoré - Mangani puis Haruna (55), Costa puis Sagbo (111) - Pino puis Maazou (86), Alonso (cap.), Nenê - Park

EUROPA LEAGUE

TOUR PRÉLIMINAIRE

Chakhtior Donetsk - Sivasspor	3-0 et 2-0
Werder Brême - Aktobe	6-3 et 2-0
FC Twente - Karabakh	3-1 et 0-0
Everton - Sigma Olomouc	4-0 et 1-1
Fulham - Amkar Perm	3-1 et 0-1
Hapoël Tel-Aviv - Teplice	2-1 et 1-1
CSKA Sofia - Dynamo Moscou	0-0 et 2-1
Hertha Berlin - Bröndby	1-2 et 3-1
Ajax Amsterdam - Slovan Bratislava	5-0 et 2-1
Nacional Madère - Zenit Saint-Pétersbourg	4-3 et 1-1
PAOK Salonique - Heerenveen	1-1 et 0-0
Lille - Genk	2-1 et 4-2
CFR Cluj - Sarajevo	1-1 et 2-1
Lazio Rome - Elfsborg	3-0 et 1-0
Athletic Bilbao - Tromso	3-2 et 1-1
Austria Vienne - Metallurg Donetsk	2-2 et 3-2 a.p
Sturm Graz - Metalist Kharkov	1-1 et 1-0
Partizan Belgrade - Zilina	1-1 et 2-0
FC Bâle - FK Bakou	3-1 et 5-1
Dinamo Bucarest - Slovan Liberec	0-3 et 3-0 a.p (9 tab à 8)
BATE Borisov - Litex Lovech	0-1 et 4-0
Galatasaray - Levadia Tallinn	5-0 et 1-1
Sparta Prague - Maribor	2-0 et 1-0
AEK Athènes - Vaslui	1-2 et 3-0
Villarreal - NAC Breda	3-1 et 6-1
Bruges - Lech Poznan	0-1 et 1-0 a.p (4 tab à 3)
Genoa - Odense	3-1 et 1-1
Hambourg - **Guingamp**	5-1 et 3-1
Fenerbahçe - FC Sion	2-0 et 2-2
Slavia Prague - Étoile Rouge Belgrade	3-0 et 1-2
Dinamo Zagreb - Heart of Midlothian	4-0 et 0-2
AS Rome - Kosice	3-3 et 7-1
PSV Eindhoven - Beni Yehuda Tel-Aviv	1-0 et 1-0
Steaua Bucarest - Saint Patrick's Athletic	3-0 et 2-1
Toulouse - Trabzonspor	3-1 et 0-1
Rapid Vienne - Aston Villa	1-0 et 1-2
Valence CF - Stabaek	3-0 et 4-1
Benfica Lisbonne - Vorskla Poltava	4-0 et 1-2

PHASE DE GROUPES

GROUPE A

Dinamo Zagreb (CRO) - Anderlecht (BEL)	0 - 2	Anderlecht (BEL) - FC Timisoara (ROM)	3 - 1
Ajax Amsterdam (NED) - FC Timisoara (ROM)	0 - 0	Dinamo Zagreb (CRO) - Ajax Amsterdam (NED)	0 - 2
Anderlecht (BEL) - Ajax Amsterdam (NED)	1 - 1	Anderlecht (BEL) - Dinamo Zagreb (CRO)	0 - 1
FC Timisoara (ROM) - Dinamo Zagreb (CRO)	0 - 3	FC Timisoara (ROM) - Ajax Amsterdam (NED)	1 - 2
Ajax Amsterdam (NED) - Dinamo Zagreb (CRO)	2 - 1	Ajax Amsterdam (NED) - Anderlecht (BEL)	1 - 3
FC Timisoara (ROM) - Anderlecht (BEL)	0 - 0	Dinamo Zagreb (CRO) - FC Timisoara (ROM)	1 - 2

Classement final	Pts	J	G	N	P	bp	bc	dif
1. Anderlecht	11	6	3	2	1	9	4	5
2. Ajax Amsterdam	11	6	3	2	1	8	6	2
3. Dinamo Zagreb	6	6	2	0	4	6	8	– 2
4. FC Timisoara	5	6	1	2	3	4	9	– 5

GROUPE B

Genoa (ITA) - Slavia Prague (CZE)	2 - 0	Slavia Prague (CZE) - Valence CF (ESP)	2 - 2
Lille (FRA) - Valence CF (ESP)	1 - 1	Genoa (ITA) - **Lille (FRA)**	3 - 2
Slavia Prague (CZE) - **Lille (FRA)**	1 - 5	Valence CF (ESP) - **Lille (FRA)**	3 - 1
Valence CF (ESP) - Genoa (ITA)	3 - 2	Slavia Prague (CZE) - Genoa (ITA)	0 - 0
Valence CF (ESP) - Slavia Prague (CZE)	1 - 1	**Lille (FRA)** - Slavia Prague (CZE)	3 - 1
Lille (FRA) - Genoa (ITA)	3 - 0	Genoa (ITA) - Valence CF (ESP)	1 - 2

Classement final	Pts	J	G	N	P	bp	bc	dif
1. Valence CF	12	6	3	3	0	12	8	4
2. Lille	10	6	3	1	2	15	9	6
3. Genoa	7	6	2	1	3	8	10	-2
4. Slavia Prague	3	6	0	3	3	5	13	-8

GROUPE C

Rapid de Vienne (AUT) - Hambourg (GER)	3 - 0	Rapid de Vienne (AUT) - Hapoël Tel-Aviv (ISR)	0 - 3
Hapoël Tel-Aviv (ISR) - Celtic Glasgow (SCO)	2 - 1	Hambourg (GER) - Celtic Glasgow (SCO)	0 - 0
Celtic Glasgow (SCO) - Rapid de Vienne (AUT)	1 - 1	Celtic Glasgow (SCO) - Hapoël Tel-Aviv (ISR)	2 - 0
Hambourg (GER) - Hapoël Tel-Aviv (ISR)	4 - 2	Hambourg (GER) - Rapid de Vienne (AUT)	2 - 0
Celtic Glasgow (SCO) - Hambourg (GER)	0 - 1	Rapid de Vienne (AUT) - Celtic Glasgow (SCO)	3 - 3
Hapoël Tel-Aviv (ISR) - Rapid de Vienne (AUT)	5 - 1	Hapoël Tel-Aviv (ISR) - Hambourg (GER)	1 - 0

Classement final	Pts	J	G	N	P	bp	bc	dif
1. Hapoël Tel-Aviv	12	6	4	0	2	13	8	5
2. Hambourg	10	6	3	1	2	7	6	1
3. Celtic Glasgow	6	6	1	3	2	7	7	0
4. Rapid de Vienne	5	6	1	2	3	8	14	-6

GROUPE D

Berlin (GER) - FK Ventspils (LAT)	1 - 1	Sporting Portugal (POR) - FK Ventspils (LAT)	1 - 1
SC Heerenveen (NED) - Sporting Portugal (POR)	2 - 3	SC Heerenveen (NED) - Berlin (GER)	2 - 3
Sporting Portugal (POR) - Berlin (GER)	1 - 0	Sporting Portugal (POR) - SC Heerenveen (NED)	1 - 1
FK Ventspils (LAT) - SC Heerenveen (NED)	0 - 0	FK Ventspils (LAT) - Berlin (GER)	0 - 1
Berlin (GER) - SC Heerenveen (NED)	0 - 1	SC Heerenveen (NED) - FK Ventspils (LAT)	5 - 0
FK Ventspils (LAT) - Sporting Portugal (POR)	1 - 2	Berlin (GER) - Sporting Portugal (POR)	1 - 0

Classement final	Pts	J	G	N	P	bp	bc	dif
1. Sporting Portugal	11	6	3	2	1	8	6	2
2. Berlin	10	6	3	1	2	6	5	1
3. SC Heerenveen	8	6	2	2	2	11	7	4
4. FK Ventspils	3	6	0	3	3	3	10	-7

GROUPE E

Bâle (SUI) - AS Rome (ITA)	2 - 0	AS Rome (ITA) - Fulham (ENG)	2 - 1
CSKA Sofia (BUL) - Fulham (ENG)	1 - 1	Bâle (SUI) - CSKA Sofia (BUL)	3 - 1
Fulham (ENG) - Bâle (SUI)	1 - 0	Fulham (ENG) - CSKA Sofia (BUL)	1 - 0
AS Rome (ITA) - CSKA Sofia (BUL)	2 - 0	AS Rome (ITA) - Bâle (SUI)	2 - 1
Fulham (ENG) - AS Rome (ITA)	1 - 1	Bâle (SUI) - Fulham (ENG)	2 - 3
CSKA Sofia (BUL) - Bâle (SUI)	0 - 2	CSKA Sofia (BUL) - AS Rome (ITA)	0 - 3

Classement final	Pts	J	G	N	P	bp	bc	dif
1. AS Rome	13	6	4	1	1	10	5	5
2. Fulham	11	6	3	2	1	8	6	2
3. Bâle	9	6	3	0	3	10	7	3
4. CSKA Sofia	1	6	0	1	5	2	12	-10

GROUPE F

Sturm Graz (AUT) - Dinamo Bucarest (ROM)	0 - 1	Sturm Graz (AUT) - Panathinaïkos (GRE)	0 - 1
Panathinaïkos (GRE) - Galatasaray (TUR)	1 - 3	Dinamo Bucarest (ROM) - Galatasaray (TUR)	0 - 3
Galatasaray (TUR) - Sturm Graz (AUT)	1 - 1	Dinamo Bucarest (ROM) - Sturm Graz (AUT)	2 - 1
Dinamo Bucarest (ROM) - Panathinaïkos (GRE)	0 - 1	Galatasaray (TUR) - Panathinaïkos (GRE)	1 - 0
Galatasaray (TUR) - Dinamo Bucarest (ROM)	4 - 1	Sturm Graz (AUT) - Galatasaray (TUR)	1 - 0
Panathinaïkos (GRE) - Sturm Graz (AUT)	1 - 0	Panathinaïkos (GRE) - Dinamo Bucarest (ROM)	3 - 0

Classement final	Pts	J	G	N	P	bp	bc	dif
1. Galatasaray	13	6	4	1	1	12	4	8
2. Panathinaïkos	12	6	4	0	2	7	4	3
3. Dinamo Bucarest	6	6	2	0	4	4	12	-8
4. Sturm Graz	4	6	1	1	4	3	6	-3

GROUPE G

Lazio Rome (ITA) - Salzbourg (AUT)	1 - 2	Villarreal (ESP) - Lazio Rome (ITA)	4 - 1
Villarreal (ESP) - Levski Sofia (BUL)	1 - 0	Levski Sofia (BUL) - Salzbourg (AUT)	0 - 1
Salzbourg (AUT) - Villarreal (ESP)	2 - 0	Salzbourg (AUT) - Lazio Rome (ITA)	2 - 1
Levski Sofia (BUL) - Lazio Rome (ITA)	0 - 4	Levski Sofia (BUL) - Villarreal (ESP)	0 - 2
Salzbourg (AUT) - Levski Sofia (BUL)	1 - 0	Villarreal (ESP) - Salzbourg (AUT)	0 - 1
Lazio Rome (ITA) - Villarreal (ESP)	2 - 1	Lazio Rome (ITA) - Levski Sofia (BUL)	0 - 1

Classement final	Pts	J	G	N	P	bp	bc	dif
1. Salzbourg	18	6	6	0	0	9	2	7
2. Villarreal	9	6	3	0	3	8	6	2
3. Lazio Rome	6	6	2	0	4	9	10	-1
4. Levski Sofia	3	6	1	0	5	1	9	-8

GROUPE H

Fenerbahçe (TUR) - FC Twente (NED)	1 - 2	FC Twente (NED) - FC Sheriff (MDA)	2 - 1
Steaua Bucarest (ROM) - FC Sheriff (MDA)	0 - 0	Fenerbahçe (TUR) - Steaua Bucarest (ROM)	3 - 1
FC Twente (NED) - Steaua Bucarest (ROM)	0 - 0	FC Twente (NED) - Fenerbahçe (TUR)	0 - 1
FC Sheriff (MDA) - Fenerbahçe (TUR)	0 - 1	FC Sheriff (MDA) - Steaua Bucarest (ROM)	1 - 1
FC Sheriff (MDA) - FC Twente (NED)	2 - 0	Steaua Bucarest (ROM) - FC Twente (NED)	1 - 1
Steaua Bucarest (ROM) - Fenerbahçe (TUR)	0 - 1	Fenerbahçe (TUR) - FC Sheriff (MDA)	1 - 0

Classement final	Pts	J	G	N	P	bp	bc	dif
1. Fenerbahçe	15	6	5	0	1	8	3	5
2. FC Twente	8	6	2	2	2	5	6	-1
3. FC Sheriff	5	6	1	2	3	4	5	-1
4. Steaua Bucarest	4	6	0	4	2	3	6	-3

GROUPE I

Everton (ENG) - AEK Athènes (GRE)	4 - 0	Everton (ENG) - Benfica (POR)	0 - 2
Benfica (POR) - BATE Borisov (BLR)	2 - 0	AEK Athènes (GRE) - BATE Borisov (BLR)	2 - 2
BATE Borisov (BLR) - Everton (ENG)	1 - 2	AEK Athènes (GRE) - Everton (ENG)	0 - 1
AEK Athènes (GRE) - Benfica (POR)	1 - 0	BATE Borisov (BLR) - Benfica (POR)	1 - 2
Benfica (POR) - Everton (ENG)	5 - 0	Everton (ENG) - BATE Borisov (BLR)	0 - 1
BATE Borisov (BLR) - AEK Athènes (GRE)	2 - 1	Benfica (POR) - AEK Athènes (GRE)	2 - 1

Classement final	Pts	J	G	N	P	bp	bc	dif
1. Benfica	15	6	5	0	1	13	3	10
2. Everton	9	6	3	0	3	7	9	-2
3. BATE Borisov	7	6	2	1	3	7	9	-2
4. AEK Athènes	4	6	1	1	4	5	11	-6

GROUPE J

Partizan Belgrade - **Toulouse**	2-3	Partizan Belgrade - FC Bruges	2-4
FC Bruges - Chakhtior Donetsk	1-4	**Toulouse** - Chakhtior Donetsk	0-2
Toulouse - FC Bruges	2-2	**Toulouse** - Partizan Belgrade	1-0
Chakhtior Donetsk - Partizan Belgrade	4-1	Chakhtior Donetsk - FC Bruges	0-0
Chakhtior Donetsk - **Toulouse**	4-0	FC Bruges - **Toulouse**	1-0
FC Bruges - Partizan Belgrade	2-0	Partizan Belgrade - Chakhtior Donetsk	1-0

Classement final	Pts	J	G	N	P	bp	bc	dif
1. Chakhtior Donetsk	13	6	4	1	1	14	3	11
2. FC Bruges	11	6	3	2	1	10	8	2
3. Toulouse	7	6	2	1	3	6	11	-5
4. Partizan Belgrade	3	6	1	0	5	6	14	-8

GROUPE K

Cluj - Copenhague	2-0	Copenhague - PSV Eindhoven	1-1
Sparta Prague - PSV Eindhoven	2-2	Cluj - Sparta Prague	2-3
PSV Eindhoven - Cluj	1-0	Copenhague - Cluj	2-0
Copenhague - Sparta Prague	1-0	PSV Eindhoven - Sparta Prague	1-0
PSV Eindhoven - Copenhague	1-0	Cluj - PSV Eindhoven	0-3
Sparta Prague - Cluj	2-0	Sparta - Prague Copenhague	0-3

Classement final	Pts	J	G	N	P	bp	bc	dif
1. PSV Eindhoven	14	6	4	2	0	9	3	6
2. Copenhague	10	6	3	1	2	7	4	3
3. Sparta Prague	7	6	2	1	3	7	9	-2
4. Cluj	3	6	1	0	5	4	11	-7

GROUPE L

CD Nacional - Werder Brême	2-3	Werder Brême - Austria Vienne	2-0
Athletic Bilbao - Austria Vienne	3-0	CD Nacional - Athletic Bilbao	1-1
Austria Vienne - CD Nacional	1-1	Werder Brême - CD Nacional	4-1
Werder Brême - Athletic Bilbao	3-1	Austria Vienne - Athletic Bilbao	0-3
Austria Vienne - Werder Brême	2-2	CD Nacional - Austria Vienne	5-1
Athletic Bilbao - CD Nacional	2-1	Athletic Bilbao - Werder Brême	0-3

Classement final	Pts	J	G	N	P	bp	bc	dif
1. Werder Brême	16	6	5	1	0	17	6	11
2. Athletic Bilbao	10	6	3	1	2	10	8	2
3. CD Nacional	5	6	1	2	3	11	12	-1
4. Austria Vienne	2	6	0	2	4	4	16	-12

Les deux premiers de chaque groupe qualifiés pour les 16e de finale.

16e de finale
Benfica - Berlin 1-1 et 4-0
Anderlecht - Athletic Bilbao 1-1 et 4-0
Marseille - FC Copenhague 3-1 et 3-1
Panathinaïkos - AS Rome 3-2 et 3-2
Atletico Madrid - Galatasaray 1-1 et 2-1
Fulham - Chakhtior Donetsk 2-1 et 1-1
Liverpool - Unirea Urziceni 1-0 et 3-1
Hambourg - PSV Eindhoven 1-0 et 2-3
Rubin Kazan - Hapoël Tel-Aviv 3-0 et 0-0
Juventus - Ajax Amsterdam 2-1 et 0-0
FC Valence - FC Bruges 0-1 et 3-0 a.p.
Wolfsburg - Villarreal 2-2 et 4-1
Standard Liège - Salzbourg 3-2 et 0-0
Werder Brême - FC Twente 0-1 et 4-1
Lille - Fenerbahçe 2-1 et 1-1
Sporting Portugal - Everton 1-2 et 3-0

8e de finale
Benfica Lisbonne - **Marseille** 1-1 et 2-1
Standard de Liège - Panathinaïkos Athènes 3-1 et 1-0
Fulham - Juventus Turin 1-3 et 4-1
FC Valence - Werder Brême 1-1 et 4-4
Hambourg SV - Anderlecht 3-1 et 3-4
Wolfsburg - Rubin Kazan 1-1 et 2-1 a.p.
Atletico Madrid - Sporting Portugal 0-0 et 2-2
Liverpool - **Lille** 0-1 et 3-0

Quarts de finale
Liverpool - Benfica Lisbonne 1-2 et 4-1
Atletico Madrid - FC Valence 2-2 et 0-0
Fulham - Wolfsburg 2-1 et 1-0
Hambourg - Standard de Liège 2-1 et 3-1

Demi-finales
Atletico Madrid - Liverpool 1-0 et 2-1
Fulham - Hambourg 0-0 et 2-1

FINALE
Le 12 mai, à Hambourg
Atletico Madrid bat Fulham 2-1 a.p. (1-1)
50 000 spectateurs
Arbitre : N. Rizzoli (ITA)
Buts : Forlan (32, 116) pour Atletico Madrid, Davies (37) pour Fulham
Les équipes :
Atletico Madrid : De Gea - Ujfalusi, Perea, Dominguez, Antonio Lopez (cap.) - Reyes puis Salvio (78), Paulo Assunçao, Raul Garcia, Simao puis Jurado (68) - Forlan, Agüero puis Valera (119)
Fulham : Schwarzer - Baird, A. Hughes, Hangeland, Konchesky - Duff puis Nevland (84), Etuhu, Gera, Dan. Murphy (cap.) puis Greening (118), S. Davies - Zamora puis Dempsey (55)

LIGUE DES CHAMPIONS

TOUR PRÉLIMINAIRE

FC Zürich - FK Ventspils	3-0 et 2-1	Olympiakos Le Pirée - FC Sheriff Tiraspol	2-0 et 1-0
Maccabi Haïfa - Salzbourg	2-1 et 3-0	Fiorentina - Sporting Portugal	2-2 et 1-1
Atletico Madrid - Panathinaïkos	3-2 et 2-0	Stuttgart - FC Timisoara	2-0 et 0-0
Lyon - Anderlecht	5-1 et 3-1	Arsenal - Celtic Glasgow	2-0 et 3-1
Debrecen - Levski Sofia	2-1 et 2-0	Apoël Nicosie FC - FC Copenhague	0-1 et 3-1

PHASE DE GROUPES

GROUPE A

Juventus (ITA) - **Bordeaux** (FRA)	1 - 1	Bayern Munich (GER) - **Bordeaux** (FRA)	0 - 2
Maccabi Haïfa (ISR) - Bayern Munich (GER)	0 - 3	Maccabi Haïfa (ISR) - Juventus (ITA)	0 - 1
Bordeaux (FRA) - Maccabi Haïfa (ISR)	1 - 0	Bayern Munich (GER) - Maccabi Haïfa (ISR)	1 - 0
Bayern Munich (GER) - Juventus (ITA	0 - 0	**Bordeaux** (FRA) - Juventus (ITA)	2 - 0
Bordeaux (FRA) - Bayern Munich (GER)	2 - 1	Juventus (ITA) - Bayern Munich (GER)	1 - 4
Juventus (ITA) - Maccabi Haïfa (ISR)	1 - 0	Maccabi Haïfa (ISR) - **Bordeaux** (FRA)	0 - 1

Classement final	Pts	J	G	N	P	bp	bc	dif
1. Bordeaux	16	6	5	1	0	9	2	7
2. Bayern Munich	10	6	3	1	2	9	5	4
3. Juventus	8	6	2	2	2	4	7	-3
4. Maccabi Haïfa	0	6	0	0	6	0	8	-8

Bordeaux et Bayern qualifiés pour les 8e de finale, Juventus reversé en 16e de finale de l'Europa League.

Le 15 septembre, à Turin
Juventus et Bordeaux 1-1 (0-0)
21 000 spectateurs
Arbitre : T. Ovrebo (NOR)
Buts : Iaquinta (63) pour Juventus, Plasil (75) pour Bordeaux
Les équipes :
Juventus : Buffon (cap.) - Martin Caceres, Legrottaglie, Cannavaro puis Zebina (67), Grosso - Marchisio, Felipe Melo, Giovinco puis Camoranesi (73) - Cardoso Tiago puis Poulsen (81) - Iaquinta, Amauri
Bordeaux : Carrasso puis Ramé (55) - Chalmé, Ciani, Planus, Trémoulinas - Plasil puis Gouffran (77), Fernando, Gourcuff, A. Diarra (cap.), Wendel - Chamakh

Le 30 septembre, à Bordeaux
Bordeaux bat Maccabi Haïfa 1-0 (0-0)
32 000 spectateurs
Arbitre : Eric Braamhaar (NED)
But : Ciani (83)
Exclusion : Kayal (88) pour Maccabi Haïfa
Les équipes :
Bordeaux : Carrasso - Chalmé, Ciani, Planus, Trémoulinas - Diarra (cap.) - Plasil puis Sertic (72), Gourcuff puis Fernando (46), Wendel - Chamakh, Cavenaghi puis Bellion (60)
Maccabi Haïfa : Davidovitch - Meshumar, Teixeira, Keinan, Masilela - Culma, Kayal - Ghadir puis Refaelov (66), Katan (cap.), Golasa puis Boccoli (84) - Dvalishvili puis Arbeitman (58)

Le 21 octobre, à Bordeaux
Bordeaux bat Bayern Munich 2-1 (2-1)
32 500 spectateurs
Arbitre : T. Hauge (NOR)
Buts : Ciani (29), Planus (40) pour Bordeaux, Ciani (6 c.s.c.) pour Bayern Munich
Exclusions : Müller (30, 2e avertissement), Van Buyten (87) pour Bayern Munich
Les équipes :
Bordeaux : Carrasso - Chalmé, Ciani, Planus, Trémoulinas - Plasil puis Gouffran (85), Fernando, Gourcuff, A. Diarra (cap.), Wendel puis Jussiê (85) - Chamakh
Bayern Munich : Butt - Hamit Altintop, Van Buyten, Badstuber, Lahm - van Bommel (cap.) puis Ottl (78), Tymoschuk, Müller - Schweinsteiger - Klose puis Pranjic (73), Toni puis Gomez (78)

Le 3 novembre, à Munich
Bordeaux bat Bayern Munich 2-0 (1-0)
65 000 spectateurs
Arbitre : P. Proença (POR)
Buts : Gourcuff (37), Chamakh (90)
Les équipes :
Bayern Munich : Butt - Lahm, Demichelis, Badstuber, Braafheid puis Gomez (59) - Tymoschuk, van Bommel (cap.), Schweinsteiger, Pranjic - Klose puis Robben (46), Toni
Bordeaux : Carrasso - Chalmé, Ciani, Planus, Trémoulinas - Plasil puis Sané (84), Fernando, Gourcuff, A. Diarra (cap.), Wendel puis Jussiê (68) - Chamakh

Le 25 novembre, à Bordeaux
Bordeaux bat Juventus Turin 2-0 (0-0)
31 000 spectateurs
Arbitre : E. Iturralde Gonzalez (ESP)
Buts : Fernando (54), Chamakh (90+4)
Les équipes :
Bordeaux : Carrasso - Chalmé, Ciani, Planus, Trémoulinas - Gouffran puis A. Traoré (75), Fernando, Plasil, A. Diarra (cap.), Wendel - Chamakh
Juventus : Buffon - Martin Caceres, Legrottaglie, Chiellini, Grosso - Camoranesi, Felipe Melo, Ribas, Momo Sissoko puis Marchisio (89), Del Piero (cap.) puis Immobile (68) - Amauri puis Giovinco (77)

Le 8 décembre, à Ramat Gan
Bordeaux bat Maccabi Haïfa 1-0 (1-0)
32 000 spectateurs
Arbitre : J. Eriksson (SWE)
But : Jussiê (12)
Les équipes :
Maccabi Haïfa : Davidovic (cap.) - Mshumar, Keinan, Masilela puis Tawatha (62) - Golsa puis Harazi (71), Kial, Culma, Gdir - Rafaelov, Dvalishvili puis Arbitman (54)
Bordeaux : Ramé (cap.) - Jurietti, Sané, Placente, Wendel - Saivet, A. Traoré puis Sertic (78), Fernando, Jussiê - Cavenaghi, Bellion

GROUPE B

Wolfsburg (GER) - CSKA Moscou (RUS) 3 - 1
Besiktas (TUR) - Manchester United (ENG) 0 - 1
Manchester United (ENG) - Wolfsburg (GER) 2 - 1
CSKA Moscou (RUS) - Besiktas (TUR) 2 - 1
CSKA Moscou (RUS) - Manchester United (ENG) 0 - 1
Wolfsburg (GER) - Besiktas (TUR) 0 - 0

Manchester United (ENG) - CSKA Moscou (RUS) 3 - 3
Besiktas (TUR) - Wolfsburg (GER) 0 - 3
Manchester United (ENG) - Besiktas (TUR) 0 - 1
CSKA Moscou (RUS) - Wolfsburg (GER) 2 - 1
Wolfsburg (GER) - Manchester United (ENG) 1 - 3
Besiktas (TUR) - CSKA Moscou (RUS) 1 - 2

Classement final	Pts	J	G	N	P	bp	bc	dif
1. Manchester United	13	6	4	1	1	10	6	4
2. CSKA Moscou	10	6	3	1	2	10	10	0
3. Wolfsburg	7	6	2	1	3	9	8	1
4. Besiktas	4	6	1	1	4	3	8	-5

Manchester United et CSKA Moscou qualifiés pour les 8e de finale, Wolfsburg reversé en 16e de finale de l'Europa League.

GROUPE C

FC Zürich (SUI) - Real Madrid (ESP) 2 - 5
Marseille (FRA) - AC Milan (ITA) 1 - 2
AC Milan (ITA) - FC Zürich (SUI) 0 - 1
Real Madrid (ESP) - **Marseille** (FRA) 3 - 0
Real Madrid (ESP) - AC Milan (ITA) 2 - 3
FC Zürich (SUI) - **Marseille** (FRA) 0 - 1

AC Milan (ITA) - Real Madrid (ESP) 1 - 1
Marseille (FRA) - FC Zürich (SUI) 6 - 1
AC Milan (ITA) - **Marseille** (FRA) 1 - 1
Real Madrid (ESP) - FC Zürich (SUI) 1 - 0
Marseille (FRA) - Real Madrid (ESP) 1 - 3
FC Zürich (SUI) - AC Milan (ITA) 1 - 1

Classement final	Pts	J	G	N	P	bp	bc	dif
1. Real Madrid	13	6	4	1	1	15	7	8
2. AC Milan	9	6	2	3	1	8	7	1
3. Marseille	7	6	2	1	3	10	10	0
4. FC Zürich	4	6	1	1	4	5	14	-9

Real Madrid et AC Milan qualifiés pour les 8e de finale, **Marseille** reversé en 16e de finale de l'Europa League.

Le 15 septembre, à Marseille
Milan AC bat Marseille 2-1 (1-0)
59 000 spectateurs
Arbitre: C. Larsen (DEN)
Buts: Heinze (49) pour Marseille, F. Inzaghi (28, 74) pour AC Milan
Les équipes:
Marseille: Mandanda - Kaboré, S. Diawara, Heinze, Taiwo - E. Cissé puis Morientes (88), Mbia, Lucho puis Ben Arfa (75) - Be. Cheyrou - Brandao, Niang (cap.)
AC Milan: Storari - Oddo, Nesta, Silva, Zambrotta - Flamini, Pirlo, Seedorf puis Abate (90+3) - Ambrosini (cap.) puis Gattuso (58) - F. Inzaghi puis Huntelaar (87), Pato

Le 30 septembre, à Madrid
Real Madrid bat Marseille 3-0 (0-0)
60 000 spectateurs
Arbitre: M. Hansson (SWE)
Buts: Cristiano Ronaldo (58, 64), Kaka (61 s.p.)
Exclusion: S. Diawara (60) pour Marseille
Les équipes:
Real Madrid: Casillas - Sergio Ramos puis Garay (72), Pepe, Albiol, Marcelo - Xabi Alonso, Guti (cap.), Gago - Kaka puis Raul (78), Benzema, Cristiano Ronaldo puis Higuain (70)
Marseille: Mandanda - Bonnart, S. Diawara, Heinze, Taiwo - Lucho, Mbia, Be. Cheyrou - Abriel puis J. Rodriguez (62), Morientes puis Brandao (63), Niang (cap.) puis Ben Arfa (87)

Le 21 octobre, à Zürich
Marseille bat FC Zürich 1-0 (0-0)
22 300 spectateurs
Arbitre: D. Skomina (SLO)
But: Heinze (69)
Exclusion: Bonnart (90+2, 2e avertissement) pour Marseille
Les équipes:
FC Zürich: Leoni - Stahel, Tihinen (cap.), Rochat, Koch - Gajic puis Djuric Dusan (72), Aegerter, Margairaz puis Abdi (84) - Tico - Vonlanthen puis Nikci (84), Alphonse
Marseille: Mandanda - Bonnart, Mbia, Hilton, Heinze - Valbuena puis Koné (65), E. Cissé, Lucho puis Kaboré (82), Be. Cheyrou puis Abriel (64), Niang (cap.) - Brandao

Le 3 novembre, à Marseille
Marseille bat FC Zurich 6-1 (2-1)
56 282 spectateurs
Arbitre: C. Thomson (SCO)
Buts: Aegerter (3 c.s.c.), Abriel (11), Niang (51), Hilton (80), Be. Cheyrou (87), Brandao (89) pour Marseille, Alphonse (31) pour FC Zürich
Les équipes:
Marseille: Mandanda - Bocaly, S. Diawara, Hilton, Heinze - Abriel puis Kaboré (68), Mbia puis E. Cissé (84), Be. Cheyrou - Koné puis Valbuena (61), Brandao, Niang (cap.)
FC Zürich: Leoni - Stahel, Tihinen (cap.), Rochat, Koch - Vonlanthen puis Mehmedi (9), Tico, Margairaz, Aegerter puis Gajic (46), Djuric Dusan - Alphonse puis Nikci (77)

Le 25 novembre, à Milan
AC Milan et Marseille 1-1 (1-1)
40 000 spectateurs
Arbitre: H. Webb (ENG)
Buts: Borriello (10) pour AC Milan, Lucho (16) pour Marseille
Les équipes:
AC Milan: Dida - Oddo puis Abate (28), Nesta, Silva, Zambrotta - Ambrosini (cap.), Seedorf - Pirlo - Pato, Borriello, Ronaldinho
Marseille: Mandanda - Bonnart, S. Diawara, Heinze, Taiwo - Abriel, E. Cissé, Lucho puis Koné (66) - Be. Cheyrou puis Morientes (85) - Brandao, Niang (cap.) puis Ben Arfa (73)

Le 8 décembre, à Marseille
Real Madrid bat Marseille 3-1 (1-1)
55 722 spectateurs
Arbitre: W. Stark (GER)
Buts: Lucho (11) pour Marseille, Cristiano Ronaldo (5, 80), Albiol (60) pour Real Madrid
Les équipes:
Marseille: Mandanda - Bonnart, S. Diawara, Heinze, Taiwo - Lucho , E. Cissé puis Koné (63), Be. Cheyrou - Abriel, Brandao puis Morientes (78), Niang (cap.) puis Valbuena (71)
Real Madrid: Casillas (cap.) - Sergio Ramos, Pepe, Albiol, Arbeloa - L. Diarra, Xabi Alonso puis Diarra (78), Van der Vaart puis Raul (72) - Marcelo - Cristiano Ronaldo, Higuain puis Benzema (63)

GROUPE D

Chelsea (ENG) - FC Porto (POR) 1 - 0
Atletico Madrid (ESP) - Apoël Nicosie (CYP) 0 - 0
FC Porto (POR) - Atletico Madrid (ESP) 2 - 0
Apoël Nicosie (CYP) - Chelsea (ENG) 0 - 1
FC Porto (POR) - Apoël Nicosie (CYP) 2 - 1
Chelsea (ENG) - Atletico Madrid (ESP) 4 - 0

Atletico Madrid (ESP) - Chelsea (ENG) 2 - 2
Apoël Nicosie (CYP) - FC Porto (POR) 0 - 1
FC Porto (POR) - Chelsea (ENG) 0 - 1
Apoël Nicosie (CYP) - Atletico Madrid (ESP) 1 - 1
Chelsea (ENG) - Apoël Nicosie (CYP) 2 - 2
Atletico Madrid (ESP) - FC Porto (POR) 0 - 3

Classement final	Pts	J	G	N	P	bp	bc	dif
1. Chelsea	14	6	4	2	0	11	4	7
2. FC Porto	12	6	4	0	2	8	3	5
3. Atletico Madrid	3	6	0	3	3	3	12	-9
4. Apoël Nicosie	3	6	0	3	3	4	7	-3

Chelsea et FC Porto qualifiés pour les 8e de finale, Atletico Madrid reversé en 16e de finale de l'Europa League.

GROUPE E

Liverpool (ENG) - Debrecen VSC (HUN) 1 - 0
Lyon (FRA) - Fiorentina (ITA) 1 - 0
Debrecen VSC (HUN) - **Lyon** (FRA) 0 - 4
Fiorentina (ITA) - Liverpool (ENG) 2 - 0
Liverpool (ENG) - **Lyon** (FRA) 1 - 2
Debrecen VSC (HUN) - Fiorentina (ITA) 3 - 4

Lyon (FRA) - Liverpool (ENG) 1 - 1
Fiorentina (ITA) - Debrecen VSC (HUN) 5 - 2
Fiorentina (ITA) - **Lyon** (FRA) 1 - 0
Debrecen VSC (HUN) - Liverpool (ENG) 0 - 1
Liverpool (ENG) - Fiorentina (ITA) 1 - 2
Lyon (FRA) - Debrecen VSC (HUN) 4 - 0

Classement final	Pts	J	G	N	P	bp	bc	dif
1. Fiorentina	15	6	5	0	1	14	7	7
2. Lyon	13	6	4	1	1	12	3	9
3. Liverpool	7	6	2	1	3	5	7	-2
4. Debrecen VSC	0	6	0	0	6	5	19	-14

Fiorentina et **Lyon** qualifiés pour les 8e de finale, Liverpool reversé en 16e de finale de l'Europa League.

Le 16 septembre, à Lyon
Lyon bat Fiorentina 1-0 (0-0)
37 169 spectateurs
Arbitre: P. Vink (PBS)
But: Pjanic (76)
Exclusion: Gilardino (45+1) pour Fiorentina
Les équipes:
Lyon: Lloris - Réveillère, Cris, Toulalan, Cissokho - Makoun, Källström - Lisandro, Pjanic puis Ederson (82), Bastos puis Govou (26) - Gomis puis Delgado (70)
Fiorentina: Frey - Comotto, Gamberini, Dainelli (cap.), Gobbi - Donadel, Montolivo - Marchionni puis Santana (73), Mutu puis Jovetic (58), Vargas - Gilardino

Le 29 septembre, à Budapest
Lyon bat Debrecen 4-0 (3-0)
35 000 spectateurs
Arbitre: T. Ovrebo (NOR)
Buts: Källström (3), Pjanic (13), Govou (24), B. Gomis (51)
Les équipes:
Debrecen: Poleksic - Bodnar, Komlosi, Fodor, Leandro de Almeida - Szakaly puis Dombi (85), Kiss (cap.), Czvitkovics, Varga, Laczko puis Rudolf (46) - Coulibaly
Lyon: Lloris - Réveillère, Cris, Toulalan, Cissokho puis Kolodziecziak (78) - Pjanic puis Gonalons (57), Makoun, Källström - Clerc, B. Gomis puis Ederson (54), Govou (cap.)

Le 20 octobre, à Liverpool
Lyon bat Liverpool 2-1 (0-1)
41 562 spectateurs
Arbitre: Alberto Udiano Mallenco (ESP)
Buts: Benayoun (41) pour Liverpool, Gonalons (72), Delgado (90+1) pour Lyon
Les équipes:
Liverpool: Reina - Kelly puis Skrtel (74), Carragher, Agger, Insua - Kuyt, Mascherano, Gerrard (cap.) puis Aurelio (25), Lucas, Benayoun puis Voronin (85) - Ngog
Lyon: Lloris - Réveillère, Cris puis Gonalons (43), Toulalan, Cissokho - Pjanic, Makoun, Källström - Govou (cap.), Lisandro Lopez puis Delgado (86), Ederson puis B. Gomis (61)

Le 4 novembre, à Lyon
Lyon et Liverpool 1-1 (0-0)
41 000 spectateurs
Arbitre: F. de Bleeckere (BEL)
Buts: Lisandro Lopez (90) pour Lyon, Babel (83) pour Liverpool
Les équipes:
Lyon: Lloris - Réveillère puis Gassama (18), Cris (cap.), Toulalan, Cissokho - Pjanic puis Ederson (40), Makoun, Källström - Bastos, B. Gomis puis Govou (73), Lisandro Lopez
Liverpool: Reina - Carragher (cap.), Kyrgiakos, Agger, Insua - Kuyt, Lucas, Voronin puis Babel (68), Mascherano, Benayoun - Torres puis Ngog (87)

Le 24 novembre, à Florence
Fiorentina bat Lyon 1-0 (1-0)
32 000 spectateurs
Arbitre: O. Benquerença (POR)
But: Vargas (28 s.p.)
Les équipes:
Fiorentina: Frey - De Silvestri puis Comotto (87), Dainelli (cap.), Kroeldrup, Gobbi - Marchionni, C. Zanetti puis Joergensen (80), Santana puis Donadel (71), Montolivo, Vargas - Gilardino
Lyon: Lloris - Gassama, Cris (cap.), Boumsong, Cissokho - Makoun, Pjanic, Källström - Govou puis Delgado (74), B. Gomis puis Ederson (79), Bastos puis Lisandro Lopez (67)

Le 9 décembre, à Lyon
Lyon bat Debrecen 4-0 (2-0)
37 000 spectateurs
Arbitre: F. Meyer (GER)
Buts: B. Gomis (25), Bastos (45), Pjanic (59), Cissokho (76)
Les équipes:
Lyon: Lloris - Réveillère, Cris (cap.), Boumsong, Cissokho - Gonalons, Makoun puis Källström (73), Bastos - Govou puis Pjanic (29), B. Gomis puis Lisandro Lopez (67), Delgado
Debrecen: Djordje Pantic - Bodnar puis Bernath (52), Mijadinoski, Meszáros (cap.), Laczko - Czvitkovics, Szelesi, Varga, Ramos puis Kiss (57), Szakály (puis Eczesin (75) - Coulibaly

GROUPE F

Inter Milan (ITA) - FC Barcelone (ESP)	0 - 0	Rubin Kazan (RUS) - FC Barcelone (ESP)	0 - 0
Dynamo Kiev (UKR) - Rubin Kazan (RUS)	3 - 1	Dynamo Kiev (UKR) - Inter Milan (ITA)	1 - 2
Rubin Kazan (RUS) - Inter Milan (ITA)	1 - 1	Rubin Kazan (RUS) - Dynamo Kiev (UKR)	0 - 0
FC Barcelone (ESP) - Dynamo Kiev (UKR)	2 - 0	FC Barcelone (ESP) - Inter Milan (ITA)	2 - 0
FC Barcelone (ESP) - Rubin Kazan (RUS)	1 - 2	Inter Milan (ITA) - Rubin Kazan (RUS)	2 - 0
Inter Milan (ITA) - Dynamo Kiev (UKR)	2 - 2	Dynamo Kiev (UKR) - FC Barcelone (ESP)	1 - 2

Classement final	Pts	J	G	N	P	bp	bc	dif
1. FC Barcelone	11	6	3	2	1	7	3	4
2. Inter Milan	9	6	2	3	1	7	6	1
3. Rubin Kazan	6	6	1	3	2	4	7	-3
4. Dynamo Kiev	5	6	1	2	3	7	9	-2

FC Barcelone et Inter Milan qualifiés pour les 8e de finale, Rubin Kazan reversé en 16e de finale de l'Europa League.

GROUPE G

Stuttgart (GER) - Glasgow Rangers (SCO)	1 - 1	FC Séville (ESP) - Stuttgart (GER)	1 - 1
FC Séville (ESP) - Unirea Urziceni (ROM)	2 - 0	Unirea Urziceni (ROM) - Glasgow Rangers (SCO)	1 - 1
Glasgow Rangers (SCO) - FC Séville (ESP)	1 - 4	Glasgow Rangers (SCO) - Stuttgart (GER)	0 - 2
Unirea Urziceni (ROM) - Stuttgart (GER)	1 - 1	Unirea Urziceni (ROM) - FC Séville (ESP)	1 - 0
Glasgow Rangers (SCO) - Unirea Urziceni (ROM)	1 - 4	FC Séville (ESP) - Glasgow Rangers (SCO)	1 - 0
Stuttgart (GER) - FC Séville (ESP)	1 - 3	Stuttgart (GER) - Unirea Urziceni (ROM)	3 - 1

Classement final	Pts	J	G	N	P	bp	bc	dif
1. FC Séville	13	6	4	1	1	11	4	7
2. Stuttgart	9	6	2	3	1	9	7	2
3. Unirea Urziceni	8	6	2	2	2	8	8	0
4. Glasgow Rangers	2	6	0	2	4	4	13	-9

FC Séville et Stuttgart qualifiés pour les 8e de finale, Unirea Urziceni reversé en 16e de finale de l'Europa League.

GROUPE H

Standard Liège (BEL) - Arsenal (ENG)	2 - 3	Arsenal (ENG) - AZ Alkmaar (NED)	4 - 1
Olympiakos (GRE) - AZ Alkmaar (NED)	1 - 0	Standard Liège (BEL) - Olympiakos (GRE)	2 - 0
Arsenal (ENG) - Olympiakos (GRE)	2 - 0	Arsenal (ENG) - Standard Liège (BEL)	2 - 0
AZ Alkmaar (NED) - Standard Liège (BEL)	1 - 1	AZ Alkmaar (NED) - Olympiakos (GRE)	0 - 0
AZ Alkmaar (NED) - Arsenal (ENG)	1 - 1	Standard Liège (BEL) - AZ Alkmaar (NED)	1 - 1
Olympiakos (GRE) - Standard Liège (BEL)	2 - 1	Olympiakos (GRE) - Arsenal (ENG)	1 - 0

Classement final	Pts	J	G	N	P	bp	bc	dif
1. Arsenal	13	6	4	1	1	12	5	7
2. Olympiakos	10	6	3	1	2	4	5	-1
3. Standard Liège	5	6	1	2	3	7	9	-2
4. AZ Alkmaar	4	6	0	4	2	4	8	-4

Arsenal et Olympiakos qualifiés pour les 8e de finale, Standard Liège reversé en 16e de finale de l'Europa League.

8e de finale

Bayern Munich - Fiorentina	2-1 et 2-3
Arsenal - FC Porto	1-2 et 5-0
Manchester United - AC Milan	3-2 et 4-0
Lyon - Real Madrid	1-0 et 1-1
Inter Milan - Chelsea	2-1 et 1-0
CSKA Moscou - FC Séville	1-1 et 2-1
Bordeaux - Olympiakos Le Pirée	-0 et 2-1
FC Barcelone - Stuttgart	1-1 et 4-0

Le 16 février, à Lyon
Lyon bat Real Madrid **1-0 (0-0)**
40 351 spectateurs
Arbitre: M. Atkinson (ENG)
But: Makoun (47)
Les équipes:
Lyon: Lloris - Réveillère, Cris (cap.), Boumsong, Cissokho - Makoun, Toulalan, Pjanic puis Källström (78) - Govou, Lisandro Lopez puis B. Gomis (82), Delgado puis Bastos (90)
Real Madrid: Casillas (cap.) - Arbeloa, Sergio Ramos, Albiol, Marcelo puis Garay (46) - Diarra, Xabi Alonso, Kaka - Granero - Higuain puis Benzema (64), Cristiano Ronaldo

Le 10 mars, à Madrid
Real Madrid et Lyon **1-1 (1-0)**
70 000 spectateurs
Arbitre: N. Rizzoli (ITA)
Buts: Cristiano Ronaldo (6) pour Real Madrid, Pjanic (75) pour Lyon
Les équipes:
Real Madrid: Casillas - Sergio Ramos, Albiol, Garay, Arbeloa puis Diarra (84) - Granero puis van der Vaart (62), L. Diarra, Kaka puis Raul (77), Guti (cap.), Cristiano Ronaldo - Higuain
Lyon: Lloris - Réveillère, Cris (cap.), Boumsong puis Källström (46), Cissokho - Pjanic puis Ederson (84), Toulalan, Makoun puis Gonalons (46) - Govou, Lisandro Lopez, Delgado

Le 23 février, au Pirée
Bordeaux bat Olympiakos **1-0 (1-0)**
30 000 spectateurs
Arbitre: H. Webb (ENG)
But: Ciani (45+2)
Les équipes:
Olympiakos: Nikopolidis (cap.) - Torosidis, Papadopoulos, Mellberg, Raul Bravo - Maresca, Ledesma puis Zaïri (64), Stoltidis - Lua Lua, Mitroglou puis Derbyshire (77), Datolo
Bordeaux: Carrasso - Chalmé, Planus (cap.), Ciani, Trémoulinas - Plasil puis Gouffran (82), Fernando, Gourcuff, Sané, Wendel puis Jussiê (82) - Chamakh

Le 17 mars, à Bordeaux
Bordeaux bat Olympiakos **2-1 (1-0)**
30 000 spectateurs
Arbitre: O. Benquerença (POR)
Buts: Gourcuff (5), Chamakh (88) pour Bordeaux, Mitroglou (65) pour Olympiakos
Exclusions: A. Diarra (68, 2e avertissement) pour Bordeaux, Derbyshire (60, 2e avertissement), Mellberg (après coup de sifflet final, 2e avertissement) pour Olympiakos
Les équipes:
Bordeaux: Carrasso - Chalmé, Sané, Ciani, Trémoulinas - Fernando, A. Diarra (cap.) - Plasil puis Sertic (84), Gourcuff, Wendel puis Jussiê (90) - Chamakh
Olympiakos: Nikopolidis (cap.) - Torosidis, Papadopoulos, Mellberg, Raul Bravo - Maresca, Stoltidis puis Ledesma (80) - Zaïri puis Mitroglou (63), Lua Lua, Datolo - Derbyshire

Quarts de finale

Inter Milan - CSKA Moscou	1-0 et 1-0
FC Barcelone - Arsenal	2-2 et 4-1
Bayern Munich - Manchester United	2-1 et 2-3
Lyon - **Bordeaux**	3-1 et 0-1

Le 30 mars, à Lyon
Lyon bat Bordeaux **3-1 (2-1)**
37 859 spectateurs
Arbitre: Felix Brych (GER)
Buts: Lisandro (10, 77 s.p.), Bastos (32) pour Lyon, Chamakh (14) pour Bordeaux
Les équipes:
Lyon: Lloris - Réveillère, Cris (cap.), Bodmer, Cissokho - Makoun, Toulalan - Bastos puis Govou (66), Pjanic puis Källström (66), Delgado puis Gonalons (86) - Lisandro
Bordeaux: Carrasso - Chalmé puis Henrique (82), Sané, Ciani, Trémoulinas - Plasil, Fernando - Gouffran puis Bellion (84), Gourcuff, Wendel puis Jussiê (72) - Chamakh (cap.)

Le 7 avril, à Bordeaux
Bordeaux bat Lyon **1-0 (1-0)**
32 000 spectateurs
Arbitre: A. Undiano (ESP)
But: Chamakh (45)
Les équipes:
Bordeaux: Carrasso - Sané, Ciani, Planus puis Cavenaghi (85), Trémoulinas - Wendel, Plasil, Gourcuff, A. Diarra (cap.) puis Chalmé (70), Jussiê puis Gouffran (77) - Chamakh
Lyon: Lloris - Réveillère, Cris (cap.), Boumsong puis Bodmer (77), Cissokho - Bastos puis Ederson (88), Toulalan, Källström, Gonalons, Delgado - B. Gomis puis Pjanic (66)

Demi-finales

Bayern Munich - **Lyon**	1-0 et 3-0
Inter Milan bat FC Barcelone	3-1 et 0-1

Le 21 avril, à Munich
Bayern Munich bat Lyon **1-0 (0-0)**
66 000 spectateurs
Arbitre: R. Rosetti (ITA)
But: Robben (69)
Exclusions: Ribéry (37) pour Bayern Munich, Toulalan (54, 2e avertissement) pour Lyon
Les équipes:
Bayern Munich: Butt - Lahm (cap.), Van Buyten, Demichelis, Contento - Robben puis Hamit Altintop (85), Schweinsteiger, Pranjic puis Gomez (63), Ribéry - Müller, Olic puis Tymoschuk (46)
Lyon: Lloris - Réveillère, Cris (cap.), Toulalan, Cissokho - Gonalons, Pjanic puis Makoun (55), Källström - Ederson puis Bastos (70), Lisandro Lopez, Delgado puis Govou (79)

Le 27 avril, à Lyon
Bayern Munich bat Lyon **3-0 (1-0)**
38 000 spectateurs
Arbitre: M. Busacca (SUI)
Buts: Olic (26, 67, 77)
Exclusion: Cris (59, 2e avertissement) pour Lyon
Les équipes:
Lyon: Lloris - Réveillère, Cris (cap.), Boumsong, Cissokho puis B. Gomis (46) - Govou, Gonalons, Delgado puis Pjanic (68), Makoun, Bastos - Lisandro Lopez puis Ederson (79)
Bayern Munich: Butt - Lahm, Van Buyten puis Demichelis (46), Badstuber, Contento - Robben puis Klose (76), van Bommel (cap.), Schweinsteiger puis Alaba (79), Hamit Altintop - Müller, Olic

FINALE
Le 22 mai, à Madrid
Inter Milan bat Bayern Munich **2-0 (1-0)**
80 000 spectateurs
Arbitre: H. Webb (ENG)
Buts: D. Milito (35, 70)
Les équipes:
Inter Milan: Julio Cesar - Maicon, Lucio, Samuel, Chivu puis Stankovic (68) - Cambiasso, Sneijder, J. Zanetti (cap.) - Eto'o, D. Milito puis Materazzi (90+2), Pandev puis Muntari (79)
Bayern Munich: Butt - Lahm, Van Buyten, Demichelis, Badstuber - Robben, van Bommel (cap.), Schweinsteiger, Hamit Altintop puis Klose (63) - Müller, Olic puis Gomez (74)

LA SAISON DE L'ÉQUIPE DE FRANCE

Le 12 août, à Torshavn
(qualifications Mondial 2010)
France bat Iles Féroé 1-0 (1-0)
3000 spectateurs
Arbitre: M. Michael Koukoulakis (GRE)
But: Gignac (42)
Les équipes:
Iles Féroé: Mikkelsen (cap.) - Naes, Gregersen, Bo, Davidsen - Benjaminsen, S. Olsen puis Abore (83), Danielsen puis Petersen (43), Lokin, Samuelsen - Holst puis Edmundsson (18)
France: Lloris - Sagna, Gallas, Escudé, Evra - L. Diarra, Toulalan, Gourcuff, Anelka, Malouda puis Ribéry (65) - Gignac

Le 5 septembre, au Stade de France
(qualifications Mondial 2010)
France et Roumanie 1-1 (0-0)
78209 spectateurs
Arbitre: M. Bebek (CRO)
Buts: Henry (49) pour la France, Escudé (55 c.s.c.) pour la Roumanie
Les équipes:
France: Lloris - Sagna, Gallas, Escudé, Evra - L. Diarra, Toulalan - Anelka, Gourcuff puis Benzema (73), Henry (cap.) - Gignac puis Ribéry (57)
Roumanie: Coman - Maftei, Radoi, Chivu (cap.), Rat - Mara puis Roman (61), I. Apostol, Ghioane, Nicu puis Bucur (77) - Marica, Surdu puis Codrea (87)

Le 9 septembre, à Belgrade
(qualifications Mondial 2010)
Serbie et France 1 à 1 (1-1)
40000 spectateurs
Arbitre: R. Rosetti (ITA)
Buts: Milijas (13 s.p.) pou rla Serbie, Henry (31) pour la France
Exclusions: Lazovic (90) pour la Serbie, Lloris (9) pour la France
Les équipes:
Serbie: V. Stojkovic - Ivanovic, Vidic, Obradovic, Lukovic - Milijas puis Kuzmanovic (71), Stankovic (cap.), Kacar - Krasic, Zigic, Jovanovic puis Lazovic (74)
France: Lloris - Sagna, Gallas, Abidal, Evra - L. Diarra, Toulalan - Anelka, Gourcuff puis A. Diarra (85), Henry (cap.) puis Ribéry (77) - Gignac puis Mandanda (12)

Le 10 octobre, à Guingamp
(qualifications Mondial 2010)
France bat Iles Féroé 5-0 (2-0)
16000 spectateurs
Arbitre: R. Malek (POL), remplacé par P. Gil (POL) (74)
Buts: Gignac (34, 39), Gallas (52), Anelka (86), Benzema (88)
Les équipes:
France: Mandanda - Sagna, Gallas, Abidal, Evra - Govou puis Malouda (62), L. Diarra, Toulalan puis Sissoko (62), Henry (cap.) - Anelka, Gignac puis Benzema (74)
Iles Féroé: Mikkelsen (cap.) - Danielsen, Gregersen, Bo, Davidsen - S. Olsen puis B. Olsen (90), Benjaminsen, Petersen puis Naes (64) - Lokin, C. Jacobsen, R. Jacobsen puis A. Olsen (79)

Le 14 octobre, au Stade de France
(qualifications Mondial 2010)
France bat Autriche 3-1 (2-0)
78098 spectateurs
Arbitre: M. Proenca (POR)
Buts: Benzema (18), Henry (26 s.p.), Gignac (66) pour la France, Janko (48) pour l'Autriche
Les équipes:
France: Lloris - Fanni, Squillaci, Escudé, Clichy - Govou, Sissoko, A. Diarra, Malouda - Henry (cap.) puis Gignac (51), Benzema puis Gomis (79)
Autriche: Payer puis Gratzei (46) - Scharner (cap.), Patocka, Dragovic, Fuchs puis Alaba (80) - Kavlak, Baumgartlinger, Pehlivan, Jantscher - Maierhofer puis Hoffer (46), Janko

Le 14 novembre, à Dublin
(barrages qualifications Mondial 2010)
France bat Eire 1-0 (0-0)
82500 spectateurs
Arbitre: F. Brych (GER)
But: Anelka (72)
Les équipes:
Eire: Given - O'Shea, Dunne, St Ledger, Kilbane - Lawrence puis S. Hunt (80), Whelan, K. Andrews, Duff puis McGeady (76) - K. Doyle puis Best (71), Keane (cap.)
France: Lloris - Sagna, Gallas, Abidal, Evra - A. Diarra, L. Diarra - Anelka, Gourcuff, Henry (cap.) - Gignac puis Malouda (90+1)

Le 18 novembre, au Stade de France (barrage qualifications Mondial 2010)
France et Eire 1-1 a.p. (0-1, 0-1)
79145 spectateurs
Arbitre: M. Hansson (SWE)
Buts: Gallas (103) pour la France, Keane (33) pour l'Eire
Les équipes:
France: Lloris - Sagna, Gallas, Escudé puis Squillaci (9), Evra - A. Diarra, L. Diarra - Anelka, Gourcuff puis Malouda (87), Henry (cap.) - Gignac puis Govou (57)
Eire: Given - O'Shea puis McShane (66), Dunne, St Ledger, Kilbane - Lawrence puis McGeady (107), Whelan puis Gibson (63), K. Andrews, Duff - K. Doyle, Keane (cap.)

Le 3 mars, au Stade de France
Espagne bat France 2-0 (2-0)
79021 spectateurs
Arbitre: M. Thomson (SCO)
Buts: Villa (21), Ramos (45+2)
Les équipes:
France: Lloris - Sagna, Ciani, Escudé, Evra - L. Diarra, Toulalan - Ribéry puis Malouda (74), Gourcuff, Henry (cap.) puis Govou (64) - Anelka puis Cissé (77)
Espagne: Casillas (cap.) - Ramos, Puyol (Albiol, 46), Piqué, Arbeloa - Xabi Alonso puis Senna (64), Busquets - D. Silva puis Guiza (81), Fabregas puis Xavi (46), Iniesta puis Navas (64) - D. Villa puis Torres (46)

Le 26 mai, à Lens
France bat Costa Rica 2-1 (1-1)
40000 spectateurs
Arbitre: Vladislav Bezborodov (RUS)
Buts: D. Sequeira (23 c.s.c), Valbuena (83) pour la France, Hernandez (11) pour le Costa Rica
Les équipes:
France: Mandanda - Sagna, Gallas puis Squillaci (46), Abidal, Evra (cap.) - Toulalan puis A. Diarra (46), Gourcuff, Malouda puis Diaby (75)- Govou puis Valbuena (65), Anelka puis Henry (46), Ribéry puis Gignac (83)
Costa Rica: Navas - Segares, Sequeira, Myrie puis Gamboa (65), Diaz - Azofeifa, Barrantes, C. Hernandez puis Bolanos (57), Urena - Ruiz (cap.) puis Madrigal (90+2), Martinez puis Parks (42).

Le 30 mai, à Radès
Tunisie et France 1-1 (1-0)
55000 spectateurs
Arbitre: Adel Errai (Libye)
Buts: Jemaa (6) pour la Tunisie, Gallas (63) pour la France
Les équipes:
Tunisie: Mathlouthi puis Kasraoui (54) - Ifa, Hagui (cap.), Jmal, Mikari puis Meriah (84) - Nafti puis Ragued (71), Ben Khalfallah, Korbi - Msakni puis Mouhibi (64), Jemaa puis Chikhaoui (76), Darragi puis Benachour (58)
France: Lloris - Sagna, Gallas puis Squillaci (64), Abidal puis Planus (46), Evra (cap.) puis Clichy (64) - Gourcuff puis Diaby (64), Toulalan, Malouda - Govou puis Cissé (74), Anelka puis Gignac (64), Ribéry puis Henry (46)

Le 4 juin, à Saint-Pierre (La Réunion)
Chine bat France 1-0 (0-0)
10403 spectateurs
Arbitre: Pedro Oliveira Alves Garcia (POR)
But: Deng Zhuoxiang (68)
Les équipes:
France: Lloris - Sagna puis Réveillère (46), Gallas, Abidal, Evra (cap.) - Gourcuff, Toulalan, Malouda puis Diaby (62) - Govou puis Valbuena (72), Anelka puis Henry (62), Ribéry puis Gignac (62)
Chine: Zeng Cheng - Bai Lei puis He Yang (61), Du Wei puis Li Xuepeng (46), Wang Qiang, Rong Hao - Qu Bo puis Yu Hai (46), Liu Jian, Cui Peng puis Yang Xu (80), Yu Hanchao - Deng Zhuoxiang, Gao Lin puis Zhu Ting (52)